DEUTSCHE STIFTUNG FÜR INTERNATIONALE ENTWICKLUNG

Informationszentrum Entwicklungspolitik

Miriam Walther

# Entwicklungsfinanzierung

## – Stand und Perspektiven –

Ausgewählte Themen mit kommentierter Literatur

Bonn 2001

Themendienst des Informationszentrums Entwicklungspolitik Nr. 12

Mit der Reihe "Themendienst" kommt das Informationszentrum Entwicklungspolitik (IZEP) der Deutschen Stiftung für internationale Entwicklung (DSE) der wachsenden Nachfrage nach aufbereiteter Information entgegen. Sie bringt in unregelmäßiger Folge Übersichtsberichte über den Stand des Wissens in ausgewählten Bereichen der entwicklungspolitischen Diskussion. Die im IZEP und anderen Dokumentationsstellen vorhandene Information – Monographien, Zeitschriftenaufsätze, Graue Literatur, Forschungsarbeiten u.a. – wird konzentriert, analysiert und systematisch dargestellt.

Mit dieser Aufgabe betraut das Informationszentrum Entwicklungspolitik ausgewiesene wissenschaftliche Fachkräfte. Die von den Autorinnen und Autoren der Themendienste vertretenen Meinungen stimmen nicht unbedingt mit den Meinungen der Deutschen Stiftung für internationale Entwicklung überein.

Best.-Nr. P 17/12/2001

Deutsche Stiftung für internationale Entwicklung (DSE)
– Informationszentrum Entwicklungspolitik –
Tulpenfeld 5, 53113 Bonn
Tel. 0228/24 34-5; Fax 0228/24 34-766
E-Mail: izep@dse.de
Internet: http://www.dse.de/izep/

Redaktion: Heidrun Peters, M.A.

Themendienst 12
Bonn 2001/1. (2000)

ISBN 3-934068-49-9

# Inhalt

Vorwort 5

**I. Die Zukunft der Entwicklungsfinanzierung und die Konferenz der Vereinten Nationen 2002 in Mexiko**

Einleitung 7
Literatur zur Zukunft der Entwicklungsfinanzierung 12

**II. Quantitative und qualitative Aspekte in den Debatten um öffentliche Entwicklungsfinanzierung**

Einleitung 20
Literatur zu quantitativen Aspekten öffentlicher Entwicklungshilfe 28
Literatur zu den Erfolgsbedingungen von öffentlicher Entwicklungshilfe 40
Literatur zu Strukturanpassung, *ownership* und Partizipation 51

**III. Selbstverständnis und Legitimation der Entwicklungszusammenarbeit**

Einleitung 59
Literatur zum Thema Armutsbekämpfung und globale Strukturpolitik 62
Literatur zum Thema globale öffentliche Güter 70
Literatur zum Thema Entwicklungszusammenarbeit mit der Wirtschaft 74

**IV. Die Verschuldungsproblematik**

Einleitung 76
Literatur zur Verschuldung der Entwicklungsländer 82

## V. Reform des internationalen Systems der Entwicklungsfinanzierung und des globalen Finanzsystems

| | |
|---|---|
| Einleitung | 104 |
| Literatur zur Reform der Institutionen der Entwicklungsfinanzierung | 109 |
| Literatur zur Reform des internationalen Finanzsystems | 127 |

## VI. Privates Kapital und Entwicklungsfinanzierung

| | |
|---|---|
| Einleitung | 143 |
| Literatur zur Rolle privaten Kapitals in der Entwicklungsfinanzierung | 146 |

## VII. Einheimische Ressourcen

| | |
|---|---|
| Einleitung | 170 |
| Literatur zur Mobilisierung einheimischer Finanzmittel | 173 |

## VIII. Neue globale Finanzierungsinstrumente

| | |
|---|---|
| Einleitung | 188 |
| Literatur zur Mobilisierung neuer globaler Finanzierungsinstrumente | 190 |

## Anhang

| | |
|---|---|
| Regelmäßig erscheinende statistische Publikationen | 201 |
| Abkürzungsverzeichnis | 203 |

---

Die Autorin:

Miriam Walther, geb. 1970. Studierte Politikwissenschaft und politische Ökonomie in Berlin und New Orleans. Diplom vom Otto-Suhr-Institut der Freien Universität Berlin. Seit 1999 Mitarbeiterin der deutschen Nichtregierungsorganisation Weltwirtschaft, Ökologie & Entwicklung e.V. (WEED). Veröffentlichungen zu verschiedenen entwicklungspolitischen Themen.

# Vorwort

Wer die globalen Herausforderungen beantworten will, kommt nicht umhin, eine Lösung für die Frage zu finden, wie Entwicklung verlässlich finanziert werden kann. Die Überwindung des menschenverachtenden Missverhältnisses zwischen Arm und Reich, die Bekämpfung der absoluten Armut, wie auch menschliche Entwicklung insgesamt brauchen mehr als Lippenbekenntnisse – sie benötigen ausreichende Finanzmittel, um Wirklichkeit zu werden.

Im Jahr 2002 wird auf Beschluss der Vereinten Nationen und unter Beteiligung der Weltbank, des Internationalen Währungsfonds und der Welthandelsorganisation in Monterrey, Mexiko eine internationale Konferenz zum Thema *Financing for Development* stattfinden, auf der die gesamte Bandbreite der Quellen von Entwicklungsfinanzierung behandelt werden soll – angefangen von der Mobilisierung eigener Finanzmittel in den Entwicklungsländern über private Kapitaltransfers, Verschuldungsfragen, Handel, öffentliche Entwicklungszusammenarbeit, institutionelle und systemische Fragen bis hin zu innovativen Finanzierungsformen. Die Agenda verdeutlicht, dass sich im Laufe der Jahre die Bedeutung des Begriffs „Entwicklungsfinanzierung" gewandelt hat. Finanzierung von Entwicklung ist mehr als die Frage um die Höhe der öffentlichen Entwicklungsgelder. Die Diskussion geht tiefer, und sie wird der Komplexität der Entwicklungshemmnisse eher gerecht: Es werden die Gründe von Unterfinanzierung hinterfragt, neue Finanzierungsquellen und andere Akteure für die Entwicklungsfinanzierung gesucht.

Die kommende UN-Konferenz war Anlass für diesen Themendienst. Er liefert einen Überblick über die Themen und Fragestellungen, die im Hinblick auf die Zukunft der Entwicklungsfinanzierung diskutiert werden, und stellt zentrale aktuelle Publikationen vor.

Der Themendienst beginnt mit einer Einführung in die Debatten um Entwicklungsfinanzierung und die geplante Konferenz – Debatten, die in den nachfolgenden Kapiteln ausführlicher aufgegriffen werden. Das dritte Kapitel widmet sich ergänzend den Diskussionen um eine neue Legitimationsgrundlage und um das Selbstverständnis von Entwicklungspolitik und Entwicklungszusammenarbeit insgesamt. Jedes Kapitel umfasst eine kurze Einführung in das Thema sowie kommentierte bibliographische Hinweise. In der Auswahl der Literatur wurde Wert darauf gelegt, die wichtigsten Strömungen und Positionen der aktuellen Diskurse zu berücksichtigen. Im Anhang findet sich eine Liste von regelmäßig erscheinenden statistischen Publikationen, die für die Auseinandersetzungen um Finanzierung der Entwicklung relevant sind.

Das Thema Entwicklungsfinanzierung umfasst eine erhebliche Zahl von Unterthemen und Fragestellungen, darüber hinaus gibt es eine ganze Reihe von angrenzenden Themenbereichen. Letztlich haben nahezu alle entwicklungspolitischen Fragestellungen einen Bezug zur Frage der Finanzierung von Entwicklung. Entsprechend erhebt diese Veröffentlichung sowohl in der Auswahl der Themenblöcke als auch in der präsentierten Literatur keinerlei Anspruch auf Vollständigkeit. Zwischen den hier behandelten Themenblöcken gibt es deutliche Überschneidungen. Die Empfehlung des Diskussionspapiers des UN-Generalsekretärs, Kofi Annan, für die Weltkonferenz zur Entwicklungsfinanzierung gilt auch für diese Publikation:

„The factors that need to be addressed in a discussion of Financing for Development are closely intertwined, have necessary overlaps with each other, and many interconnections must be kept constantly in mind."

Mit der Herausgabe dieses Themendienstes ist die Hoffnung verbunden, dass möglichst viele Leser und Leserinnen sich gedanklich in diese Diskussion einschalten oder sie, wo immer die Möglichkeit besteht, aktiv in der entwicklungspolischen Inlandsarbeit aufgreifen und im Sinne einer zu schaffenden weltweiten Kultur der Humanität, Solidarität, des Friedens und der Gerechtigkeit weitertragen.

Heidrun Peters                                              Miriam Walther

Referentin im Informationszentrum
Entwicklungspolitik der DSE

# Kapitel 1: Die Zukunft der Entwicklungsfinanzierung und die Konferenz der Vereinten Nationen 2002 in Mexiko

Im März 2002 werden sich in Mexiko erstmals in der Geschichte der Vereinten Nationen die Staats- und Regierungschefs der Welt explizit und auf einer eigenen Konferenz mit den Finanzierungsfragen der Entwicklung in den Ländern des Südens und in den ehemaligen Ostblockländern befassen. Ziel der Konferenz „*Financing for Development*" (FfD) ist es, einen Weg aus der permanenten Finanzkrise der meisten Entwicklungsländer aufzuzeigen. Vor allem aber die Entwicklungsländer hoffen darüber hinaus auf konkrete Abmachungen zur Finanzierung bereits bestehender internationaler Vereinbarungen. Auf der vorläufigen Agenda der Konferenz stehen folgende Themenblöcke: einheimische Finanzressourcen, private Kapitalflüsse, Handel, internationale Entwicklungszusammenarbeit, Schulden sowie systemische und institutionelle Fragen.

Die Entwicklungsländer haben seit Jahren auf eine internationale Konferenz auf höchster Ebene zu Finanzierungsfragen gedrängt, auch weil UN- Konferenzen und andere internationale Vereinbarungen immer wieder dann ins Stocken gerieten, wenn es um die Finanzierung und die Verantwortung für die Ressourcenbereitstellung ging. Auch die Umsetzung der auf den Weltkonferenzen der 90er Jahre getroffenen Vereinbarungen geht aufgrund von Finanzierungsfragen nur schleppend voran. Das gleiche gilt für die Entwicklungsziele, die in der Millenniumserklärung der UN genannt sind.

Die Länder des Südens verbinden mit der Konferenz entsprechend die Hoffnung, dass die Finanzbeziehungen zwischen Süd und Nord auf eine verlässlichere und verbindlichere Grundlage gestellt werden können. Ob es zu konkreten Zusagen kommen wird, ist allerdings ungewiss.

Zu den Gründen, die nun offenbar auch die Bereitschaft der Regierungen der Industrieländer gefördert haben, Fragen der Entwicklungsfinanzierung auf einer internationalen Konferenz zu erörtern, gehören zum einen die oft beklagte Krise der traditionellen öffentlichen Entwicklungsfinanzierung. Zum anderen spielt eine Rolle, dass international die privaten Kapitalströme zwar rapide angestiegen sind, allerdings ohne dass die Gesamtheit der Entwicklungsländer spürbar davon profitieren konnte. Zusätzlich haben die Finanzkrisen der zweiten Hälfte der 90er Jahre den gewachsenen Koordinations- und Regulierungsbedarf im internationalen Finanzsystem deutlich gemacht.

Fragen der Finanzierung von Entwicklung stehen schon seit den 60er Jahren des letzten Jahrhunderts im Zentrum der Nord-Süd-Debatte.

Die Höhe der öffentlichen Entwicklungshilfe (*Official Development Assistance* = *ODA*) bildet einen permanenten Konfliktstoff zwischen den Entwicklungs- und den Industrieländern. Einige Autoren halten die Entwicklungsfinanzierung für den wichtigsten Gradmesser für den Zustand der Entwicklungspolitik überhaupt, da er im Gegensatz zur Rhetorik von Entwicklungsstrategien und internationalen Aktionsprogrammen die Prioritätensetzung der herrschenden Politik ungeschminkt wiedergäbe (siehe z.B. Martens 2000).

Schon Ende der 60er Jahre des 20. Jahrhunderts sprach eine von der Weltbank eingesetzte Expertenkommission unter Leitung von Lester Pearson (kanadischer Ministerpräsident von 1963-68) von einer „akuten Krise" der Entwicklungshilfe, von „nachlassendem Interesse für Entwicklungshilfe in den Industrieländern" und „Zeichen von Niedergeschlagenheit und wachsender Ungeduld" in den Ländern des Südens. Doch die Diskussionen über Finanzierungsnotwendigkeiten und Möglichkeiten der Aufbringung von Mitteln finden heute in einem deutlich veränderten Rahmen statt. Dieser ist gekennzeichnet durch neue, zum Teil globale Problemstellungen, die Armut und ökonomische Unterentwicklung in vielen Ländern weiter verschärfen, und durch den Prozess der Globalisierung:

Weltweit lebt auch heute noch die Hälfte der Bevölkerung von weniger als zwei US-Dollar pro Tag, knapp ein Viertel der Menschheit hat weniger als einen US-Dollar zur Verfügung. Der Anteil der in absoluter Armut lebenden Menschen (ein US-Dollar) an der Weltbevölkerung ist zwischen 1990 und 1998 von 29 auf 24 Prozent gesunken. Doch in Lateinamerika, Südasien, Sub-Sahara-Afrika und in Osteuropa und Zentralasien ist die absolute Zahl der als arm geltenden Menschen trotzdem noch weiter gestiegen. Und die weltweite Ungleichheit hat sich noch verschärft: Die Einkommenslücke zwischen dem Fünftel der Weltbevölkerung, das in den reichsten Ländern lebt, und dem Fünftel, das in den ärmsten Ländern lebt, hat sich von 30:1 (1930) und 60:1 (1990) auf 74:1 (1997) erhöht.

Der Finanzbedarf der ärmsten Länder hat sich aufgrund großer HIV/ AIDS-Epidemien, Umweltkatastrophen und bewaffneter Konflikte weiter verschärft. Hinzu kommt, dass eine Reihe von Problemen globaler Reichweite angegangen werden muss (z.B. Schutz der Ozonschicht), deren Bearbeitung zusätzliche internationale Finanzmittel notwendig macht.

Die Weltbank schätzt, dass im Fall der Länder Afrikas südlich der Sahara eine Steigerung der aktuellen öffentlichen Entwicklungshilfezahlungen um 20 Prozent notwendig wäre, damit die Region das Armutsziel der internationalen Gemeinschaft (Reduzierung des Anteils der Armen um die Hälfte bis 2015) erreichen kann. Jeffrey Sachs geht davon aus, dass alleine die Entwicklung von Impfstoffen gegen Malaria, Tuberkulose und HIV/ AIDS 10 Milliarden US-Dollar pro Jahr kosten könnte.[1] Dem gestiegenen Finanzierungsbedarf steht jedoch eine abnehmende Bereitschaft zur Zahlung öffentlicher Entwicklungshilfe gegenüber. Im Schnitt gaben die Industrieländer 1999 nur noch 0,24 Prozent ihres Bruttosozialprodukts für Entwicklungshilfe aus und entfernen sich damit immer weiter von dem im Rahmen der UN vereinbarten Ziel, 0,7 Prozent ihres Bruttosozialprodukts für die Entwicklungsfinanzierung im Süden zur Verfügung stellen zu wollen. Und eine Trendwende scheint nicht in Sicht.

Verschärfend kommt hinzu, dass die meisten Entwicklungsländer noch immer unter einer enormen Belastung durch externe Schulden zu leiden haben. Das bedeutet, dass ihnen ein großer Teil ihrer Einnahmen gar nicht für entwicklungspolitisch notwendige Investitionen zur Verfügung steht, sondern für Schuldendienst ausgeben werden muss.

**Internationale Finanzmärkte und Privatkapital**

Die Chancen auf wirtschaftliche Entwicklung der Entwicklungs- und Transformationsländer sind jedoch nicht lediglich durch sinkende öffentliche Entwicklungshilfeleistungen und Verschuldung beeinflusst. Auch die Rahmenbedingungen des internationalen Finanzsystems haben sich durch den ökonomischen Globalisierungsprozess der letzten Jahre drastisch verändert. Das bereits erwähnte Diskussionspapier des Generalsekretärs der Vereinten Nationen, Kofi Annan, spricht von „tektonischen Verschiebungen im internationalen Finanzsystem in den 90er Jahren" mit „maßgeblichen Wirkungen für Entwicklung weltweit", die bisherige Annahmen und Überzeugungen ungültig machten.

Im Zuge weltweiter Liberalisierung und Deregulierung hat das Volumen des sich auf den internationalen Märkten bewegenden privaten Kapitals (Direkt- und Portfolioinvestitionen, Kredite von Geschäftsbanken und Anleihen) drastisch zugenommen. Der Wert der ausländischen Direktinvestitionen war 1997 mit 400 Milliarden US-Dollar siebenmal so hoch wie in den 70er Jahren. Portfoliozuflüsse und andere kurzfristige Kapitalströme wuchsen auf das dreifache ihres Volumens in den 80er Jahren an (zwei Billionen US-Dollar brutto). An den Devisenmärkten stieg der tägliche Umsatz auf 1,5 Billionen US-Dollar, in den 70er Jahren waren es zwischen 10-20 Milliarden (UNDP 1999). Die Bedeutung öffentlicher Entwicklungshilfe als Finanzierungsquelle nimmt damit – zumindest theoretisch – noch zusätzlich ab. Allerdings konzentrieren sich die privaten Kapitalströme in den Süden nur auf eine kleine Gruppe der Entwicklungsländer: auf ein paar wenige Länder mittleren Einkommens.

---

[1] Zitiert nach World Bank: Global Development Finance 2001, S. 134.

Die Mehrheit der Entwicklungsländer und vor allem die ärmsten Länder gehören nur sehr begrenzt zu den Empfängern privaten Kapitals und bleiben entsprechend stärker auf öffentliche Entwicklungshilfe angewiesen.

Die Zunahme privaten Kapitals auf den internationalen Märkten und das Sinken der ODA hat die Frage aufgeworfen, ob und unter welchen Bedingungen privates Kapital entwicklungspolitische Zielsetzungen befördert. Kann Privatkapital öffentliche Entwicklungshilfe als Quelle für Entwicklungsfinanzierung ersetzen? Welche Art privater Kapitalflüsse sind aus entwicklungspolitischer Perspektive sinnvoll? Wie können Entwicklungsländer diese ins Land holen? Welche Regulierungen und politischen Vorgaben sind notwendig, damit Privatkapital Entwicklung voran bringt? Welche Art der Entwicklung wird durch privates Kapital befördert?

Die Finanzkrisen der zweiten Hälfte der 90er Jahre haben deutlich gemacht, dass liberalisierte Kapitalmärkte, das ungehinderte Rein- und Rausfließen von ausländischem Kapital auf den Kapitalmärkten der Entwicklungsländer, mit Risiken verbunden sind. Der liberalisierte Kapitalverkehr hat zu einer deutlich stärkeren Volatilität der Wechselkurse und zu einer größeren Wahrscheinlichkeit von Finanzkrisen geführt, mit harten ökonomischen und sozialen Folgen in den betroffenen Entwicklungsländern. Die Krisen des Jahres 1997 in Asien haben die Entwicklungserfolge einer ganzen Reihe von Ländern quasi über Nacht in weiten Teilen zunichte gemacht. Die Erholung vollzieht sich in vielen der Länder nur langsam.

Entsprechend wird heute verstärkt in offiziellen, akademischen und zivilgesellschaftlichen Foren über den gewachsenen Regelungs- und Abstimmungsbedarf im globalen Finanzsystem und die Vor- und Nachteile einer unbeschränkten Einbindung der Entwicklungsländer in die internationalen Kapitalmärkte diskutiert.

**Handel**

Im Zuge der Globalisierung hat auch der Austausch von Waren auf den internationalen Märkten deutlich zugenommen. Die meisten Entwicklungsländer haben ihre Märkte umfassend für Importe geöffnet und verfolgen selbst eine exportorientierte Entwicklungsstrategie. Die Länder können zudem auch nur über eine Steigerung ihrer Exporte die nötigen Devisen erwirtschaften, die sie zur Begleichung ihrer Schulden bei Entwicklungsinstitutionen oder Privatbanken benötigen. Entsprechend ist es für die Entwicklungsländer von zentraler Bedeutung, zu welchen Bedingungen sie ihre eigenen Produkte auf den Weltmärkten verkaufen können und zu welchen sie selbst Waren importieren können. Doch die Voraussetzungen sind nicht eben günstig: Während die meisten Länder des Südens (in der Regel auf Druck des Internationalen Währungsfonds und der Weltbank) ihre Märkte geöffnet haben, schotten sich die industrialisierten Länder noch immer gegen viele Exportprodukte der Entwicklungsländer ab. Zudem subventionieren die Industrieländer viele ihrer eigenen Produktionsbereiche wie beispielsweise ihren Agrarsektor. Das bedeutet, dass die Preise für viele der Produkte der Industrieländer künstlich niedrig gehalten werden, mit der Folge, dass viele Entwicklungsländer nicht konkurrieren können.

In der Diskussionsgrundlage für die UN-Konferenz zu Entwicklungsfinanzierung heißt es dann auch entsprechend: *„In a context of rapidly growing world markets, the potential impact on developing and transition economy countries of expanding market access for their exports can be many times greater than direct financial assistance...."* (United Nations 2001).

Erschwerend hinzu kommt ein Verfall der Preise für die typischen Exportwaren der Länder des Südens. Das Austauschverhältnis zwischen den Waren, die Entwicklungsländer in der Regel exportieren und denen, die sie importieren, hat sich für die Entwicklungsländer dramatisch verschlechtert. Nach Angaben des Entwicklungsprogramms der Vereinten Nationen (UNDP) lagen die Rohstoffpreise 1999 auf dem niedrigsten Niveau seit 150 Jahren (UNDP 1999).

**Die Themen in der Diskussion um Entwicklungsfinanzierung im Überblick**

Vor dem Hintergrund des veränderten globalen Umfelds stehen in der Wissenschaft, in der Politik, in multi- und bilateralen Entwicklungsinstitutionen und bei Entwicklungs- und Umweltorganisationen *unter anderem* folgende, sich zum Teil überschneidende Themen im Vordergrund der Auseinandersetzung:

- quantitative und qualitative Aspekte von **ODA**, Möglichkeiten der Steigerung öffentlicher Entwicklungshilfe, Voraussetzungen für ihre Wirksamkeit;

- neuer **Legitimationsrahmen** und **Selbstverständnis** von Entwicklungszusammenarbeit, neue Herausforderungen von globaler Reichweite und entsprechender zusätzlicher Finanzbedarf;

- Lösungsmöglichkeiten der anhaltenden **Schuldenkrise** der Entwicklungsländer und Wege der Verhinderung des erneuten Aufbaus von Schuldenbergen;

- **Institutionen** und Reformbedarf im internationalen System der Entwicklungsfinanzierung und im internationalen Finanzsystem;

- die Rolle von **privatem Kapital** in den Entwicklungsprozessen der Länder des Südens;

- Mobilisierung **neuer finanzieller Ressourcen** auf internationaler Ebene (unter anderem durch internationale Steuern);

- die stärkere Mobilisierung **einheimischer Finanzmittel**;

- **Handel**, internationales Handelssystem, international vereinbarte Standards.[2]

**Literatur zur Zukunft der Entwicklungsfinanzierung**

*Botchwey, Kwesi*
**Financing for Development: Current Trends and Issues for the Future**
Paper prepared for: UNCTAD X. High-level Round Table on Trade and Development: Directions for the 21$^{st}$ Century
UNCTAD. New York 2000. 22 S.

Der Harvard-Professor Botchwey beschäftigt sich in seinem Arbeitspapier mit Fragen der Entwicklungsfinanzierung, er benennt aktuelle Trends und diskutiert die zukünftige Gestaltung der Entwicklungsfinanzierung. Der erste Teil des Papiers konzentriert sich auf die Entwicklung ausländischer privater Kapitalströme in Entwicklungsländer: auf Höhe, Art und geographische Verteilung der privaten Finanzströme. Im zweiten Teil zeichnet der Autor aktuelle quantitative Trends in der offiziellen Entwicklungsfinanzierung nach. Angesichts der aktuellen Höhe von ODA und der geringen Bereitschaft in den Industrieländern, diese deutlich zu steigern, betont Botchwey die Bedeutung von ausländischen Direktinvestitionen (FDI) für die Entwicklung der Länder des Südens. Nach seiner Einschätzung hängt die Zukunft der Entwicklungsländer maßgeblich davon ab, inwieweit es ihnen gelingt, FDI ins Land zu holen. Der dritte Teil befasst sich mit einer Reduzierung der Schulden der Entwicklungsländer. Der Autor befürwortet einen deutlichen Schuldenerlass. Er ist der Ansicht, dass die Entwicklungsländer dann attraktiver für ausländische Investoren würden. Außerdem würden durch einen Erlass zusätzliche Mittel für die Finanzierung von entwicklungspolitisch notwendigen Aufgaben frei. Der Autor untersucht die Fähigkeit der Länder der multilateralen Schuldenerlassinitiative HIPC (besonders der

---

[2] Die umfangreichen Debatten über das internationale Handelssystems und von Handel als Quelle der Finanzierung für Entwicklung werden in dieser Publikation aus Platzgründen nur am Rande berücksichtigt.

afrikanischen), ihren Schuldendienst zu leisten. Auch mit den 1999 beschlossenen Erweiterungen der Initiative wird diese nach Ansicht des Autors nur sehr begrenzt zusätzliche Finanzmittel zur Verfügung stellen. Seine Kritik richtet sich sowohl auf die zugrunde gelegten Kriterien der Tragfähigkeit der Schuldenbelastung, als auch auf den Umfang der Erlasse, der seiner Ansicht nach deutlich zu niedrig ist. Im vierten Teil entwickelt er einen Minimalkatalog notwendiger Schritte („minimum agenda for action"): Um die zusätzlichen Finanzmittel bereitzustellen, die sowohl für die Wachstumsprozesse der Länder mittleren Einkommens als auch für die ärmsten Entwicklungsländer notwendig sind, seien Schritte sowohl auf nationaler als auch auf internationaler Ebene erforderlich. Auf nationaler Ebene setzt er unter anderem auf Exportsteigerung und -diversifikation, auf verbesserten Wettbewerb und auf weitere Anstrengungen, die makroökonomischen und *governance* Bedingungen zu stärken. Auf internationaler Ebene befürwortet er umfangreichere Schuldenerlasse und verbesserten Zugang zu den Märkten der Industrieländer und zu Technologien.

*Huffschmid, Jörg*
**Demokratisierung, Stabilisierung und Entwicklung. Ein Reformszenario für IWF und Weltbank**
In: Blätter für deutsche und internationale Politik, 11, 2000. S.1345-1354

Der Bremer Professor für Politische Ökonomie Huffschmid diskutiert in diesem Aufsatz die Zukunft der Entwicklungsfinanzierung. Er fordert eine umfassende Demokratisierung von IWF und Weltbank, die Stabilisierung der Finanz- und Währungsbeziehungen und eine nachhaltige Entwicklungspolitik. Die Dominanz der Industrieländer in den internationalen Finanzinstitutionen sollte über eine Neuordnung der Stimmrechte beendet werden. Zur Stabilisierung von Währungssystem und Finanzmärkten sollten sogenannte Währungszielzonen eingeführt werden, eine Besteuerung von Devisentransaktionen und unter Umständen international vereinbarte Kapitalverkehrsbeschränkungen. Der Kampf gegen die Armut erfordere nach Ansicht des Autors die Streichung der Schulden der hochverschuldeten armen Länder und zwar ohne wirtschaftspolitische Auflagen. Einzige Bedingungen sollten die Einhaltung der Menschrechte und friedliche Beziehungen zu den Nachbarländern sein. ODA sollte zügig auf die schon lange zugesagten 0,7 Prozent des Bruttosozialprodukts der Geberländer angehoben werden. Über das Aufkommen einer Steuer auf Devisentransaktionen sollten zusätzliche Mittel für den Kampf gegen die Armut und für die Unterstützung einer eigenständigen Entwicklung der Entwicklungsländer zur Verfügung gestellt werden. Der Autor plädiert für die Einrichtung einer Entwicklungsagentur, in der die Entwicklungsländer (vor allem die ärmsten) die Stimmenmehrheit haben. Des Weiteren sollte ein weltweites Regime für Auslandsinvestitionen etabliert werden, das nicht lediglich die Interessen der Investoren, sondern auch die der Empfängerländer schützt. Außerdem müssten vor allem die Industrieländer umsteuern. Sie sollten ihre Fixierung auf Wachstum und die Erschließung neuer Weltmarktpositionen aufgeben und auf eine sozial und ökologisch nachhaltige Entwicklung setzen.

*Karlsson, Mats*
**World Bank Statement on Financing for Development**
Preparatory Committee for the High-Level International Intergovernmental Event on Financing for Development. February 2001 World Bank. Washington D.C. 2001. 12 S.

Bei der Veröffentlichung handelt es sich um die Stellungnahme des Vizepräsidenten der Weltbank für externe Angelegenheiten und die Vereinten Nationen zum Papier des Generalsekretärs der Vereinten Nationen (Diskussionsgrundlage für den Vorbereitungsprozess der UN-Konferenz zur Entwicklungsfinanzierung 2002) und zur vorläufigen Agenda. Karlsson begrüßt die vom Generalsekretariat vorbereitete Diskussionsgrundlage als gute Ausgangsbasis für eine konstruktive und ganzheitliche („comprehensive") Diskussion und betont die Übereinstimmung mit dem entwicklungspolitischen Ansatz der Weltbank. Diese sieht er vor allem beim Thema der einheimischen Ressourcen und der privaten Kapitalflüsse. Eine eher distanzierte Haltung wird in der Frage weiterer Schuldenstreichungen und der Möglichkeit eines Schuldenmoratoriums sowie beim Thema der systemischen Fragen offensichtlich.

*Kaul, Inge*
**Die Debatte über die Entwicklungsfinanzierung: damals und heute**
In: Nuscheler, Franz (Hrsg.): Entwicklung und Frieden im 21. Jahrhundert. Zur Wirkungsgeschichte des Brandt-Berichts. Eine Welt - Texte der Stiftung Entwicklung und Frieden. Dietz. Bonn 2000. S. 208-229.

Kaul, Direktorin des Büros für Entwicklungsstudien beim Entwicklungsprogramm der Vereinten Nationen (UNDP), vergleicht die heutige Debatte (im Vorfeld der UN-Konferenz) über die Entwicklungsfinanzierung mit der Debatte in den 80er Jahren, als die *Unabhängige Kommission zu Internationalen Entwicklungsfragen* unter Vorsitz von Willy Brandt ihren Bericht zur Entwicklungsfinanzierung vorlegte. Sie sieht weitreichende Unterschiede, besonders in Bezug auf die unterschiedlichen Problemansätze von damals und heute. Als Hauptunterschiede nennt sie erstens, dass in den 80ern die Schließung von Finanzierungslücken und -bedürfnissen im Vordergrund stand, der Schwerpunkt heute hingegen auf „finanzieller Ermächtigung" liege, was bedeute, dass alle Akteure in die Lage versetzt werden sollen, aktiv und kompetent an den Finanzmärkten teilzunehmen und die Ausgabenprioritäten der Regierung zu kennen. Zweitens sei man vom Transfer öffentlicher Ressourcen dazu übergegangen, Mittel aus verschiedenen Quellen zu bündeln. Drittens wäre man damals vom „Land" als Bezugseinheit aller Überlegungen ausgegangen, heute würde stärker gefragt, wie das Geld innerhalb eines Landes verteilt würde. Und viertens hätte man in den 80er Jahren ein starkes Gefälle zwischen Nord und Süd, zwischen Reich und Arm wahrgenommen, jetzt würden sich verschiedene Akteure (Staaten, Unternehmen, institutionelle Investoren) als zunehmend gleichberechtigte Spieler auf den Finanzmärkten treffen. Kaul ist darüber hinaus der Auffassung, dass aktuelle Finanzierungsmechanismen „wahrscheinlich stärker entwicklungsorientiert" seien als früher, es ein wachsendes Bewusstsein globaler Zusammenhänge und Interdependenzen gebe und daraus folgend heute stärker darauf geachtet würde, Zugeständnisse im Sinn größerer Fairness zu machen. Ihrer Ansicht nach resultierten die von ihr aufgezeigten Veränderungen nicht nur aus einer veränderten politischen Einstellung gegenüber Privatisierung und Liberalisierung, sondern seien auch durch Faktoren wie technologischen Fortschritt, weltweiten Einkommens- und Wohlstandsanstieg und demographische Veränderungen hervorgerufen. Da es sich hierbei um dauerhafte Veränderungen handele, müssten neue Wege der Organisation der Entwicklungsfinanzierung gefunden werden.

*Martens, Jens*
**Finanzierung und Entwicklung. Die UN-Konferenz über die Zukunft der Entwicklungsfinanzierung**
WEED e.V./ Forum Umwelt & Entwicklung
Forum Umwelt & Entwicklung. Bonn 2000. 43 S.

Martens liefert einen Überblick über die für 2002 geplante Konferenz der Vereinten Nationen zu Entwicklungsfinanzierung und diskutiert die Kernthemen des Prozesses (Mobilisierung heimischer Ressourcen, Zukunft der offiziellen Entwicklungsfinanzierung, schuldenfinanzierte Entwicklung, Rolle von Privatkapital, neue globale Finanzierungsinstrumente und Reform des internationalen Finanzsystems). Der Autor liefert Hinweise auf weiterführende Informationen von offizieller Seite und von zivilgesellschaftlichen Kampagnen und Initiativen.

*Social Watch*
**Social Watch Report Nr. 4**
Montevideo 2000. 221 S.

Das internationale Netzwerk von Nichtregierungsorganisationen befürwortet eine rechtlich bindende „Anti-Armuts-Konvention", in der die internationalen Entwicklungsziele sowie die auch finanzielle Verantwortung des Nordens bei der Verwirklichung der Ziele festgeschrieben werden soll. Die Konvention solle auf existierenden Rechtsinstrumenten aufbauen, beispielsweise sollte der *International Covenant on Economic, Social and Cultural Rights* ausgebaut und präzisiert werden.

*South Centre*
**Financing Development. Issues for a South Agenda**
Genf 1999. 36 S.

Die Autoren des South Centres wollen anlässlich der geplanten UN-Konferenz zur Entwicklungsfinanzierung einen Beitrag zur Entwicklung einer „South Agenda" leisten. Sie untersuchen Trends in der Zusammensetzung und Art externer Kapitalflüsse in Entwicklungsländer, in Verschuldung und bei Rohstoffpreisen. Sie nennen Faktoren, die für eine Analyse der Wirkungen externer Finanzflüsse in den Entwicklungsländern zentral sind und geben einen Überblick über die Finanzkrisen im Zeitraum 1974-94 und in den späten 90er Jahren sowie über die Rolle privaten Kapitals in den Krisen. Die Autoren nennen Aspekte, die aus Perspektive der Entwicklungsländer von zentraler Bedeutung für die Diskussion um die Zukunft der Entwicklungsfinanzierung seien: So fordern sie ein internationales Finanzsystem, das im Interesse der Länder des Südens ist, des Weiteren eine deutliche Steigerung von ODA, einen umfassenden Schuldenerlass, internationale Mechanismen zur Stützung der Rohstoffpreise, die Regulierung von privaten Kapitalströmen, einen normativen Rechtsrahmen für ausländische Investoren und eine Demokratisierung der internationalen Finanzinstitutionen. Die Autoren befürworten ähnlich wie K. Griffin und T. McKinley (1996) einen verbindlich geregelten und quasi automatischen Ressourcentransfer von den Industrieländern in die Entwicklungsländer. Die Bereitstellung konzessionärer Finanzmittel durch die Industrieländer für die Entwicklungsprozesse im Süden sollte als Recht („entitlement") der Entwicklungsländer begriffen werden.

*United Nations*
**Report of the Secretary General to the Preparatory Committee for the High-Level International Intergovernmental Event on Financing for Development**
UN Doc. A/ AC.257/ 12
United Nations. New York 2001. 90 S.

Der im Januar 2001 vorgelegte Bericht dient als offizielle Diskussionsgrundlage für den Vorbereitungsprozess der 2002 stattfindenden UN-Konferenz zur Zukunft der Entwicklungsfinanzierung. Er ist in sechs Kapitel gefasst, die die vereinbarten Konferenzthemen abdecken: 1. Einheimische Finanzressourcen; 2. internationale private Kapitalflüsse; 3. Handel; 4. internationale Entwicklungszusammenarbeit; 5. Schulden; 6. institutionelle und systemische Fragen („systemic issues"): Das erste Kapitel diskutiert die notwendigen Rahmenbedingungen, den Aufbau und die Stärkung der einheimischen Finanzsektoren und Fragen der sozialen Absicherung. Das zweite beschäftigt sich mit den Bedingungen für langfristig orientierte private Kapitalflüsse (Direktinvestitionen), Mechanismen, um die Entwicklungswirkungen privater Investitionen zu stärken und die negativen Wirkungen kurzfristiger und damit disruptiver Kapitalströme zu begrenzen und mit Fragen von „capacity building" und technischer Hilfe. Das Handelskapitel ist unterteilt in Fragen des Marktzugangs, des Managements von Preisschwankungen auf den internationalen Märkten und der Exportdiversifizierung in den Entwicklungsländern. Das Kapitel zu ODA befasst sich mit dem Finanzvolumen der ODA, mit der Effektivität und Effizienz von Entwicklungshilfe und mit globalen öffentlichen Gütern. Das fünfte Kapitel beschäftigt sich mit der Verschuldung in den ärmsten Entwicklungsländern und in den Ländern mittleren Einkommens und den Transformationsländern. Unter dem Stichwort systemische Fragen beschäftigt sich der Bericht mit Kohärenz- und Konsistenzfragen des internationalen Geld-, Finanz- und Handelssystems, mit Partizipations- und Transparenzfragen, mit Fragen der Politikkoordinierung, der regionalen Koordination, mit Standards und Überwachung im internationalen Finanzsystem und mit „capacity building". Alle Unterkapitel sind durch Empfehlungen zur weiteren Diskussion durch das vorbereitende Gremium *Preparatory Committee* ergänzt.

*United Nations*
The Least Developed Countries 2000 report
**Aid, Private Capital Flows and External Debt: The Challenge of Financing Development in the LDCs**
UN. New York/ Genf 1999. 268 S.

Dieser Jahresbericht zur Situation der „am wenigsten entwickelten Länder" (*Least Developed Countries*) gibt im ersten Kapitel einen Überblick über Trends im Wirtschaftswachstum und der sozialen Entwicklung der Ländergruppe. Er geht des Weiteren auf die Möglichkeiten der Länder zur Mobilisierung einheimischer Ressourcen ein, auf ihre Verschuldung und auf ihren Zugang zu privatem Kapital. Je ein eigenes Kapitel beschäftigt sich mit Strukturanpassung und Konditionalitäten von Krediten und Schuldenerlassen und mit der erweiterten HIPC-Initiative und dem neuen Ansatz nationaler Strategiepapiere zur Armutsbekämpfung (PRSP). Schließlich werden Fragen nach der Wirksamkeit von öffentlicher Entwicklungshilfe gestellt.

*World Bank*
**Global Development Finance –
Building Coalitions for Effective Development Finance
Analysis and Summery Tables**
World Bank. Washington, D.C. 2001. 275 S.

Der jährliche Weltbankbericht *Global Development Finance* liefert Daten und Analysen der globalen Finanzströme in Entwicklungsländer. In seiner aktuellen Ausgabe geht das erste Kapitel auf die Bedeutung des weltweit verlangsamten Wirtschaftswachstums für die Entwicklungsländer ein. Im zweiten Kapitel werden Trends privater Kapitalströme untersucht. Diese liegen noch immer unter dem Niveau von vor den Finanzkrisen 1997. Das dritte thematisiert den Zusammenhang zwischen öffentlichen und privaten externen Kapitalflüssen und der Wachstumsentwicklung in den Entwicklungsländern. Das vierte Kapitel widmet sich der Effektivität öffentlicher Entwicklungshilfe und den Wirkungen der Schuldenerlassinitiative HIPC II. Die Autoren sprechen sich sowohl für eine Steigerung öffentlicher Entwicklungshilfe aus als auch für verstärkte Anstrengungen zu deren Wirksamkeit. Im fünften Kapitel wird die Finanzierung internationaler Aufgaben („Globale Öffentliche Güter") beleuchtet. Der Report analysiert die externen Ressourcen, die zur Finanzierung „Globaler öffentlicher Güter" in die Entwicklungsländer gehen. Dabei handelt es sich nach den Berechnungen der Weltbank insgesamt um fünf Milliarden US-Dollar jährlich. Diese erhöhen sich um weitere elf Milliarden US-Dollar für die Finanzierung ergänzender Maßnahmen in den Entwicklungsländern.

*Zedillo, Ernesto u. a. (Hrsg.)*
**Technical Report of the High-Level Panel on Financing for Development**
United Nations. New York 2001. 66 S.

Der UN-Generalsekretär beauftragte im Dezember 2000 ein hochrangig besetztes Expertengremium von elf Personen unter Vorsitz des ehemaligen Präsidenten von Mexiko, Ernesto Zedillo, mit der Erarbeitung eines Berichts, der sich gezielt mit den brisanteren Fragen auf der Agenda der UN-Konferenz für Entwicklungsfinanzierung 2002 in Mexiko beschäftigen sollte. Das Panel gibt unter anderem Empfehlungen ab zu bewährten Maßnahmen und institutionellen Strukturen im Rahmen der Mobilisierung einheimischer Ressourcen, zu Verbesserungen des Volumens und der Effektivität öffentlicher Entwicklungshilfe sowie zu Instrumenten und Strategien, um entwicklungsförderndes privates Kapital in Entwicklungsländer zu holen. Zu den Mitgliedern des Panels gehörten u.a. die ehemaligen Finanzminister von Frankreich und den USA, Jacques Delors und Robert Rubin.

**Weitere Literatur**

*Nord-Süd-Kommission (Hrsg.)*
**Das Überleben sichern**
**Gemeinsame Interessen der Industrie- und Entwicklungsländer**
**Bericht der Nord-Süd-Kommision**
**[Mit einer Einleitung des Vorsitzenden Willy Brandt]**
Kiepenheuer & Witsch. Köln 1980

*Pearson, Lester B.*
**The Crisis of Development**
Council on Foreign Relations
Praeger Publishers. New York, Washington, London 1970.

*United Nations Development Program (UNDP)*
**Human Development Report 1999**
UNDP. New York 1999

# Kapitel 2: Quantitative und qualitative Aspekte in den Debatten um öffentliche Entwicklungsfinanzierung

In Bezug auf die öffentliche Entwicklungsfinanzierung fällt schnell das Stichwort von der „Krise der ODA". Das bezieht sich zum einen auf die schwache oder sinkende Bereitschaft des Nordens, Mittel für die Entwicklungsfinanzierung zur Verfügung zu stellen. Zum anderen geht es um Fragen der Wirkungen von ODA, sowohl im Hinblick auf entwicklungspolitische Zielsetzungen als auch im Zusammenhang mit der Verschuldung der Entwicklungsländer. Dies wiederum hat dazu geführt, dass heute verstärkt über Selbstverständnis und Konzeption öffentlicher Entwicklungshilfe insgesamt diskutiert wird. Dabei geht es darum, den Auftrag öffentlicher Entwicklungshilfe in Zeiten veränderter Rahmenbedingungen (neu) zu definieren.

## 2.1 Quantität der ODA

**Abwärtstrend in der öffentlichen Entwicklungsfinanzierung**

In den Diskussionen um Situation und Trends in der öffentlichen Finanzierung für Entwicklung wird vor allem der Abwärtstrend in der öffentlichen Entwicklungsfinanzierung kritisiert, darüber hinaus aber auch die Berechnungsart und Berechnungsgrundlage von ODA.

Die Bereitschaft im Norden, konzessionäre Finanzmittel für die Entwicklungsprozesse in den Ländern des Südens bereitzustellen, hat seit 1990 fast kontinuierlich abgenommen. Die Industrieländer entfernen sich damit immer weiter von ihrer im Rahmen der UN abgegeben Selbstverpflichtung, 0,7 Prozent ihres Bruttosozialprodukts für die Entwicklungsländer zur Verfügung stellen zu wollen.

So lag die Höhe der offiziellen Entwicklungshilfeleistungen im Jahr 2000 bei 41,6 Milliarden US-Dollar im Vergleich zu 49,5 Milliarden US-Dollar 1991. Die Diskrepanz zwischen dem international vereinbarten Ziel und den tatsächlichen Zahlungen hat damit weiter zugenommen: 1999 gaben die Industrieländer im Schnitt nur noch 0,24 Prozent ihres Bruttosozialprodukts für Entwicklungshilfe aus. Zwischen 1989 und 1992 hatte der Anteil immerhin noch bei 0,35 Prozent gelegen. Der Anteil der ärmsten Entwicklungsländer an der gesamten Entwicklungshilfe ist von

24 Prozent 1987/88 auf 21 Prozent 1998 gesunken.[3] Laut Angaben der UN ist die ODA an die Gruppe der ärmsten Entwicklungsländer (*Least Developed Countries* = *LDC*) seit 1990 um 45 Prozent gefallen und liegt damit auf dem Niveau der frühen 70er Jahre (UN 2000). In der Bundesrepublik wurden für den Haushalt 2002 Kürzungen im Etat des Bundesministeriums für wirtschaftliche Entwicklung und Zusammenarbeit (BMZ) um 5,3 Prozent angekündigt. Der Anteil der Entwicklungshilfe am deutschen Bruttosozialprodukt liegt damit bei nur noch 0,22 Prozent im Vergleich zu über 0,4 Prozent Anfang der 90er Jahre.

Der wesentliche Grund für die oft konstatierte „Krise der ODA" oder die „Entwicklungshilfemüdigkeit" (*„aid fatigue"*) ist vor allem im Ende des Kalten Krieges zu sehen. Mit dem Zusammenbruch der sozialistischen Staaten verschwand für die westlichen Industrieländer eins der wesentlichen Motive, Entwicklungshilfe zu leisten, nämlich um die Entwicklungsländer politisch an den Westen zu binden. Zusätzlich wurde auch die Haushaltslage in den Ländern des Nordens in den 90er Jahren schwieriger; angesichts zunehmender Verteilungskämpfe im eigenen Land nahm die Bereitschaft zur Zahlung von Entwicklungshilfe ab. Erschwerend kam hinzu, dass nun auch die Länder des ehemaligen Ostblocks mit den ursprünglichen Entwicklungsländern um die knappen Mittel öffentlicher Entwicklungsfinanzierung konkurrierten.

So stehen heute entgegen den Verpflichtungen früherer internationaler Vereinbarungen real immer weniger Entwicklungsressourcen zur Verfügung, die an eine immer größere Zahl von Bedingungen geknüpft werden, und die für immer zahlreichere Aufgaben in immer mehr Ländern verwendet werden müssen. Auch der Report des UN-Generalsekretärs für die FfD-Konferenz hält die sinkenden Mittel öffentlicher Entwicklungsfinanzierung für äußerst problematisch:

*„The trends in ODA during the nineteen nineties were particularly troublesome. They have come at a time when ODA should have gone up substantially because: (a) a clear programmatic basis for development cooperation was put forward in a cycle of major U. N. conferences, (b) more developing countries undertook major reforms in economic and political governance, and (c) the fiscal situation in donor countries improved significantly and inflationary pressures were reduced."* (United Nations 2001)

Der Bedarf an externen Finanzmitteln in den Entwicklungsländern ist weiterhin hoch und steigt zum Teil durch HIV/ AIDS-Epidemien, Umweltkatastrophen und bewaffnete Konflikte weiter an. Besonders in den

---

[3] Angaben aus UNDP: Human Development Report 2000 und 1999. New York, 2000 bzw. 1999, aus World Bank: World Development Report 2000/ 2001 und World Bank: Global Development Finance 2001. Washington, DC 2001

ärmsten Ländern spielt öffentliche Entwicklungsfinanzierung noch immer eine zentrale Rolle, da diese Länder in der Regel kaum Zugang zu privatem Kapital haben. In Burkina Faso, Madagaskar, der Mongolei, Nicaragua, Sambia und Sierra Leone stammen fast 90 Prozent der Staatseinnahmen aus Entwicklungshilfe (World Bank 2001). Es geht für die Entwicklungsländer also darum, dass die Industrieländer ihre Entwicklungshilfemittel (wieder) steigern, und zwar *verlässlich* und *voraussehbar*. Die Diskussionsgrundlage für die FfD-Konferenz des UN-Generalsekretärs ruft die Industrieländer dazu auf, angesichts ihrer eigenen relativ guten ökonomischen Situation und den umfassenden Reformen, die die Entwicklungsländer durchgeführt haben, die Entwicklungshilfe auf 0,7 Prozent des BSP zu steigern. Auch die Weltbank befürwortet eine Steigerung der ODA-Mittel, allerdings ohne auf das 0,7 Prozent-Ziel Bezug zu nehmen. Nach Angaben von Martens sind den Entwicklungsländern allein im Jahr 1999 rund 108 Milliarden US-Dollar dadurch entgangen, dass die Geberländer das vereinbarte ODA-Ziel ignorierten (Martens 2001).

Eine Reihe von Autoren geht davon aus, dass die realen ODA-Mittel sogar noch niedriger ausfallen, als die offiziellen Zahlen vermuten lassen. So seien die Angaben über die Höhe der öffentlichen Mittel für Entwicklungshilfe aufgebläht, da die Geber heute weit mehr unter dem Begriff der ODA subsumierten als nach der ursprünglichen OECD-Definition vorgesehen sei.[4] In den letzten zwanzig Jahren seien immer mehr öffentliche Ausgaben unter dem Begriff der öffentlichen Entwicklungszusammenarbeit zusammengefasst worden, unter anderem Katastrophenhilfe, Schuldenstreichungen und Verwaltungskosten in den Entwicklungsinstitutionen der Geberländer. Das Etikettieren immer neuer Aufgabenbereiche als ODA habe so darüber hinweg getäuscht, dass der Abwärtstrend der öffentlichen Entwicklungshilfeflüsse eigentlich noch drastischer ausfiele als die offiziellen Zahlen aussagen (siehe Raffer 1999).

Des Weiteren wird die noch immer verbreitete Praxis der Geberländer kritisiert, ihre Finanzmittel an Lieferbindungen zu knüpfen, die der eigenen Wirtschaft zugute kommen (siehe Chinnock/ Collinson 1999, Jepma 1996).

Eine grundsätzlichere Kritik richtet sich gegen die Bemessungsgrundlage für öffentliche Entwicklungshilfe. Anstatt ein Ziel wie das der 0,7 Prozent zu nehmen, das willkürlich gewählt ist und sich am Bruttosozialprodukt der Geberländer orientiert, sollte stattdessen der *tatsächliche* Finan-

---

[4] Danach bezieht sich der Begriff *Official Development Assistance* (kurz ODA) auf alle öffentlichen Zuschüsse und auf Kredite mit einem Zuschusselement von mindestens 25 Prozent.

zierungsbedarf der Entwicklungsländer zur Grundlage von Finanztransfers genommen werden. Zum Teil werden neue Formen vertraglicher Nord-Süd-Kooperation gefordert und darauf verwiesen, dass *verlässliche* Mittelzusagen essentiell für eine langfristige Entwicklungsplanung in den Entwicklungsländern seien. Entwicklungshilfe sollte nicht mehr einseitig durch die Geberländer festgelegt werden, sondern auf der Grundlage verbindlicher Modalitäten im Rahmen einer Art Vertragsbeziehung zwischen Nord und Süd erfolgen. Die Höhe des dann quasi automatischen Ressourcentransfers sollte sich an klar definierten Entwicklungsindikatoren orientieren (siehe z.B. Griffin/ McKinley).

## 2.2 Qualität von ODA

Angesichts des anhaltenden Finanzbedarfs der Entwicklungsländer, angesichts neuer internationaler Herausforderungen und knapper öffentlicher Mittel für Entwicklung konzentriert sich die Debatte zunehmend auf qualitative Aspekte öffentlicher Entwicklungshilfe. Gefragt wird, ob und unter welchen Bedingungen ODA wirksam wird. Die Wirkungen der traditionellen ODA werden zum Teil sowohl von „rechts" als auch von „links" im politischen Spektrum kritisiert. So wird von eher konservativer Seite argumentiert, dass öffentliche Hilfe ineffiziente staatliche Strukturen in den Entwicklungsländern am Leben erhielte und der private Sektor Entwicklungsfinanzierung ohnehin weitaus effizienter bereitstellen könne. Aus dem linken Spektrum wird zum Teil befürchtet, dass die Geber Entwicklungshilfe benutzen würden, um den Entwicklungsländern ein bestimmtes ökonomisches und gesellschaftspolitisches Modell aufzuzwingen, das vor allem im Interesse der Geber liege.
Insgesamt geht es in der aktuellen Literatur weniger um die Evaluierung der Wirkungen einzelner durch Entwicklungszusammenarbeit finanzierter Projekte, sondern um die Effekte von ODA auf die wirtschaftliche Situation der Länder insgesamt und um den Zusammenhang von Entwicklungsfinanzierung, Wirtschaftswachstum und Armutskämpfung. Angesichts der knapper werdenden öffentlichen Mittel für Entwicklungsfinanzierung wird also zunehmend die Frage nach der Effizienz von ODA gestellt und nach den Voraussetzungen und Bedingungen, unter denen öffentliche Finanzierung entwicklungspolitische Zielsetzungen erfüllt. Die Intensität der Auseinandersetzung um Wirkungen und Erfolgsbedingungen von ODA liegt darüber hinaus auch darin begründet, dass trotz langjähriger externer Finanzierung die Erfolge in den meisten Entwicklungsländern dürftig geblieben sind und Zweifel an der sozialen und ökologischen Nachhaltigkeit des Erreichten bestehen.

## Die Debatte um Erfolgsbedingungen von ODA und um „Selektivität"

Die aktuelle Diskussion um die Effizienz von ODA ist maßgeblich von einer Reihe von Publikationen aus dem Umfeld der Weltbank geprägt worden. In unterschiedlichen Arbeitspapieren wurde dort die These aufgestellt, dass Entwicklungshilfe nur dort zu Wachstum führt, wo – nach Weltbank-Definition – stabile makroökonomische Strukturen und ein politischer Reformwille („good policy environment") vorhanden sind. Ausgehend von dieser Argumentation gaben die Autoren die politische Handlungsanweisung, Entwicklungshilfe auf Entwicklungsländer mit einem hohen politischen Reformwillen zu konzentrieren (siehe die Weltbankpublikation *Assessing Aid* bzw. andere Publikationen der Weltbankautoren C. Burnside, P. Collier und D. Dollar).

Unter dem Stichwort „Selektivität" hat die Forderung der Konzentration von Entwicklungsfinanzierung auf „reformwillige" Länder deutlichen Eingang in die offizielle Debatte und, zumindest theoretisch, in die Entwicklungshilfepraxis verschiedener Geberländer gefunden. Auch das BMZ ist dieser Idee gefolgt und hat eine Liste von 70 Partnerländern vorgelegt. Ähnliche Prozesse vollziehen sich in anderen Geberländern.

Die Forderung der „Selektivität" stößt aber auch auf Kritik: Zum einen ist empirisch umstritten, inwieweit die Wirksamkeit von ODA von der Qualität der Politik im Empfängerland abhängt. So wird gefragt, ob wirklich in erster Linie interne Faktoren für Erfolg oder Misserfolg verantwortlich sind oder ob nicht den externen Rahmenbedingungen eine größere Rolle beigemessen werden muss. Die UN beispielsweise machen in ihrem letzten *Least Developed Countries Report* nicht eine falsche Politik in den Empfängerländern für die geringe Wirksamkeit von öffentlicher Entwicklungshilfe verantwortlich, sondern die unterschiedlichen Ansätze und die Diversität in der Vergabepraxis der Geber. Dies habe die Mechanismen der Ressourcenverteilung in den ärmsten Ländern maßgeblich beeinträchtigt. Außerdem würden fehlende Koordination auf der Geberseite und mangelnde Einbettung in die nationalen Entwicklungsstrategien der Nehmerländer die Nachhaltigkeit der Maßnahmen gefährden. Die Auflagen der Strukturanpassungsprogramme hätten darüber hinaus zu einer Schwächung der staatlichen Kapazitäten in den Entwicklungsländern geführt und zu einer Qualitätsminderung bei den öffentlichen Leistungen beigetragen (United Nations 2000).

Im Rahmen der Diskussion um „Selektivität" werden auch Bedenken hinsichtlich der Kriterien geäußert, nach denen künftige Partnerländer ausgewählt werden sollen. Eine häufige Befürchtung ist, dass die Kriterien für „gute ökonomische und politische Rahmenbedingungen" vom Ermessen des IWF und der Weltbank abhängen werden. Das könnte noch stärkere Beschränkung der Autonomie der Entwicklungsländer, eigenständige Entwicklungswege und -strategien zu verfolgen, bedeuten, als es bereits heute mit den Strukturanpassungsprogrammen von IWF und Weltbank der Fall ist.

Gefragt wird zudem nach der ethischen Legitimation einer Konzentration von Entwicklungsfinanzierung auf ausgewählte Länder. Was passiert mit den Menschen, die das Pech haben in armen Ländern mit „schlechten" Rahmenbedingungen zu leben? (siehe Martens 2001)

### Die Debatte über die Strukturanpassungsprogramme von Weltbank und IWF

Die intensiven Auseinandersetzungen mit den entwicklungspolitischen Wirkungen und den Erfolgsbedingungen von Entwicklungshilfe haben auch eine Diskussion um die Dynamiken ökonomischer und gesellschaftlicher Reformprozesse und um die Rolle von Konditionalitäten angestoßen.

Hintergrund sind vor allem die oft enttäuschenden Erfahrungen mit den wirtschaftlichen Reformprogrammen, den sogenannten Strukturanpassungsprogrammen, die fast alle Entwicklungsländer unter Anleitung des IWF und der Weltbank durchgeführt haben.

Im Zuge der 1982 beginnenden Schuldenkrise hatten IWF und Weltbank über Struktur- und Sektoranpassungsprogramme begonnen, in die ökonomischen Strukturen der Entwicklungsländer einzugreifen. Durchgesetzt wurde dies über wirtschaftspolitische Auflagen, die an Neukredite und Schuldenreduzierungen geknüpft wurden (Konditionalitäten). Die Programme hatten zum einen das Ziel, die Entwicklungsländer in die Lage zu versetzen, die für den Schuldendienst nötigen Devisen erwirtschaften zu können. Des Weiteren sollten die in die Krise geratenen Ökonomien wieder stabilisiert und das Wirtschaftswachstum angekurbelt werden.

Doch besonders im Hinblick auf Wachstum und den Abbau der Armut waren die Strukturanpassungsprogramme nur mäßig erfolgreich bzw. haben aus Sicht der Kritiker ganz versagt. Die vor allem in den frühen Programmen übliche sehr starke Betonung von Marktkräften, die Vernachlässigung der institutionellen Rahmenbedingungen und die Gleichgültigkeit gegenüber den politischen Dynamiken und Strukturen, in denen die wirtschaftspolitischen Auflagen umzusetzen waren, wurden ab ca. Mitte der 90er Jahre auch von der Weltbank und (später) vom IWF als Problem eingeräumt. Seitdem wird wieder stärker auf die Bedeutung von Institutionen und von staatlichem Handeln verwiesen (rechtlicher Rahmen, professioneller Beamtenapparat, entwicklungsorientierte staatliche Politik). Auch in der Entwicklungszusammenarbeit einer Reihe von bi- sowie multilateralen Gebern spielt der Aufbau und die Förderung von Institutionen heute wieder eine stärkere Rolle. Und nachdem seit rund 20 Jahren kontrovers über die sozialen Wirkungen der Programme diskutiert wird, räumen mittlerweile auch Weltbank und IWF ein, dass über den Zusammenhang zwischen den verlangten Reformen im Rahmen der Anpassungsprogramme und deren Wirkungen auf die armen Bevölkerungsgruppen nur wenig bekannt ist und die Erfolge in Bezug auf die Armutsbekämpfung niedriger als erwartet ausgefallen sind.

Darüber hinaus hat sich gezeigt, dass die Entwicklungsländer die immer zahlreicheren und detaillierteren Auflagen von IWF und Weltbank nur unvollständig umsetzen. Zwei 1997 von den Exekutivdirektoren des IWF in Auftrag gegebene Evaluierungen der Anpassungsprogramme des IWF für die ärmsten Länder (sog. Enhanced Structural Adjustment Facility - ESAF) stellten fest, dass eine zentrale Voraussetzung für die Umsetzung von Reformen ist, dass sich die Verantwortlichen in den Ländern mit diesen identifizieren.

**Neue Stichworte in der Debatte: *Ownership* und Partizipation**

Diese Entwicklungen haben dazu geführt, dass heute eine lebhafte Diskussion um die Vorraussetzungen und Dynamiken ökonomischer und gesellschaftlicher Reformprozesse geführt wird. Dabei setzt sich zunehmend die Erkenntnis durch, dass Reformen nur begrenzt von außen mittels Konditionalitäten aufgezwungen werden können. Neues Schlagwort in der Debatte ist daher „ownership". Es verweist auf die Bedeutung von Selbstbestimmung und Eigenverantwortung der Entwicklungsländer für ihre eigenen Entwicklungsstrategien. Mittlerweile wird diskutiert, was genau mit dem Schlagwort gemeint ist und wie es um das Spannungsverhältnis von *ownership* auf der einen Seite und der Tatsache, dass die Geber ihre Mittel nicht völlig ohne Auflagen vergeben wollen, auf der anderen Seite bestellt ist. Bedeutet *ownership*, dass die Entwicklungsländer von den Inhalten der von den Gebern formulierten Reformprogramme überzeugt werden müssen? Oder sollen die Entwicklungsländer künftig für die Formulierung ihrer Entwicklungsziele und -wege selbst verantwortlich sein und die Geber darauf aufbauend finanzielle Mittel zur Umsetzung bereitstellen?

Zumeist wird im Zusammenhang mit der Betonung der Eigenverantwortung der Entwicklungsländer für ihre Entwicklungsstrategien auf die Notwendigkeit von „Partizipation" verwiesen. Gemeint ist in der Regel eine möglichst umfassende Einbeziehung der Bevölkerung in die Formulierung und Umsetzung nationaler Entwicklungsstrategien. Nicht nur die Eliten sollen die Prioritäten von Wirtschaftsreformprogrammen festlegen, stattdessen soll ein möglichst breiter Teil der Bevölkerung auf die Gestaltung von Entwicklungsprozessen Einfluss nehmen. Die Beteiligung der sozial schwächeren Bevölkerungsgruppen an der Entstehung und Umsetzung von Entwicklungsstrategien gilt heute als wichtiges Element effektiver Armutsbekämpfung. Mit dem Ziel der Partizipation ist die Hoffnung verbunden, zur *ownership* beitragen zu können und Reformprogramme erfolgreicher auf die Bekämpfung von Armut auszurichten. Ähnlich wie in der Debatte um *ownership* herrscht auch beim Begriff der Partizipation Uneinigkeit, was substantielle Teilhabe ausmacht. Angesichts der in vielen Entwicklungsländern lediglich schwach organisierten Zivilgesellschaft wird außerdem die Frage gestellt, wie der Einfluss der Bevölkerung auf ökonomische Reformprozesse sichergestellt bzw. gestärkt werden kann.

Die im akademischen Bereich, in Entwicklungsinstitutionen und bei Nichtregierungsinstitutionen geführten Debatten um Konditionalitäten, *ownership* und Partizipation haben ihren Eingang in die Praxis der Entwicklungszusammenarbeit gefunden:
Sowohl der *Comprehensive Development Framework* (CDF) der Weltbank vom Frühjahr 1999, als auch das Weltbank- und IWF-Konzept nationaler Strategiepapiere zur Armutsbekämpfung (*Poverty Reduction Strategy Paper* = PRSP) im Rahmen der Schuldenerlassinitiative HIPC[5] vom Herbst 1999 und das auf bundesdeutscher Ebene im Frühjahr 2001 präsentierte jüngste Aktionsprogramm der Bundesregierung zur Armutsbekämpfung („Aktionsprogramm 2015") spiegeln die neuen Trends wider: Im Rahmen des Konzepts nationaler Armutsstrategiepapiere (PRSP) sollen die Regierungen der Entwicklungsländer unter Einbeziehung ihrer Zivilgesellschaften eigene Pläne zur Armutsbekämpfung vorlegen. Das Ziel der nationalen Verantwortung für die Gestaltung von Entwicklungsstrategien wird allerdings dadurch relativiert, dass die Papiere dem IWF und der Weltbank zur Billigung vorgelegt werden müssen. Die Papiere sind eine der Bedingungen für eine Schuldenreduzierung im Rahmen der HIPC-Initiative und sollen zur Grundlage künftiger Ausleihen von IWF und Weltbank, möglichst aber auch von den anderen Gebern werden. Gehofft wird auf eine Stärkung der *ownership* und auf bessere Erfolge in der Armutsbekämpfung. Der PRSP-Ansatz baut stark auf dem kurz zuvor vom Präsidenten der Weltbank präsentierten Konzept des *Comprehensive Development Framework* auf, in dem die Notwendigkeit eines zentralen, vom Land selbst entworfenen ganzheitlichen Entwicklungsrahmens betont wurde. Ob die nationalen

---

[5] Die multilaterale Entschuldungsinitiative für die Ländergruppe der armen und hoch verschuldeten Länder (Highly Indebted Poor Countries = HIPC) wurde 1996 von der Weltbank initiiert und auf Entscheidung der G7 1999 erweitert, so dass mehr Länder (jetzt 41) schneller einen größeren Teil ihrer externen Schulden erlassen bekommen können als ursprünglich vorgesehen.

Strategiepapiere PRSP wirklich den Stellenwert bekommen werden, den das Konzept theoretisch verspricht und ob sich die erwarteten Erfolge in der Armutsbekämpfung einstellen werden, wird von einer Reihe von Autoren mit Verweis auf konzeptionelle und prozessuale Schwächen des Ansatzes bezweifelt (siehe Kapitel 4).

Der IWF hat auf die Kritik, er würde die Zahl der Konditionalitäten seiner Programme stetig ausweiten und immer detailliertere Auflagen machen, reagiert und eine Diskussion um eine Refokussierung seiner Konditionalitäten begonnen: Die Zahl der Auflagen soll wieder reduziert werden und sich auf den makroökonomischen Bereich konzentrieren. Für strukturpolitische Reformen soll die Weltbank zuständig sein (siehe Kapitel 5).

**Literatur zu quantitativen Aspekten öffentlicher Entwicklungshilfe**

*Alesina, Alberto/ Dollar, David*
**Who gives Foreign Aid to Whom and Why?**
NBER Working Paper No. W6612
National Bureau of Economic Research (NBER). Cambridge 1998.
web: http://papers.nber.org

Der Aufsatz untersucht die ODA-Flüsse unterschiedlicher Geber. Die Autoren kommen zu dem Ergebnis, dass für viele Geberländer die Entscheidung, ein Land zu fördern, stärker von politischen und strategischen Faktoren bestimmt ist als von den ökonomischen Bedürfnissen oder dem Reformwillen der Empfängerländer. Historische Bindungen aus der Kolonialzeit und heutige politische Allianzen sind die zentralen Determinanten der Vergabeentscheidung. Die Unterstützung von Demokratisierungsprozessen ist ein weiterer zentraler Grund für die Gewährung von ODA. Ausländische Direktinvestitionen hingegen folgen stärker ökonomischen Kriterien. Zentral für die Investitionsentscheidungen sind institutionelle Faktoren, wie beispielsweise der rechtliche Rahmen zur Regelung von Besitzrechten.

*Boote, Anthony R. et al.*
**Official Financing for Developing Countries**
IMF. Washington, D.C. 1998. 70 S.

Die aktualisierte Fassung einer IWF-Publikation von 1995 liefert Informationen zu ODA-Flüssen aus multilateralen und bilateralen Quellen, zu Exportkrediten, zum Schuldenstand der Entwicklungsländer und zu Umschuldungsvereinbarungen zwischen den verschuldeten Ländern und bilateralen Gläubigern.

*Chang, Charles C./ Fernandez-Arias, Eduardo/ Serven, Luis*
**Measuring Aid Flows: A New Approach**
World Bank. Washington, D.C. 1998. 39 S.

Die Weltbankautoren hinterfragen die Bemessungskriterien für öffentliche Entwicklungshilfe. Nach der OECD-Definition von ODA werden alle öffentlichen Zuschüsse und Kredite mit einem Zuschusselement von mindestens 25 Prozent als öffentliche Entwicklungsfinanzierung gezählt. Mit der Gleichbehandlung von Zuschüssen und Krediten kommt es nach Ansicht der Autoren zu einer Überbewertung des Hilfscharakters der Kredite. Diese werden zu 100 Prozent als Entwicklungshilfe gerechnet, obwohl sie nur ein Zuschusselement von 25 Prozent enthalten und damit dem Geber auch entsprechend geringere Kosten verursachen. Kredite mit einem Zuschusselement von unter 25 Prozent hingegen werden gar nicht in die Berechnungen miteinbezogen. Die Autoren schlagen einen neuen Bemessungsansatz vor, *Effective Development Assistance* (EDA) genannt. Dieser Ansatz würde lediglich reine Zuschüsse und den Anteil an Zuschüssen von öffentlichen Krediten zählen. Die Autoren führten eine umfassende empirische Untersuchung der öffentlichen Finanztransfers an 133 Entwicklungsländer zwischen 1975 und 1995 durch und kamen zu dem Schluss, dass die traditionelle Berechnung der ODA die tatsächlichen Hilfsflüsse um 25-30 Prozent überschätzt hat.

*Chinnock, Jeffery/ Collinson, Sarah*
**Purchasing Power. Aid untying, targeted procurement and poverty reduction**
ActionAid. London 1999. 48 S.

Kritik an der noch immer gängigen Praxis der Industrieländer, ihre Entwicklungshilfe an Lieferbindungen zu knüpfen. Das heißt, die Geber stellen ODA nur unter der Bedingung zur Verfügung, dass mit dem Geld Güter oder Dienstleistungen im Geberland erworben werden. Die Autoren, Mitarbeiter der Entwicklungs-NGO ActionAid, argumentieren, dass durch die Abschaffung der Lieferbindungen ca. 30 Prozent der Mittel eingespart werden könnten. Sie kommen zu einem größeren Anteil gebundener ODA-Mittel als die OECD (1999:16,2 Prozent der bilateralen Hilfe), da sie in ihren Berechnungen anders als die OECD auch die Mittel der technischen Zusammenarbeit mit einbeziehen. Vorgeschlagen wird, die Abschaffung der Lieferbindungen ausdrücklich an eine verstärkte

Förderung einheimischer Unternehmen in den Entwicklungsländern durch eine gezielte staatliche Beschaffungspolitik zu knüpfen.

Cox, Aidan/ Healey, John/ Hoebink, Paul/ Voipio, Timo
**European Development Cooperation and the Poor**
Overseas Development Institute (ODI)
Macmillan Press LTD. Houndmills 2000. 253 S.

Die Ziele, Ansätze und Ergebnisse der europäischen Entwicklungszusammenarbeit in der Armutsbekämpfung werden systematisch untersucht, gefolgt von konkreten Empfehlungen an die Entwicklungshilfeagenturen, wie sie ihre Managementsysteme, ihren Länderdialog und ihre Aktivitäten stärker armutsorientiert ausrichten können, um nachhaltige Erfolge in der Armutsbekämpfung zu erreichen. Die Publikation enthält Länderstudien aus Bolivien, Burkina Faso, Indien, Nepal, Sambia, Simbabwe und Tansania.

Cox, Aidan (Hrsg.)
**DAC Scoping Study of Donor Poverty Reduction Policies and Practices**
OECD, Overseas Development Institute (ODI)
OECD. Paris 1999. 126 S.

Die Studie liefert eine systematische Analyse der Institutionen der Entwicklungszusammenarbeit in den OECD-Ländern im Hinblick auf ihre Zielsetzungen, ihre Strategien zur Armutsbekämpfung, ihre Strategien zur Förderung von Frauen im Entwicklungsprozess und mit Blick auf Entwicklungspartnerschaften und Dialog. Des Weiteren überprüfen die Autoren die Politik der OECD-Länder auf Kohärenz hinsichtlich des Ziels der Armutsbekämpfung und untersuchen die jeweiligen Managementsysteme und internen Anreizstrukturen.

Griffin, Keith/ McKinley, Terry
**New approaches to development cooperation.**
Office of Development Studies. Discussion Paper No. 7
ODS/ UNDP. New York 1996. 94 S.

Plädoyer für einen institutionalisierten Interessenausgleich auf globaler Ebene zwischen Gewinnern und Verlierern von Globalisierungsprozessen, für ein „globales Sicherungsnetz". Statt der einseitig konditionierten Leistungen sollte ein verbindlich geregelter, quasi automatischer Ressourcentransfer treten. Dessen Höhe solle sich an eindeutig definierten Entwicklungsindikatoren ausrichten. Die Mittel dafür sollen aus einer progressiven Einkommenssteuer auf das Bruttosozialprodukt der reichen Länder kommen, die dann entsprechend einem festgelegten Schlüssel den Entwicklungsländern zur Verfügung gestellt werden.

*Hauchler, Ingomar*
**Entwicklungspolitik und Globalisierung**
In: E+Z, 38, 4, 1997. S. 111-113

Der Artikel diskutiert die Auswirkungen des Globalisierungsprozesses auf die Zukunft der Entwicklungspolitik und zeigt direkte und indirekte Konsequenzen auf (Zunahme privater Kapitalströme in einige wenige Entwicklungsländer, Rückgang der ODA-Mittel, verknappte finanzielle Spielräume in den Industrieländern). Hauchler fordert eine Neuausrichtung der Entwicklungspolitik, unter anderem müsse die öffentliche Akzeptanz von Entwicklungshilfe gestärkt werden. Das 0,7 Prozent-Ziel solle aufgegeben werden, da es eine willkürlich gesetzte Zielgröße sei und deren Umsetzung immer unwahrscheinlicher würde. Glaubwürdiger sei es, bestimmte Entwicklungsziele zu formulieren und den daraus begründeten Finanzbedarf zu ermitteln. Die Entwicklungszusammenarbeit solle zwischen Schwellen- und Transformationsländern einerseits und armen Entwicklungsländern andererseits differenzieren und für die erste Gruppe Mittel nur noch für die ökologische Umlenkung im Bereich von Produktion/ Energie/ Verkehr zur Verfügung stellen. Entwicklungspolitik solle künftig stärker als Querschnittsaufgabe verstanden werden.

*Hook, Steven W. (Hrsg.)*
**Foreign Aid toward the millenium**
Rienner. Boulder, Colorado 1996. 269 S.

Die Autoren des Sammelbands beziehen sich in ihren Beiträgen auf die oft beklagte „Krise der ODA" und zeigen auf, wie sich Höhe und Ausrichtung öffentlicher Entwicklungshilfe in unterschiedlichen Geberländern verändert hat. Die untersuchten Geber bzw. Gebergemeinschaften sind die USA, Japan, die westeuropäischen Länder, die nordischen Länder und die OPEC-Staaten. Der dritte Teil des Buches untersucht die ODA-Entwicklung aus Perspektive der Empfängerländer.

*Hydén, Göran*
**From Bargaining to Marketing: How to Reform Foreign Aid in the 1990s**
In: Stokke, Olav (Hrsg.): Foreign Aid Toward the Year 2000: Experiences and Challenges. Frank Cass. London 1996. S.194-208

Hydén hält das momentane System öffentlicher Entwicklungshilfevergabe für dringend reformbedürftig. Zwar sei es durchaus sinnvoll, zukünftig stärkeres Gewicht auf die Situation von Entwicklungsländern im internationalen Handelssystem zu legen und den Entwicklungsbeitrag von privaten Kapitalströmen zu diskutieren. Doch diese Strategien müssten auch weiterhin durch öffentliche Entwicklungshilfe ergänzt werden, deren Bedingungen und Charakteristika im Sinne größerer Wirksamkeit aber zu verändern seien. Das momentane System wirke sich, so Hydéns Einschätzung, als stark nachteilig für die Entwicklungsländer aus. Die Geber dominierten einseitig die Bedingungen der Vergabe von Entwicklungshilfe. Neben ökonomischen Konditionalitäten sind die Entwicklungsländer heute noch mit zusätzlichen politischen Auflagen konfrontiert, während die versprochenen ökonomischen Erfolge ausblieben. Der Autor spricht sich für die Einführung von verschiedenen Fonds in den Entwicklungsländern aus, aus denen unterschiedliche Entwicklungsprojekte finanziert werden könnten und deren Mittel je nach Art der Projekte als Zuschuss (für Aufgaben, die zumindest kurzfristig keine Rendite erzielen), als stark konzessionäre Kredite (für Kleinunternehmen im informellen Sektor) oder als Kredite zu Marktbedingungen (für Akteure im formellen Sektor) vergeben werden sollten. An der Förderung Interessierte müssten nachweisen, inwiefern ihre Projekte entwicklungspolitischen Zielsetzungen (Armutsbekämpfung) dienlich wären.


*Jepma, Catrinus J.*
**The Case for Aid Untying in OECD Countries**
In: In: Stokke, Olav (Hrsg.): Foreign Aid Toward the Year 2000: Experiences and Challenges. Frank Cass. London 1996. S. 239-258

Der Autor thematisiert die Praxis in den OECD-Ländern, die Vergabe von Entwicklungshilfe an Lieferbindungen von Firmen aus den Geberländern zu knüpfen. Er argumentiert, dass ein noch deutlich größerer Teil von ODA liefergebunden ist, als die offiziellen Statistiken vermuten lassen. Die Praxis müsse auch im Zusammenhang mit der Handelspolitik der OECD-Länder gesehen werden, da es sich um eine Form der Exportsubventionierung handele. Jepma analysiert die Wirkungen der Praxis auf die Ökonomien in den Geber- und den Empfängerländern und ihre Wirkung auf internationaler Ebene und argumentiert, dass Lieferbindungen letztlich aus keiner Perspektive vorteilhaft seien.

*Jolly, Richard*
**New Composite Indices for Development Co-operation**
In: Economics, 42, 3, 1999. S. 36-42

Der Beitrag spricht sich für einen neuen Ansatz zur Entwicklungszusammenarbeit aus, der von weiterreichenden Zielsetzungen ausgeht und sich auf weiter gefasste Erfolgsindikatoren stützt. Er befürwortet eine „zweiseitige" Überprüfung („monitoring") der Erfolge von Entwicklungszusammenarbeit, die sowohl das Verhalten der Nehmer- als auch das der Geberländer untersucht. Zwar sollte das 0,7 Prozent -Ziel für ODA aufrechterhalten werden, doch sollte es durch andere Indikatoren (Ratifizierung und Implementierung der internationalen Menschenrechte, Erfolg bei der Umsetzung der internationalen Entwicklungsziele, Existenz förderlicher Rahmenbedingungen auf internationaler Ebene, Reduzierung globaler Ungleichheiten) ergänzt werden.

*Jolly, Richard*
**The Myth of Declining Aid**
In: Culpeper, Roy/ Berry, Albert/ Stewart, Frances: Global Development Fifty Years After Bretton Woods. Essays in Honour of Gerald K. Helleiner. The North-South Institute. Macmillan Press. Houndmills/ London 1997. S. 121-136

Die Behauptung, öffentliche Entwicklungshilfemittel seien kontinuierlich gesunken und auch künftig sei mit noch weiteren Reduzierungen zu rechnen, hält Jolly für falsch. Er präsentiert Zahlen zu Struktur und Trends der ODA in den letzten 30 Jahren. Danach seien die Mittel bis 1992 insgesamt angestiegen. Die öffentliche Unterstützung in den Industrieländern für die Zahlung von Entwicklungshilfe zur Armutsbekämpfung sei mehrheitlich hoch geblieben. Jolly argumentiert, dass die Politik das zum Anlass nehmen sollte, um Entwicklungshilfemittel aufzustocken. Er spricht sich für ein neues Paradigma für Entwicklungszusammenarbeit aus, welches die Katalysatorfunktion von ODA für Armutsbekämpfung und für soziale und ökonomische Reformen betont und sich gegen Einzelinteressen und Eliten richtet.

*Kanbur, Ravi/ Sandler, Todd/ Morrison, Kevin M.*
**The Future of Development Assistance: Common Pools and International Public Goods**
Overseas Development Council (ODC)
John Hopkins University Press. Washington, D.C. 1999. 112 S.

Die Studie versteht sich als Beitrag zur Debatte um den zukünftigen Rahmen von Entwicklungshilfe. Die Autoren untersuchen, hinsichtlich welcher Bereiche und Aspekte sich multilaterale Entwicklungsfinanzierung bewährt hat und wie das System effektiver gestaltet werden könnte. Darüber hinaus untersuchen sie die Beziehung zwischen Entwicklungshilfe und der Lösung transnationaler Problemstellungen. Die Autoren kritisieren die bisherige Praxis der projektorientierten Entwicklungshilfe und fordern, dass die Empfängerländer zuerst ihre eigenen Entwicklungsstrategien, -programme und -projekte formulieren sollten. Dies sollte sowohl in enger Konsultation mit der Bevölkerung als auch im Dialog mit den Gebern geschehen. Sie plädieren für einen sogenannten „common pool"-Ansatz, bei dem alle Geberländer in einen Topf einzahlen, aus dem dann die nationale Entwicklungsstrategie finanziert würde (zusätzlich zu den zur Verfügung stehenden einheimischen Finanzmitteln). Die Autoren gehen davon aus, dass zukünftig die Finanzierung internationaler öffentlicher Güter eine größere Rolle spielen wird. Dies könnte ebenfalls über den *Common Pool*-Ansatz geschehen – über eine Zusammenführung der Ausgaben für öffentliche Güter, die (auch) den Entwicklungsländern zugute kommen.

*Lachmann, Werner*
**Entwicklungspolitik. Band 4: Entwicklungshilfe**
R. Oldenbourg Verlag. München 1999. 284 S.

Der Volkswirtschaftsprofessor Lachmann gibt im vierten Band seines Lehrbuchs zur Entwicklungspolitik einen Überblick über Definition und Abgrenzung öffentlicher Entwicklungshilfe, über Vergabemotive und Systematik von Entwicklungshilfeleistungen. In einem weiteren Kapitel thematisiert er unter anderem das Problem der Lieferbindungen von ODA und das Problem der mangelnden Geberkoordination. Lachmann stellt Ziele und Instrumente der deutschen bilateralen Entwicklungshilfe vor, sowie die internationalen Institutionen des Systems der Entwicklungsfinanzierung.

*Martens, Jens*
**Krise und Reform der ODA. Aktuelle Trends in der Debatte über die Zukunft der öffentlichen Entwicklungszusammenarbeit**
Arbeitspapier zur Vorbereitung auf die Internationale Konferenz der Vereinten Nationen über Finanzierung für Entwicklung 2002
Weed. Bonn 2001. 19 S.

Der Mitarbeiter der Entwicklungs- und Umweltorganisation WEED untersucht unter anderem die Höhe von ODA, hinterfragt die Definition und die Berechnung von ODA und spricht sich grundsätzlich für eine Berechnungsgrundlage aus, die den Finanzbedarf der Entwicklungsländer zur Grundlage nimmt und nicht die Bruttosozialprodukte der

Geberländer wie das sog. 0,7 Prozent-Ziel. Das Papier gibt einen Überblick über die aktuellen Debatten um Konditionalitäten versus *ownership* und um „Selektivität" und diskutiert die Vor- und Nachteile einer mit ausländischen Krediten finanzierten Entwicklungsstrategie. Im letzten Teil zieht der Autor politische Schlussfolgerungen für die anstehende UN-Konferenz zur Entwicklungsfinanzierung: unter anderem die Vereinbarung klarer Zeitziele für die Verwirklichung des 0,7 Prozent-Ziels in den nächsten zehn Jahren, ein vertraglich gesichertes globales Partnerschaftsabkommen zwischen Nord und Süd im Sinn eines „globalen Länderfinanzausgleichs", eine bedarfsorientierte Bemessungsgrundlage für ODA, neue und zusätzliche Mittel für globale öffentliche Güter, die Abschaffung der Lieferbindungen, die Vergabe von ODA nur noch als nichtrückzahlbare Zuschüsse und eine Stärkung der Selbstbestimmungsmöglichkeiten der Entwicklungsländer über ihre Entwicklungswege und -strategien.

*Raffer, Kunibert*
**Controlling Donors: On the Reform of Development Assistance**
In: Internationale Politik und Gesellschaft, 4, 1997

Der Ökonomieprofessor Raffer hält eine umfassende Reform der gegenwärtigen Praxis der Entwicklungshilfe für unumgänglich, um die „Entwicklungshilfemüdigkeit" zu überwinden und die Qualität der ODA zu verbessern. Er weist Probleme mit der Definition von ODA nach. So seien in den letzten zwanzig Jahren immer mehr öffentliche Ausgaben unter dem Begriff der öffentlichen Entwicklungszusammenarbeit zusammengefasst, beispielsweise Katastrophenhilfe, Schuldenstreichungen und Verwaltungskosten in den Entwicklungsinstitutionen der Geberländer. Die traditionelle OECD-Definition von ODA sei damit verwässert; den offiziellen Angaben über ihre Höhe müsse entsprechend mit Vorsicht begegnet werden. Die Praxis habe zudem negative Auswirkungen auf Qualität und Effektivität öffentlicher Entwicklungshilfe. Er plädiert für eine Reform, die auf eine verstärkte Rechenschaftspflicht der Geber zielt.

*Raffer, Kunibert/ Singer, H. W.*
**The Foreign Aid Business. Economic Assistance and Development Co-operation**
Edward Elgar. Cheltenham, UK/ Brookfield, USA 1996. 237 S.

Die Autoren untersuchen die unterschiedlichen Funktionen und Formen von Entwicklungshilfe sowie die Rolle von unterschiedlichen Entwicklungshilfeinstitutionen und Gebern und von Nichtregierungsorganisationen. Sie analysieren die ökonomischen und politischen ODA-Konditionalitäten und die Wirkungen von ODA für menschliche Entwicklung. Sie konstatieren eine Reihe von Fehlentwicklungen. Ihrer Argumentation nach sollte daraus aber nicht der Schluss gezogen werden, ODA zu reduzieren. Stattdessen sollte über Mechanismen nachgedacht werden, wie die Qualität von ODA und die der Entwicklungsfinanzierung insgesamt gestärkt werden könnte. Die Autoren sprechen sich für ein neues Paradigma der Entwicklungsfinanzierung aus, das Not- und Entwicklungshilfe vereint, sich am Beispiel des Marshallplans orientiert und sich auf regionale Kooperation und Überwachungsmechanismen auf regionaler Ebene stützt. ODA sollte entsprechend der tatsächlichen Bedürfnisse der Empfängerländer verteilt werden. Eine dauerhafte Lösung der Schuldenkrise der Entwicklungsländer sei notwendig, wofür ein internationales Insolvenzverfahren geschaffen werden soll. Damit würde auch ein Mechanismus etabliert, um die Geber für Fehler zur Rechenschaft ziehen zu können. Die Politik der Strukturanpassung sollte beendet werden, da es nicht genug Belege dafür gäbe, dass sie wirkt, während ausreichend Beweise für ihre negativen Effekte existierten.

*Randel, Judith/ German, Tony (Hrsg.)*
**The Reality of Aid. Reality Check January 2001**
Norwegian People's Aid. Oslo 2001
web: www.realityofaid.org

Die in diesem Band zu Wort kommenden Autoren sind von der Wirksamkeit öffentlicher Entwicklungshilfe überzeugt. Die betroffenen Länder und ihre Bevölkerungen müssten zwar ihre eigenen Entwicklungswege finden, der Prozess sollte aber durch externe finanzielle Hilfe unterstützt werden. Sie empfehlen unter anderem, die ODA-Vergabe nach klaren entwicklungspolitischen Zielsetzungen auszurichten (Armutsbekämpfung, Gerechtigkeit und Förderung der Menschenrechte). Die Regierungen der Geberländer sollten eindeutige Strategien vorlegen, wie existierende Vereinbarungen (0,7 Prozent des BSP als ODA, die Vereinbarungen des Weltsozialgipfels 1995, die OECD Entwicklungsziele für 2015) umgesetzt werden sollen. Es müssten klare Standards für Partizipation, Zugang und Repräsentation der Zivilgesellschaft etabliert werden. Eindeutige staatliche Regeln für private Investoren seien notwendig.

*Randel, Judith/ German, Tony/ Ewing, Deborah (Hrsg.)*
**The Reality of Aid 2000. An Independent Review of Poverty Reduction and Development Assistance**
Earthscan Publications. London 2000. 302 S.

In ihrer jährlich erscheinenden Untersuchung der Entwicklungshilfeleistungen der Geberländer diskutieren die Autoren (alles Mitarbeiter von nicht-staatlichen Entwicklungsorganisationen) in dieser Veröffentlichung das Auseinanderklaffen von der offiziellen Rhetorik der Armutsbekämpfung und der Realität öffentlicher Entwicklungshilfe, mit einem gesonderten Kapitel zur Förderung des Grundbildungssektors. Im zweiten Teil werden Profile von Geberländern (20 Länder und die EU) gezeichnet. Der dritte Teil konzentriert sich auf Beiträge von Nichtregierungsorganisationen aus Entwicklungsländern zur aktuellen Situation der ODA. Abschließend werden die Aktivitäten der unterschiedlichen Geber verglichen und gefragt, wie sie jeweils internationale Vereinbarungen wie die Entwicklungsziele bis 2015 in die Praxis umsetzen.

*Rasheed, Sadig*
**Poorest Nations and Development Co-operation: In search of an elusive ethic**
In: Development, 42, 3, 1999. S. 25-30

Der Autor untersucht die ODA-Flüsse an die ärmsten Entwicklungsländer (Gruppe der LDC-Länder) und kommt zu dem Schluss, dass diese heute in absoluten wie in relativen Zahlen weniger konzessionäre Entwicklungshilfe erhalten als andere Entwicklungsländer. Trotz der offiziellen Rhetorik in den Geberländern, den Anteil der Menschen in Armut bis zum Jahr 2015 um die Hälfte reduzieren zu wollen, deuten die aktuellen ODA-Flüsse in eine andere Richtung. Nachhaltige wirtschaftliche und menschliche Entwicklung wird für die ärmsten Entwicklungsländer, besonders für die Länder in Sub-Sahara-Afrika, aber lediglich mit externer Hilfe möglich sein. Für die Entwicklung der ärmsten Länder sind eine Reihe interner Reformen notwendig (unter anderem Produktivitätssteigerung, Steigerung der Spar- und Investitionsraten, diversifizierte und wettbewerbsfähige Produktion), doch diese müssen durch pro-aktive Entwicklungspartnerschaften unterstützt werden. Notwendig dafür sind höhere Entwicklungshilfemittel, eine nachhaltige Lösung des Schuldenproblems der ärmsten Länder, Unterstützung für Maßnahmen zur Entwicklung und Diversifizierung ihrer produktiven Kapazitäten und eine Öffnung der Märkte in den Industrieländern. Der Autor warnt davor, ODA-Mittel nur noch an Länder zu vergeben, deren Regierungen sich reformwillig zeigten („Selektivität"), da arme Menschen nicht für ihre politischen Eliten bestraft werden dürften. Nichtregierungsorganisationen können eine wichtige Rolle spielen, um ODA direkt an die Menschen zu leiten, die am stärksten darauf angewiesen sind, und auch die Organisationen des UN-Systems (UNICEF, WHO, UNDP) hätten in solchen Situationen Erfolge aufzuweisen.

*Riddell, Roger C.*
**Aid in the 21st Century**
Overseas Development Studies. Discussion Paper Nr. 6
ODS/ UNDP. New York 1996. 98 S.

Der Autor hält öffentliche Entwicklungshilfe auch weiterhin für unverzichtbar. Er fordert aber ein grundsätzliches Überdenken der Aufgaben und Form von ODA, des ganzen internationalen Systems der Entwicklungszusammenarbeit und der Rollen der unterschiedlichen Akteure in diesem. Er stellt darüber hinaus das 0,7 Prozent-Ziel für ODA in Frage, da es seiner Argumentation nach weder für den Richtwert noch für die Bemessungsgrundlage eine schlüssige sachliche Rechtfertigung gäbe.

*Smillie, Ian/ Helmich, Henny/ German, Tony/ Randel, Judith (Hrsg.)*
**Public attitudes and international development co-operation**
Development Centre Studies
North South Centre of the Council of Europe
OECD. Paris 1998. 170 S.

Das Buch vereint Länderstudien aus Europa, Australien, Kanada, Neuseeland und den USA zur Einstellung der Bevölkerung zur Vergabe öffentlicher Entwicklungshilfe. Alle Länderstudien kommen zu dem Ergebnis, dass die öffentliche Unterstützung für ODA seit 15 Jahren stabil geblieben sei, und dass in sofern also nicht von „Entwicklungshilfemüdigkeit" gesprochen werden könne.

*Stewart, Frances*
**Aid in the 21st Century: Reconciling the real and the desirable**
In: Development, 42, 3, 1999. S. 16-21

Auch wenn Entwicklungshilfe auch weiterhin dazu benutzt werden wird, außenpolitische und sicherheitspolitische Interessen zu befördern, geht die Autorin davon aus, dass die Bereitschaft in den industrialisierten Ländern, konzessionäre Entwicklungsfinanzierung zur Verfügung zu stellen, weiter sinken wird. Sie plädiert für einen neuen Rahmen für die Entwicklungszusammenarbeit, der sich an der Förderung der Menschenrechte orientiert und der Entwicklungshilfe weniger als „Geschenk" sondern stärker als Recht begreift. Allerdings sollten die internationalen Beziehungen umfassender reformiert werden (internationales Handelssystem, private Kapitalflüsse), so dass Entwicklungshilfe nur noch dann notwendig würde, wenn einheimische Finanzmittel, Handel und ausländisches Privatkapital nicht ausreichten, um die Umsetzung der international vereinbarten Menschenrechte voranzutreiben. Die Autorin spricht sich dafür aus, Entwicklungshilfe nur an solche Länder zu vergeben, die die Menschenrechte achten.

*Thiel, Reinold E. (Hrsg.)*
**Entwicklungspolitiken – 33 Geberprofile**
Deutsches Übersee Institut. Hamburg 1996. 338 S.

Der Band liefert einen vergleichenden Überblick über Funktion, Organisation, über Schwerpunkte und Motive der Entwicklungszusammenarbeit von 33 Geberländern. Neben den OECD-Ländern sind auch eine Reihe der reicheren ölexportierenden Länder, ärmere Entwicklungsländer sowie – im Rückblick – sozialistische Staaten aufgeführt, die Finanzmittel für die Entwicklung anderer Entwicklungsländer zur Verfügung stell(t)en.

*UNCTAD*
**Capital Flows and Growth in Africa**
UNCTAD. Genf 2000. 44 S.

Der UNCTAD-Report untersucht die Situation externer privater Finanzströme nach Sub-Sahara-Afrika vor dem Hintergrund des enttäuschenden Wirtschaftswachstums der Region. Der Anteil von privaten Kapitalflüssen am Bruttosozialprodukt der Länder war rückläufig. Die Autoren empfehlen einen massiven Zufluss an öffentlicher Entwicklungshilfe in die Region, um eine anhaltende Wachstumsentwicklung anzustoßen. Dies sei eine notwendige Vorbedingung, um die Länder in die Lage zu versetzen, anschließend sukzessive auf einheimische und externe private Investitionen als Quelle der Entwicklungsfinanzierung zu setzen.

**Weitere Literatur**

*Helmich, Henny*
**International Development Cooperation in Transition**
In: Economics, 40, 4, 1997

*Lal, D.*
**Foreign Aid: An Idea Whose Time Has Gone**
In: Economic Affairs, 10, 4, 1996

*Lensink, Robert/ White, Howard*
**Assessing Aid: a Manifesto for Aid in the 21st Century**
GESPA Working Paper no. 15, 1999

*OECD/ DAC*
**2000 Development Co-operation Report**
OECD. Paris 2001

*OECD/ DAC*
**Measuring Aid to Basic Social Services**
OECD. Paris 2000

*OECD/ DAC*
**Geographical distribution of financial flows to aid recipients 1993-1997**
OECD, Paris 1999

*Ranis, Gustav*
**Traditional Aid is Passé ... And there is not enough of it**
In: Economics, 42, 3, 1999

*Stern, Marc*
**Development Aid: What the Public Thinks**
Overseas Development Studies. Working Paper Series W-4
ODS/ UNDP. New York 1998

*United Nations/UNCTAD*
**The Least Developed Countries 2000 Report. Aid, Private Capital Flows and External Debt: The Challenge of Financing Development in the LDCs**
UN. New York/ Genf 2000

*World Bank*
**Global Development Finance 2000**
World Bank. Washington, D.C. 2000

# Literatur zu den Erfolgsbedingungen von öffentlicher Entwicklungshilfe

*Azam, Jean-Paul/ Shantayanan, Devarajan/ O'Connell, Stephan A.*
**Aid Depence Reconsidered.**
World Bank. Washington, D.C. 1999. 14 S.

Das Weltbank-Arbeitspapier untersucht den Zusammenhang zwischen externer Entwicklungsfinanzierung und der Entwicklung institutioneller Strukturen. Die Autoren empfehlen, dass Entwicklungshilfestrategien sorgfältig auf den jeweiligen existierenden institutionellen Kapazitäten aufbauen sollten. Andernfalls besteht die Gefahr, dass Entwicklungsfinanzierung institutionsschwächend wirkt und somit langfristig schadet. Die Autoren spekulieren, dass eine vorübergehende Reduzierung von Entwicklungshilfe die Chancen eines Landes erhöhen kann, sich aus der Abhängigkeit von externer Hilfe zu lösen.

*Beynon, Jonathan*
**Policy Implications for Aid Allocations of Recent Research on Aid Effectiveness and Selectivity**
Paper Presented at the Joint Development Centre/ DAC Experts Seminar on „Aid Effectiveness, Selectivity and Poor Performers"
OECD. Paris 2001. 6 S.

Überblick über die aktuelle Debatte um den Zusammenhang von ODA und Wachstum, um die Rahmenbedingungen, unter denen ODA erfolgreich ist, um Konditionalitäten und die Forderung nach „Selektivität" in der Vergabe von Entwicklungshilfe.

*Boone, Peter*
**Politics and the Effectiveness of Foreign Aid**
In: European Economic Review, 40, 2, 1996. S.289-329

Der Autor untersucht die Wirksamkeit von Entwicklungsfinanzierung in Abhängigkeit von unterschiedlichen politischen Regimeformen. Anhand eines Modells analysiert er, wie Regimeformen (repressive, demokratische) Entwicklungshilfe verwenden, und er stellt fest, dass es für die Effektivität der empfangenen Entwicklungsgelder relativ egal ist, ob es sich um eine repressive oder um eine liberale Regierungsform handelt. Stattdessen kommt er zu dem Ergebnis, dass ODA – hier wie dort – *weder* eine deutliche Steigerung von Investitionen nach sich ziehe, *noch* zu einer Verbesserung der sozialen Entwicklungsindikatoren führe.

*Brown, Adrienne/ Foster, Mick/ Norton, Andy/ Naschold, Felix*
**The Status of Sector Wide Approaches**
Centre for Aid and Public Expenditure
Overseas Development Institute. Working Paper 142
ODI. London 2001. 65 S.

Es wird der Frage nachgegangen, welche Gründe zur Hinwendung der Geber zur Sektorförderung (im Unterschied zur Förderung von Einzelprojekten) geführt haben. Die Studie untersucht vorliegendes empirisches Material über die Erfolgsbedingungen des Ansatzes und diskutiert, in welchem Bezug der Sektoransatz zu neuen holistischen Ansätzen wie dem *Comprehensive Development Framework* der Weltbank und dem *Poverty Reduction Strategy Paper*-Konzept der HIPC-Entschuldungsinitiative steht.

*Bundesministerium für wirtschaftliche Zusammenarbeit und Entwicklung*
**Die neue Länderliste**
Bonn 2000 (siehe auch E+Z, 9, 2000 – Schwerpunktthema)

Das BMZ hat beschlossen, die Zahl der Partnerländern von bisher 118 auf 70 Kooperationsländer, unterteilt in Schwerpunktpartner- und Partnerländer (plus elf Transformationsländer) zu verringern. Als Auswahlkriterien nennt das BMZ die Erforderlichkeit der Zusammenarbeit im Hinblick auf die wirtschaftlichen, sozialen, ökologischen und politischen Gestaltungsziele und Interessen der Bundesrepublik, die Möglichkeiten des BMZ, dort einen relevanten Beitrag zu leisten, die Leistungen der anderen bilateralen und multilateralen Geber sowie die internen Rahmenbedingungen im Partnerland.

*Burnell, Peter*
**Foreign Aid in a Changing World**
Issues in Third World Politics
Open University Press. Buckingham/ Philadelphia 1997. 268 S.

Der Autor gibt einen Überblick über die historischen Veränderungen in der internationalen Entwicklungszusammenarbeit, über die Diskussion um die Wirksamkeit von ODA, über den Wandel in den Zielsetzungen der Entwicklungszusammenarbeit und über die Suche nach neuen Legitimationsgrundlagen für öffentliche Entwicklungshilfe.

*Burnside, Craig/ Dollar, David*
**Aid, Policies, and Growth**
World Bank. Washington, D.C. 1997. 56 S.

Die Weltbank-Autoren untersuchen den Zusammenhang zwischen ODA, Wirtschaftspolitik und Wachstum anhand neuer statistischer Daten. Sie kommen zu dem Ergebnis, dass Entwicklungshilfe nur dort wachstumsfördernd wirke, wo „gute" fiskalpolitische und makroökonomische Rahmenbedingungen und ein liberalisiertes Handelsregime vorhanden sind. Die Untersuchungen konnten keine systematischen – positiven oder negativen – Auswirkungen von Entwicklungszusammenarbeit auf die Politik in den Empfängerländern feststellen, da alle Ansätze, politisches Wohlverhalten in den Empfängerländern mit Entwicklungshilfe zu belohnen durch andere (strategische) Interessen der Geber zunichte gemacht würden. Modellberechnungen, die von „guten" wirtschaftspolitischen Rahmenbedingen und einem weniger interessengesteuerten Verhalten der Geber ausgingen, würden positive Wachstumseffekte zeigen. [Die Untersuchungen von C. Burnside und D. Dollar sowie P. Collier (siehe unten) haben die aktuelle Weltbankposition zur Effektivität von

ODA sowie die über die Weltbank hinausgehenden Debatten maßgeblich geprägt. Anm. MW]

*Collier, Paul/ Dollar, David*
**Development Effectiveness: What have we learnt?**
World Bank. Washington, D.C. 2001. 35 S.

In dieser Studie wird ein Kriterienkatalog entwickelt, mit dem die Qualität der Wirtschaftspolitik eines Entwicklungslandes gemessen werden soll. Dies ist insofern interessant, als dass der Kern des Vorschlags der Weltbankpublikation *Assessing Aid* ist, dass ODA nur noch an solche Entwicklungsländer gehen solle, die über „gute politische Rahmenbedingungen" verfügten. Diese Veröffentlichung gibt einen ersten Eindruck, was damit gemeint ist. Die Autoren liefern vier Kategorien (makroökonomische Politik, Strukturpolitik, öffentliche Verwaltung und soziale Einbeziehung), die wiederum in 20 Komponenten aufgeteilt sind. „Gute Politik" meint dann unter anderem, dass die Geld-, Fiskal- und Wechselkurspolitik stabile wirtschaftliche Rahmenbedingungen schafft und die Handels-, Steuer- und Sektorpolitik gute Produktionsanreize für die Privatwirtschaft bieten, dass die öffentliche Verwaltung privates Engagement effektiv ergänzt und dass die Partizipation aller gesellschaftlicher Gruppen gewährleistet ist.

*Guillaumont, Patrick/ Chauvet, Lisa*
**Aid and Performance: A Reassessment**
11th Annual Bank Conference on Development Economics (ABCDE)
World Bank. Washington, D.C. 1999. 32 S.

Die Autoren stellen die These der *„Assessing Aid"*-Publikation der Weltbank in Frage, dass die Effektivität von ODA von der Qualität der Politik im Empfängerland abhänge, und betonen stattdessen die Bedeutung äußerer Rahmenbedingungen und insbesondere die Bedeutung exogener Schocks.

*Gunning, Jan Willem*
**Rethinking Aid**
12th Annual Bank Conference on Development Economics (ABCDE)
World Bank. Washington, D.C. 2000. 22 S.

Der Autor gibt einen Überblick über die aktuellen Debatten um öffentliche Entwicklungshilfe als Quelle der Entwicklungsfinanzierung, um ihre Auswirkungen auf Politik und politische Strukturen in den Empfängerländern und um ihre Rolle in der Bereitstellung und Übertragung von Wissen.

Gunning schließt sich in weiten Teilen der Einschätzung von C. Burnside/ D. Dollar und D. Dollar/ Pritchett an, dass die Effektivität von ODA von den richtigen politischen Rahmenbedingungen abhängig sei („good policy environment"). Nach seiner Argumentation kann ODA in Ländern, in denen ökonomische Reformen noch relativ neu sind, eine wichtige Signalfunktion haben. Momentan aber würden Geberentscheidungen von politischen Erwägungen abhängig gemacht, die oft keinen Zusammenhang mit der Bereitschaft der Empfängerländer zu Reformen haben. Der Autor empfiehlt, von der bisherigen ex-ante Konditionalitätenpolitik Abstand zu nehmen und zu ex-post Konditionalitäten („Selektivität") überzugehen. D. h. ODA-Gelder sollten lediglich an solche Länder gehen, die die „richtigen" Reformen (aus Sicht der Geber) bereits umgesetzt haben.

*Hansen, Henrik/ Tarp, Finn*
**Aid Effectiveness Disputed**
In: Journal of International Development, 12, 3, 2000, S. 375-398

Dieser Beitrag zur Debatte um die Wirksamkeit öffentlicher Entwicklungsfinanzierung diskutiert existierende Untersuchungen zum Zusammenhang von ODA und Wachstum sowie von ODA und Spar- und Investitionsraten. Die Autoren kommen in der Folge zu einer Einschätzung, die von der von D. Dollar u. a. vertretenen Position abweicht. Ihrer Argumentation nach hat ODA einen positiven Wachstumseffekt, und zwar auch dann, wenn die politischen Rahmenbedingungen weniger günstig sind.

*Hildyard, Nicholas*
**The World Bank and the State: a Recipe for Change?**
Bretton Woods Project. London 1997. 60 S.

Bei der Publikation handelt es sich um eine kritische Auseinandersetzung der britischen Nichtregierungsorganisation *Bretton Woods Project* mit der neuen Strategie der Institutionenförderung der Weltbank, die im Weltentwicklungsbericht 1997 („The State in a Changing World") skizziert wird. Zwar begrüßen die Autoren, dass Weltbank und IWF die Bedeutung von Institutionen und staatlichem Handeln wieder entdeckt hätten, nachdem ihre Strukturanpassungsprogramme lange ausschließlich auf die Regulierungskraft des Marktes gesetzt hätten. Sie kritisieren aber, dass im Weltentwicklungsbericht staatliches Handeln noch immer zentral unter dem Gesichtspunkt der Schaffung von Rahmenbedingungen für das ungehinderte Funktionieren der Wirtschaft diskutiert würde. Andere Ziele staatlichen Steuerns (beispielsweise die Beförderung des sozialen Zusammenhalts durch Umverteilungsmaßnahmen) und mögliche Widersprüche zwischen diesen anderen Zielen und der von der Weltbank dem Staat zugeschriebenen Rolle würden im Weltbankbericht nicht thematisiert.

*Kappel, Robert*
**Markt und Staat im Globalisierungsprozess. Die Grenzen des Weltbankkonzepts**
In: E+Z, 4, 1998. S. 108-110

Kritische Auseinandersetzung mit dem Weltentwicklungsbericht 1997 der Weltbank zur Rolle des Staates. Der Autor begrüßt zwar, dass die Weltbank die Notwendigkeit staatlichen Handelns für den Entwicklungsprozess wieder entdeckt habe, kritisiert aber, dass sie und der IWF mit ihren Strukturanpassungsprogrammen lange Zeit den Aktionsradius von Staaten beschnitten und in einigen Teilen Afrikas so sogar zum Staatsverfall beigetragen hätten. Als Beispiel für die Notwendigkeit staatlicher Eingriffe nennt er unter anderem die Existenz von Monopolen, unvollkommenen Wettbewerb, makro-ökonomische Ungleichgewichte, Umweltkrisen, Armut und Ungleichheit und die Unfähigkeit von Unternehmen, öffentliche Güter zur Verfügung zu stellen. Kappel bezeichnet das neue Weltbankkonzept als „kurzsichtig": Angesichts der sich vollziehenden Globalisierungsprozesse reiche es nicht aus, lediglich den Staat zu stärken. Zusätzlich müssten internationale Regulierungsmechanismen geschaffen und die Institutionen der Zivilgesellschaft gestärkt werden.

*Kochendörfer-Lucius, Gudrun/ Sand, Klemens van de*
**Entwicklungshilfe vom Kopf auf die Füße stellen.
Institutionenförderung statt Projektförderung**
In: E+Z, 4, 2000. S. 96-99

Nach Auffassung der Autoren ist der Gegensatz von Projektförderung nicht die Förderung von Programmen, sondern die Unterstützung des Aufbaus von Institutionen. Es sei nicht so sehr der Mangel an Ressourcen, der in der Mehrzahl der Länder der Welt zu Armut führe, sondern der fehlende Zugang zu Ressourcen. Dieser Zugang werde durch die Institutionen einer Gesellschaft geregelt: durch geltende Entscheidungsmechanismen und durch die Organisationen, in denen diese Mechanismen verkörpert sind. Die Entwicklungspolitik sollte daraus Konsequenzen ziehen und nicht den Transfer von Ressourcen in den Mittelpunkt ihrer Aktivitäten stellen, sondern die Hilfe zur Veränderung entwicklungsbehindernder Institutionen. Das bedeute vor allem, dass

Institutionen so gestaltet oder reformiert werden sollten, dass sie eine bessere Teilhabe des armen Teils der Bevölkerung ermöglichen.

*Lancaster, Carol*
**Aid to Africa: So Much to Do, So Little Done**
University of Chicago Press. Chicago 1999. 303 S.

Nach fast vier Jahrzehnten externer Entwicklungshilfe an Afrika habe ODA so gut wie keine Erfolge in der Ankurbelung wirtschaftlicher Entwicklung in der Region gehabt. Die Autorin, vormals Mitarbeiterin der US-amerikanischen Entwicklungsbehörde USAID, will die Gründe für das Scheitern benennen und Problemlösungen anbieten. Neben internen Faktoren, wie schwachen Institutionen, Korruption, politischer Repression, schlechter Politik und ungünstigen Umweltbedingungen, macht sie vor allem mangelhafte Programmplanung und schlechte Zielgruppenorientierung auf Seiten der Geber und unzureichende Einflussnahmemöglichkeiten der Betroffenen auf die Programmgestaltung für die ausgebliebenen Erfolge verantwortlich. Ein weiterer Faktor sei, dass ein großer Teil der ODA gar nicht für entwicklungspolitische Zwecke ausgegeben werde, sondern für politische oder kommerzielle Belange. Ausgehend von ihrer Analyse befürwortet die Autorin unter anderem eine Stärkung der Betroffenen in der Planung und Umsetzung von Programmen (*empowerment*) und bessere Geberkoordination auf der Grundlage eines zentralen umfassenden Länderplans.

Das Buch enthält quantitative und qualitative Informationen zu den Entwicklungshilfeleistungen der nördlichen Geber. Im zweiten Teil des Buches liefert die Autorin eine umfassende Analyse von sechs bilateralen (USA, Frankreich, Großbritannien, Japan, Schweden, Italien) und zwei multilateralen Gebern (Weltbank, EU).

*Lensink, Robert/ Morrissey, Oliver*
**Aid instability as a measure of uncertainty and the positive impact of aid on growth**
In: The Journal of Development Studies, 36, 3, 2000. S. 31-49

Der Beitrag zur Debatte um die Wachstumswirkungen von ODA argumentiert, dass es nicht so sehr auf die *Höhe* öffentlicher Entwicklungsfinanzierung ankomme, sondern vor allem auf die Stabilität der Finanzflüsse und testet die Behauptung in einem Modell. Die Unsicherheit, ob und in welcher Höhe externe Entwicklungshilfe zu erwarten ist, habe Wirkungen auf die Investitionsraten der Länder und auf die Reaktionen der Empfängerregierungen. Die Autoren zeigen anhand ihrer Modellberechnungen, dass *stabile* Entwicklungshilfezahlungen signifikante positive Wachstumswirkungen (vor allem über eine Steigerung der

Investitionsraten) haben. ODA sei ihrer Argumentation nach nur dann effektiv, wenn sie gleichmäßig und vorhersehbar vergeben werde.

*Lensink, Robert/ White, Howard*
**Are there negative returns to aid?**
University Library Group Groningen
Groningen 1999. 30 S.

Beitrag zur Debatte um die Wachstumswirkungen von ODA und zu den Aussagen der Weltbankstudie *Assessing Aid*. Die Autoren bezweifeln anhand der Ergebnisse eigener Berechnungen die Behauptung, der Wachstumseffekt von ODA würde von den wirtschaftspolitischen Rahmenbedingungen des betreffenden Landes abhängen. Der Punkt, an dem ODA anfängt negative Wirkungen auf das Wirtschaftswachstum zu haben, liegt ihren Berechnungen nach deutlich höher als von der Weltbankstudie behauptet und sei zudem abhängig von länderspezifischen Faktoren.

*Snyder, Donald W.*
**Foreign aid and private investment in developing countries**
In: Journal of International Development, 8, 6, 1996. S. 735-745

Der Autor untersucht den Zusammenhang zwischen ODA und ausländischen Privatinvestitionen anhand der Daten von 36 Ländern im Zeitraum von 1977 bis 1991. Er kommt zu dem Ergebnis, dass anders als oft behauptet ODA nicht zu einem Anstieg privater Investitionen geführt habe.

*Stiglitz, Joseph*
**Staat und Entwicklung – Das neue Denken. Die Überwindung des Konzepts vom minimalistischen Staat**
in: E+Z, 39, 4, 1998. S.101-104

Stiglitz, damaliger Chefökonom der Weltbank und verantwortlich für den Weltentwicklungsbericht 1997 (*The State in a Changing World*), skizziert das neue Verständnis der Weltbank von der Rolle des Staates im Entwicklungsprozess. Statt eines minimalistischen Staates – wie von den neo-liberalen Entwicklungsstrategien des Washington Konsensus üblicherweise gefordert – bedürfe es eines fähigen Staates („capable state"). Der Staat müsse die „institutionelle Infrastruktur" liefern und im Einvernehmen mit den Gruppen und Organisationen der Gesellschaft Regeln und Schranken für den Markt setzen, beispielsweise ein regulierendes System für die Finanzmärkte schaffen, um große Finanzkrisen zu verhindern. Eine der Hauptaufgaben der Entwicklungspolitik müsse folglich darin bestehen, die staatlichen Institutionen effizienter zu machen.

*Tarp, Finn (Hrsg.)*
**Foreign Aid and Development: Lessons Learnt and Directions for the Future.**
Overseas Development Institute (ODI)
Routledge. London 2000. 512 S.

Die in diesem Sammelband vereinten Experten diskutieren die Erfahrungen mit öffentlicher Entwicklungshilfe, ausgehend von der These, dass ODA zwar positiv gewirkt habe, aber auch noch verbessert werden könnte. Der Band gibt einen Überblick über die Entwicklung von Theorie und Entwicklungspraxis und über die aktuellen Debatten um Rolle, Effektivität und Zukunft von ODA.

*Tsikata, Tsidi M.*
**Aid Effectiveness: A Survey of the Recent Empirical Literature Policy Development and Review Department**
IMF. Washington, D.C. 1998. 32 S.

Die Literaturanalyse zur Frage der Effektivität von öffentlicher Entwicklungshilfe (Wirkungen von ODA auf Wirtschaftswachstum, auf Spar- und Investitionsrate und auf den Wechselkurs) liefert darüber hinaus einen Überblick über Literatur zum Zusammenhang von politischen Strukturen und der Effektivität von Entwicklungshilfe.

*United Nations (UN)*
The Least Developed Countries 2000 report
**Aid, Private Capital Flows and External Debt: The Challenge of Financing Development in the LDCs**
UN. New York/ Genf 2000. 268 S.

Im Unterschied zu Publikationen aus dem Umfeld der Weltbank, die die geringen Erfolge von öffentlicher Entwicklungshilfe in starkem Maße den nationalen Politiken in den Entwicklungsländern anlasten, argumentiert dieser UN-Bericht, dass die schwache Wirksamkeit von ODA eine Folge des Zustands des aktuellen Entwicklungshilfesystems und der politischen Konditionalitäten der Geber sei. Die unterschiedlichen Ansätze in der ODA-Vergabe der verschiedenen Geber hätten die Mechanismen der Ressourcenverteilung in den ärmsten Ländern maßgeblich beeinträchtigt. Fehlende Koordination auf Geberseite und mangelnde Einbettung in die nationalen Entwicklungsstrategien der Nehmerländer würden die Nachhaltigkeit der Maßnahmen gefährden. Die Konditionalitäten der Strukturanpassungsprogramme hätten zu einer Schwächung der staatlichen Kapazitäten in den Entwicklungsländern geführt und zu einer Qualitätsminderung in den öffentlichen Leistungen beigetragen.

*Vásquez, Ian*
**Official Assistance, Economic Freedom, and Policy Change: Is Foreign Aid Like Champagne?**
In: Cato Journal, 18, 2, 1998. S. 275-286
Der Mitarbeiter des marktliberalen US-amerikanischen Cato-Institutes will ODA ganz abschaffen. Er hält die aktuellen Debatten um Konditionalitäten und Selektivität insgesamt für nicht überzeugend in der Argumentation, dass ODA wirksam sein kann. Seiner Meinung nach wäre es effektiver, externe Entwicklungsfinanzierung ausschließlich über private Finanzflüsse abzuwickeln: „...private selectivity and conditionality would have more credibility and thus lead to real conditionality and real reform".

*White, Howard (Hrsg.)*
**Aid and Macroeconomic Performance. Theory, Empirical Evidence and Four Country Cases**
Institute of Social Studies
International Finance and Development Series
Macmillan Press. Houndmills/ London 1998. 298 S.
Der Sammelband enthält Beiträge zur Wirksamkeit von ODA in Bezug auf Wirtschaftswachstum, unter anderem einen Überblicksartikel über theoretische und empirische Literatur zum Thema, sowie Länderstudien zu Guinea-Bissau, Nikaragua, Sambia und Tansania.

*Wood, Angela*
**Assessing Assessing Aid**
Bretton Woods Project
London 1999. 8 S.
Kritische Auseinandersetzung der britischen NGO Bretton Woods Project mit der Weltbank-Publikation *Assessing Aid*. Die Autorin begrüßt die Aussagen der Publikation, dass ODA die administrativen Strukturen und Kapazitäten in den Empfängerländern verbessern helfen kann. Jedoch wirft sie den Autoren insgesamt eine nur unvollständige und begrenzte Analyse vor („poor economic methodology") und identifiziert Widersprüche zwischen den Schlussfolgerungen und Forderungen des Reports und anderen Zielsetzungen der Gebergemeinschaft wie beispiels-

weise die Förderung von *ownership*. Sie analysiert die Beziehungen zwischen der Forderung nach Selektivität auf der einen Seite und dem *ownership*-Anspruch auf der anderen Seite und fragt, inwieweit Selektivität eine neue Form der Konditionalität bedeute und benennt eine Reihe weiterer Unklarheiten in der Argumentation der Weltbank.

*World Bank*
**Assessing Aid. What works, what doesn't, and why**
World Bank Research Report
Oxford University Press. New York 1998. 148 S.

Die Weltbankökonomen David Dollar und Lant Pritchett untersuchen den Zusammenhang zwischen ODA und Wachstum und schließen aus den Ergebnissen, dass die Wachstumswirkungen wesentlich vom Vorhandensein förderlicher institutioneller und politischer Rahmenbedingungen in den Empfängerländern abhängig seien. Die Autoren geben Empfehlungen ab, wie die Wirkungen von ODA verbessert werden könnten: Öffentliche Entwicklungshilfe sollte auf Länder konzentriert werden, in denen die politischen und ökonomischen Rahmenbedingungen stimmen und wo bei den Verantwortlichen ein deutlicher Reformwille zu verzeichnen ist („Selektivität"). Finanzierung für Projekte (im Unterschied zu Programmfinanzierung) sollte in den Aufbau von Wissen und die Förderung von Kapazitäten im Land gehen. Die Veröffentlichung baut auf anderen Arbeiten von D. Dollar auf, unter anderem zusammen mit C. Burnside (siehe Burnside/ Dollar 1997) und P. Collier (Collier/ Dollar 1998), die argumentierten: „ODA kann wachstumsfördernd sein, wenn die nationalen Rahmenbedingungen stimmen" und „Der Reformwille der Regierung des Empfängerlandes kann nur begrenzt über Konditionalitäten ‚erkauft' werden". [Die „Assessing Aid"-Studie hat die offizielle Position der Weltbank maßgeblich geprägt und einen zentralen Einfluss auf die über die Weltbank hinausgehende entwicklungspolitische Debatte ausgeübt.]

*World Bank*
**The State in a Changing World**
World Development Report 1997
World Bank. Washington, D.C. 1997. 354 S.

Der Weltentwicklungsbericht konzentrierte sich 1997 auf die Rolle des Staates im Entwicklungsprozess und betonte die Notwendigkeit (effektiven) staatlichen Handelns. Damit stellte er eine teilweise Abkehr von der bis dahin verfolgten Weltbankpolitik dar, die auf eine sehr weitgehende Reduzierung des Staates abgestellt hatte; statt eines „minimalistischen" nun ein „fähiger" (*capable*) Staat.

### Literatur zu Strukturanpassung, *ownership* und Partizipation

*Collier, Paul*
**Consensus Building, Knowledge, and Conditionality**
12. ABCDE
World Bank. Washington, D.C. 2000. 12 S.

Collier argumentiert, dass es der Weltbank mit der Konditionalitätenpolitik ihrer Strukturanpassungsprogramme nicht gelungen sei, politische und institutionelle Reformen in den Entwicklungsländern auf den Weg zu bringen, die Voraussetzungen für eine wirksame Bekämpfung der Armut sind. Als Alternative empfiehlt er, die Einflussnahme der lokalen Bevölkerung durch Information, Bildung und Partizipationsmöglichkeiten zu stärken. Nicht nur wäre dies der effektivere Weg, um eine veränderte Politik herbeizuführen, es ist seiner Ansicht nach auch eine unabdingbare Voraussetzung, um die notwendigen institutionellen Strukturen in den Ländern des Südens zu entwickeln.

*Collier, Paul/ Gunning, Jan Willem*
**The IMF's role in structural adjustment**
In: The Economic Journal, 109, 1999. S.634-651

Die Autoren kritisieren die Strukturanpassungsprogramme des IWF. Diese hätten oft versäumt, die Verteilungsaspekte der verordneten Reformen zu berücksichtigen. Die wirtschaftspolitischen Auflagen seien zudem oft in der falschen Reihenfolge implementiert worden („poor sequencing"), besonders im Bereich der Finanzmarktliberalisierung. In der Phase nach der unmittelbaren makroökonomischen Stabilisierung wäre es notwendig gewesen, dass der IWF weitere Finanzmittel zur Verfügung stellt, statt diese – wie in der Regel geschehen – zu reduzieren. Die IWF-Programme hätten entsprechend vermeidbare ökonomische und soziale Kosten gehabt.

*Easterly, William R.*
**The Effect of IMF and World Bank programs on poverty**
World Bank. Washington, D.C. 2000. 27 S.

Der Weltbankmitarbeiter Easterly stellte in einer empirischen Untersuchung fest, dass in Ländern mit Strukturanpassungsprogrammen der

Weltbank und/oder des IWF die armen Bevölkerungsgruppen während ökonomischer Wachstumsphasen weniger stark profitieren als in Entwicklungsländern ohne solche Programme. In Phasen der wirtschaftlichen Rezession hingegen hätte es die armen Gruppen in Entwicklungsländern mit Programmen weniger hart getroffen als in Ländern, die keine Strukturanpassungsprogramme durchgeführt haben.

*Goldstein, Morris*
**IMF Structural Policy Conditionality: How much is too much?**
Policy Analyses in International Economics
Institute for International Economics. Washington, D.C. 2000. 116 S.

Untersuchung der Strukturkonditionalitäten (im Unterschied zu Stabilisierungskonditionalitäten) der Strukturanpassungsprogramme des IWF mit speziellem Fokus auf die Programme in Indonesien, Korea und Thailand. Das Buch behandelt die zurzeit in der Diskussion stehenden Rollen des IWF im internationalen Finanzsystem (unter anderem Zahlungsbilanzhilfen, Krisenprävention, Beförderung von Reformen ökonomischer Strukturen) und die aktuelle Auseinandersetzung um eine Refokussierung der Auflagen des IWF.

*Hammel, Werner*
**Entwicklungszusammenarbeit ist politischer geworden**
In: E+Z, 38, 1, 1997. S. 12-14

Der Autor (damaliger Mitarbeiter der KfW und Mitglied des wissenschaftlichen Beirats des BMZ) gibt einen Überblick über die Entwicklung der Konditionalitäten in der Entwicklungszusammenarbeit: Zu Beginn der bilateralen Entwicklungszusammenarbeit in den 60er Jahren war Entwicklungshilfe frei von Konditionalitäten. Nachdem die meisten Entwicklungsländer gerade erst ihre Unabhängigkeit erkämpft hatten, wollte man sich nicht dem Vorwurf des Neokolonialismus aussetzen. Entwicklungszusammenarbeit diente auch dazu, während des Kalten Krieges politisches Wohlverhalten der jeweiligen Empfängerländer zu honorieren. Angesichts der wirtschaftlichen Schwierigkeiten vieler Entwicklungsländer, vor allem in Afrika, und des offensichtlichen Versagens der bis dahin geleisteten Entwicklungshilfe, entstand in den 80er Jahren die Strategie der Strukturanpassung, die die finanzielle Hilfe der multilateralen Institutionen nun an wirtschaftspolitische Reformen knüpfte. Als auch dieses Konzept hinter den Erwartungen zurückblieb, hielt in den 90er Jahren der Begriff der „good governance" Einzug in die Entwicklungszusammenarbeit. Damit wurden nicht nur die wirtschaftlichen, sondern auch die politischen Rahmenbedingungen in den Empfängerländern zum Kriterium bezüglich Umfang und Art der Zusammenarbeit.

*International Monetary Fund*
**The ESAF at Ten Years: Economic Adjustment and Reform in Low-Income Countries**
IWF. Washington, DC 1997. 50 S.

Auf Aufforderung seiner Mitgliedsländer führte der IWF eine Evaluierung seiner Strukturanpassungsprogramme für die ärmsten Länder (sog. ESAF-Programme) durch. Die interne Studie konzentriert sich auf die Wirkungen der ESAF-Programme in 36 Ländern auf unter anderem Inflation, Budget, Exporte, Marktöffnung und Wachstum und vergleicht diese Länder mit Ländern, die keine Programme durchgeführt haben. Die Studie zieht trotz der insgesamt (besonders in den Ländern Afrikas) eher dürftigen Ergebnisse eine positive Bilanz und empfiehlt eine noch konsequentere Umsetzung der Programmauflagen.

*International Monetary Fund*
**External Evaluation of the ESAF. Report by a Group of Independent Experts**
IWF. Washington, D.C. 1998. 140 S.

Die von externen Experten durchgeführte Untersuchung der IWF-Strukturanpassungsprogramme ESAF in acht Ländern war ergänzend zur IWF-internen Untersuchung (s.o.) in Auftrag gegeben worden. Die externe Evaluierung überprüfte ESAF-Programme in Bangladesch, Bolivien, der Elfenbeinküste, Malawi, Sambia, Simbabwe, Uganda und Vietnam auf ihre sozialen Wirkungen, ihren Einfluss auf die externe finanzielle Abhängigkeit der Länder und auf ihren Zusammenhang mit nationaler *ownership*. Die Autoren betonen die Notwendigkeit von *ownership*, d. h. von national zu entwickelnden Entwicklungsstrategien, die aus gesellschaftlichen Prozessen hervorgehen. Der Fonds sollte aber auch in Ländern aktiv bleiben, in denen die Bedingungen dafür nur mangelhaft ausgeprägt seien. Mitglieder des Untersuchungsteams: K. Botchwey, P. Collier, J. W. Gunning, K. Hamada.

*Killick, Tony/ Gunatilaka, Ramani/ Marr, Ana*
**Aid and the Political Economy of Policy Change**
Overseas Development Institute (ODI)
Routledge. London, New York, 1998. 240 S.

Ausgehend von den Erfahrungen von 21 Ländern, die Strukturanpassungsprogramme der Weltbank durchgeführt haben, untersuchen die Autoren die Effektivität der mit diesen Programmen verbundenen Konditionalitätenpolitik. Sie kommen zu dem Ergebnis, dass Reformen nur dann umgesetzt werden, wenn sie im Interesse der Nehmerregierungen liegen. Die Umsetzung der Auflagen sei lediglich mangelhaft erfolgt, da das Anreizsystem für die Nehmer nicht attraktiv genug sei, bzw. weil die Nicht-Umsetzung der Auflagen der Strukturanpassungsprogramme von Weltbank und IWF nur zögerlich „abgestraft" werde. Die Autoren befürworten einen alternativen Ansatz für Konditionalitäten, der auf den vier Prinzipien *ownership*, Selektivität, Dialog und externer (finanzieller) Unterstützung aufbaue. Regionaler Schwerpunkt der Länderstudien: Lateinamerika und Südostasien.

*Leandro, Jose E./ Schafer, Hartwig/ Frontini, Gaspar*
**Towards a more effective conditionality**
In: World Development 27, 2, 1999. S.285-299

Die Autoren entwerfen einen neuen Ansatz für die Konditionalitäten von Strukturanpassungsprogrammen. Zentrale Prinzipien ihres Ansatzes sind zum einen der *ownership*-Gedanke und zum anderen Reformen mit einem längeren Zeithorizont und ohne das heute übliche Problem, dass die Auszahlung der Kredittranchen von Anpassungsprogrammen immer wieder ausgesetzt wird (*stop-go disbursements*). Die Konsequenz ihres Ansatzes wäre unter anderem eine stärkere Selektivität in der Auswahl der Länder, die ODA empfangen würden und eine stärkere Verantwortung der Empfängerländer für „Rhythmus und Sequenzierung" der Reformen.

*Mkandawire, Thandika/ Soludo, Charles*
**Our continent, our future. African Perspectives on Structural Adjustment**
Council for the Development of Social Science Research in Africa
Africa World Press Inc. Dakar 1999. 176 S.

Die beiden afrikanischen Ökonomen argumentieren, dass die Länder Afrikas ihre Entwicklung selbst in die Hand nehmen müssen. Die bisher von den Bretton-Woods-Institutionen dominierten Entwicklungsstrategien hätten versagt und die langfristigen Entwicklungschancen der Länder den kurzfristig orientierten Stabilisierungszielsetzungen der Strukturanpassungsprogramme geopfert. Die von IWF und Weltbank propagierte exportorientierte Entwicklungsstrategie habe versäumt, auch eine Diversifizierung der Produktion voranzutreiben. Die Autoren plädieren daher, anders als die Bretton-Woods-Institutionen, für eine deutlich aktivere Rolle des Staates. Dieser solle vor allem eine klare Exportdiversifizierungs- und Industrialisierungsstrategie verfolgen, unter anderem durch eine gezielte Kreditvergabepolitik und vorübergehende Schutzmaßnahmen für neue Industrien.

*Mosley, Paul/ Harrigan, Jane/ Toye, John*
**Aid and Power. The World Bank & Policy-based lending**
Volumen 1: Analysis and policy proposals. 325 S.
Volumen 2: Case Studies. 443 S.
Routledge. London/ New York 1995, 2. Auflage

Die Autoren geben einen ausführlichen Überblick über die Struktur- und Sektoranpassungsausleihen der Weltbank (Hintergrund, Konditionalitäten, Programmgestaltung, Implementierung und Nachhaltigkeit) und diskutieren deren Wirksamkeit vor dem Hintergrund verschiedener Evaluierungsmethoden. Für die Weltbank entstand mit der Hinwendung zu Struktur- und Sektorprogrammausleihen ein Dilemma zwischen dem Ziel, zügig Mittel auszuleihen und dabei gleichzeitig auf der Umsetzung der Programmkonditionalitäten zu bestehen. Für die Regierungen der Entwicklungsländer bedeuten die von außen auferlegten Reformprogramme häufig eine politische Bedrohung. Jedoch gelang es einer Reihe von Regierungen, Wege zu finden, unliebsame Reformen nicht umzusetzen. Die Programmausleihungen der Weltbank hätten zwar zum Teil positive Wirkungen für die Handelsbilanzen der Länder gehabt, nicht aber auf das Wirtschaftswachstum und die Zahlungsbilanzen. Auf die Investitionstätigkeit hätten sich die Programme negativ ausgewirkt.
Im zweiten Band finden sich neun Länderstudien (Ecuador, Ghana, Guyana, Jamaika, Kenia, Malawi, Philippinen, Thailand, Türkei), die zeigen, dass die Erfahrungen mit Strukturanpassung stark länderspezifisch sind.

*Sahn, David E./ Dorosh, Paul A./ Younger, Stephan D.*
**Structural adjustment reconsidered. Economic policy and poverty in Africa.**
Cambridge University Press. Cambridge, UK 1997. 304 S.

Gegenstand der Untersuchung sind die Erfahrungen mit Strukturanpassungsprogrammen in den Ländern Afrikas südlich der Sahara. Dabei steht die Frage im Vordergrund, ob sich die Reformmaßnahmen zulasten der armen Bevölkerungsgruppen ausgewirkt haben. Die Autoren konzentrieren sich im ersten Teil des Buches auf die Ursachen und das Ausmaß der wirtschaftlichen und sozialen Krise in den Ländern, bevor sie die handels-, währungs-, fiskal- und agrarpolitischen Konditionalitäten der üblichen Strukturanpassungsprogramme analysieren. Sie kommen zu der Einschätzung, dass im allgemeinen die armen Bevölkerungsgruppen zwar nur wenig von den ökonomischen Reformen profitieren, aber auch nicht zu den größten Verlierern der Anpassungsprozesse gehören. Die mittleren Einkommensschichten würden stärker negativ von den Maßnahmen getroffen. Es komme nun darauf an, zu untersuchen, warum Strukturanpassungsprogramme ihre makroökonomischen und wachstumspolitischen Zielsetzungen in Afrika nur begrenzt erreicht haben. Sie identifizieren mangelnden Reformwillen und unvollständige Umsetzung der Konditionalitäten als wesentliche Ursachen für die enttäuschenden Ergebnisse. Des Weiteren seien eine stärkere Förderung „menschlicher Ressourcen" und eine Steigerung privater Investitionen notwendige Vorbedingungen für Wachstum. Der Staat sollte die Voraussetzungen für einheimische und ausländische Investitionstätigkeit schaffen.

*Streeten, Paul*
**Hat Entwicklungspolitik eine Zukunft? Entwicklungsstrategien für die nächsten Jahrzehnte**
In: Nuscheler, Franz (Hrsg.): Entwicklung und Frieden im 21. Jahrhundert. Zur Wirkungsgeschichte des Brandt-Berichts. Eine Welt - Texte der Stiftung Entwicklung und Frieden. Dietz. Bonn 2000. S. 295-328

Plädoyer für eine neue Form der internationalen Entwicklungszusammenarbeit, die aus den gemachten Erfahrungen lernt und den heutigen Realitäten der Globalisierung und der Notwendigkeit von Institutionen der *Global Governance* entspricht. Statt harter Konditionalitäten solle es eine gegenseitige Überwachung nach dem Vorbild des Marshall-Plans für den Aufbau von Westeuropa nach dem 2. Weltkrieg geben oder aber unabhängige „Pufferinstitutionen" zwischen Gebern und Empfängern von Entwicklungshilfe, die die Überwachung übernehmen würden. So könnte die nationale Souveränität mit der Rechenschaftspflicht gegenüber den Steuerzahlern und der Gewissheit, dass die Entwicklungshilfe ihr Ziel erreicht, verbunden werden. Es sollten neue Formen der internationalen Besteuerung in Betracht gezogen werden (unter anderem Steuern auf Waffen- und Kraftstoffhandel). Die Geberländer müssten „soziale Anpassungshilfen" leisten für Länder, die bereit sind, „schlechte" durch „gute" Politik zu ersetzen. Statt des 0,7 Prozent-Ziels sollte es klar definierte Entwicklungsziele geben (beispielsweise Bereitstellung von sauberem Wasser) und die dafür benötigten Finanzmittel mobilisiert werden.

Streeten plädiert darüber hinaus für eine Rückkehr zur Projekthilfe (im Unterschied zu Programmhilfe), für die Erprobung von öffentlich-privaten Mischformen von Entwicklungsinstitutionen und für eine Überprüfung der Auswirkungen der gesamten Politik der Industrieländer auf die Armen, da beispielsweise die Agrar-, Industrie-, Steuer-, Geld- und Währungspolitik ein Vielfaches dessen zunichte machen, was Entwicklungszusammenarbeit leistet.

*Svensson, Jakob*
**When is foreign aid policy credible? Aid dependence and conditionality?**
In: Journal of Development Economics, 61, 2000. S. 61-84

Svensson argumentiert – ausgehend von eigenen ökonometrischen Modellberechnungen, dass ODA (zumindest in Teilen) für Armutsbekämpfung geleistet werde und es daher aus Sicht der Empfänger wenig Anreiz geben würde, eigene armutsbekämpfende Maßnahmen umzusetzen. Konditionalitäten wären aus seiner Sicht nur dann effektiv, wenn auf Seiten der Geber wirklich die Bereitschaft vorhanden wäre, diese auch durchzusetzen. Der Autor – Mitarbeiter der Weltbank – empfiehlt, ODA stärker über die Weltbank und den IWF zu leiten und über (neue) Formen gebundener Entwicklungsfinanzierung (*„tied aid"*) nachzudenken.

*Wolfensohn, James*
**Ein Vorschlag für einen umfassenden Entwicklungsrahmen. Ein Diskussionsentwurf (Comprehensive Development Framework)**
World Bank. Washington, D.C. 1999. 40 S.
web: www.worldbank-org/cdf/cdfde-text.htm

Der *Comprehensive Development Framework* (CDF) ist ein vom Präsidenten der Weltbank 1999 präsentiertes Konzept eines holistischen Rahmens für zukünftige Entwicklungszusammenarbeit. Der CDF solle den zentralen Rahmen für die Entwicklungsstrategie eines Entwicklungslandes bilden, in dem alle Dimensionen von Entwicklung (ökonomische, politische, institutionelle, soziale, kulturelle und umweltpolitische) einen gleichberechtigten Stellenwert innehaben. *Ownership* und Partizipation sind zentrale Prinzipien des neuen Konzepts. Auf Grundlage des CDF sollen alle Geber und nationalen Akteure ihre Entwicklungshilfe und -bemühungen koordinieren. [Zwar ist in einigen Pilotländern mit der Umsetzung des Konzepts begonnen worden, insgesamt aber hat sich der Ansatz (bisher) nicht durchgesetzt bzw. wurde vom Ansatz der nationalen Strategiepapiere *Poverty Reduction Strategy Paper* (PRSP) verdrängt. Anm. *MW*]

**Weitere Literatur**

*Wood, Angela/ Lockwood, Matthew*
**The „perestroika of aid"? New perspectives on conditionality**
Bretton Woods Projekt, Christian Aid. London 1999
web: www.christian-aid.org.uk

# Kapitel 3: Selbstverständnis und Legitimation der Entwicklungszusammenarbeit

Der Globalisierungsprozess und die „Krise der ODA" haben zu einem neuen und intensiv geführten Suchprozess nach Selbstverständnis, Legitimation und Aufgaben von öffentlicher Entwicklungsfinanzierung insgesamt geführt. Können die Entwicklungsprozesse der armen Länder angesichts der Zunahme privater Finanzflüsse überhaupt noch spürbar durch öffentliche externe Finanzierung beeinflusst werden? Sind öffentliche Finanztransfers für die Entwicklungsländer ökonomisch erforderlich und anderen Finanzierungsformen vorzuziehen? Welche (normativen) Gründe gibt es, die ODA auch in Zukunft legitimieren? Solidarität? Menschenrechte? Eigeninteresse? Führt die Neudefinition von Entwicklungspolitik als *„globale Strukturpolitik"*, wie sie in der Bundesrepublik Deutschland erfolgte, nicht zwangsläufig zu einer Abkehr von der traditionellen Entwicklungszusammenarbeit? Und was meint globale Strukturpolitik eigentlich? Sollte Entwicklungshilfe in Zukunft stärker zur Finanzierung von Aufgaben globaler Reichweite verwendet werden, oder würde das den Interessen der Entwicklungsländer zuwiderlaufen? Ist die traditionelle ODA „tot" und müssen statt dessen innovative Formen der Entwicklungsfinanzierung gefunden werden?

**Armutsbekämpfung**

Die Konjunktur des Begriffs der Armutsbekämpfung ist ein offensichtliches Resultat der Selbstverständnisdiskussion. Zwar ist der Kampf gegen die Armut als Ziel von Entwicklungszusammenarbeit alles andere als neu, aber der Begriff ist in den letzten Jahren in beachtlicher Weise zur sinnstiftenden Priorität öffentlicher Entwicklungshilfe gemacht worden und hat sich zum zentralen Leitmotiv der Nord-Süd-Kooperation entwickelt (s. Martens 2001).

Die Bekämpfung der Armut steht heute ganz oben auf der Liste der Zielsetzungen der Geber. Die auf UN-Konferenzen und im Rahmen der OECD formulierten Entwicklungsziele für das Jahr 2015 ( unter anderem Halbierung des Anteils der Menschen, die in absoluter Armut leben) sind heute von allen Industrieländer akzeptiert und in die eigenen Zielkataloge aufgenommen worden: Das Ministerium für wirtschaftliche Zusammenarbeit und Entwicklung der Bundesrepublik Deutschland legte im April 2001 sein jüngstes Aktionsprogramm zur Armutsbekämpfung („Aktionsprogramm 2015") vor. Die britische Regierung präsentierte ein ähnliches Konzept. Und die Europäische Union nennt Armutsbekämpfung als zentrales Ziel ihres neuen Kooperationsabkommens mit den ehemaligen europäischen Kolonien. Die Erarbeitung nationaler

Strategiepapiere zur Armutsbekämpfung wurde zur Vorbedingung für Schuldenerlasse im Rahmen der erweiterten multilateralen Schuldenerlassinitiative für die Gruppe der hoch verschuldeten armen Länder (*HIPC*) gemacht. Der Finanztopf beim IWF für die Anpassungsprogramme für die ärmsten Länder heißt jetzt nicht mehr *Enhanced Structural Adjustment Facility (ESAF)*, sondern *Poverty Reduction and Growth Facility (PRGF)*.

Über die Operationalisierung und Finanzierung des Armutsbekämpfungsziels herrscht allerdings wenig Einigkeit. Die Diskussion um Strategien der Armutsbekämpfung, um den Zusammenhang von Wachstum und Armutsbekämpfung, um die erforderliche Art und Qualität des Wachstums und um die Frage nach Umverteilung (innerhalb von Ländern und zwischen dem Norden und Süden) ist heute wieder Gegenstand kontrovers geführter Debatten.[6] Und sobald es um die Vereinbarung konkreter Finanzzusagen des Nordens für die Entwicklung des Südens geht, bricht der Konsens, der in Bezug auf das Ziel der Armutsbekämpfung besteht, zusammen.[7]

### Globale öffentliche Güter

Eine weitere zentrale Debatte im Zusammenhang mit dem Selbstverständnis künftiger Entwicklungszusammenarbeit ist die Auseinandersetzung mit „globalen (oder internationalen) öffentlichen Gütern" (*Global Public Goods*) und dem Schutz bzw. der Bereitstellung dieser Güter. Zu den globalen öffentlichen Gütern werden unter anderem die Ozonschicht, die internationale Sicherheit und ein stabiles und funktionierendes internationales Finanzsystem gezählt. Die Diskussionen konzentrieren sich stark auf globale Interdependenzen und die Notwendigkeit zur internationalen Kooperation im Rahmen von globalen oder grenzüberschreitenden Problemstellungen. Eine internationale Kooperation, die die bisherige Entwicklungszusammenarbeit auf eine völlig neue Grundlage stellen würde. Die Definition, was alles als globales öffentliches Gut gilt, wird dabei zum Teil sehr unterschiedlich gefasst.

---

[6] Innerhalb der Weltbank führten die Kontroversen dazu, dass in den letzten Jahren gleich zwei Spitzenmitarbeiter die Institution verließen: Der Chefökonom der Weltbank (seit 2001 Nobelpreisträger für Wirtschaft) Joseph E. Stiglitz und der Verantwortliche für den Weltentwicklungsbericht der Weltbank im Jahr 2000 (Schwerpunktthema Armut) Ravi Kanbur.

[7] Auch bei dem von der Bundesregierung vorgelegten ambitionierten Aktionsplan zur Armutsbekämpfung (Aktionsprogramm 2015) ist unklar, wie er finanziert werden soll. Dem BMZ wurde nur wenige Monate später das Budget deutlich gekürzt. Die Einschnitte waren im Vergleich zu allen anderen Ministerien beim Entwicklungsministerium am stärksten.

Wie kann auf internationaler Ebene eine verlässliche und ausreichende Finanzierung globaler öffentlicher Güter sichergestellt werden? Wie können die Aufgaben und Lasten, die sich aus globalen Aufgaben ableiten, gerecht zwischen den Industrie- und den Entwicklungsländern verteilt werden? Was bedeutet die Notwendigkeit, Mittel für die Finanzierung globaler öffentlicher Aufgaben bereitzustellen für die Entwicklungsfinanzierung der Länder des Südens? Und taugt das Konzept als Legitimationsgrundlage für Transferleistungen von Nord nach Süd?

Schon heute wird ein großer Teil der ODA nicht für die spezifischen Entwicklungsbedürfnisse der Entwicklungsländer eingesetzt, sondern zur Bearbeitung von Problemen globaler Reichweite aufgewendet. Schätzungen des Anteils der ODA, der für globale Aufgaben ausgegeben wird und damit nicht für die Entwicklungsfinanzierung im engeren Sinne zur Verfügung steht, liegen zwischen 15 und 40 Prozent, mit steigender Tendenz (siehe Hewitt/ Morrissey/ Willem te Velde 2001 und Raffer 1999). Da diese Ausgaben allerdings verdeckt in den Entwicklungshilfehaushalten der Geberländer enthalten sind, findet keine öffentliche Debatte über die Lastenverteilung zwischen den Geberländern, über eine geeignete Koordination und über die Verwendung der Gelder statt.

Die UNDP-Autoren Kaul, Grunberg und Stern schlagen vor, zwischen konventioneller ODA und einem neuen Budgetposten zur Finanzierung von globalen öffentlichen Gütern zu differenzieren. Die Finanzmittel für die globalen öffentlichen Güter sollten zusätzlich zur traditionellen ODA zur Verfügung gestellt werden, z.B. aus dem Etat der Umwelt- und Gesundheitsministerien und/ oder über innovative Finanzierungsmechanismen wie internationale Steuern (Kaul/ Grunberg/ Stern 1999).

**Entwicklungszusammenarbeit mit der Wirtschaft:**
**Public-Private Partnership**

Und nicht zuletzt können auch die in den letzten Jahren mit großer Energie von den öffentlichen Gebern vorangetriebenen Initiativen einer Partnerschaft mit der Wirtschaft als Versuch einer neuen Legitimierung öffentlicher Entwicklungshilfe gesehen werden (siehe Hoering 1998). Unter dem Stichwort der Public-Private Partnership bzw. unter dem Kürzel PPP wird seit ca. Mitte der 90er Jahre über eine neue Form der entwicklungspolitischen Zusammenarbeit und Arbeitsteilung zwischen Wirtschaft und Staat nachgedacht. Im Rahmen des Konzepts werden Privatunternehmen als offizielle Partner in Entwicklungsprojekten anerkannt. Die deutsche staatliche Entwicklungszusammenarbeit hält neue Modelle der Zusammenarbeit aufgrund von „...Globalisierungsbedingungen, [der] Konzentration des Staates auf seine Kernaufgaben und [der] wachsenden Verantwortung der Privatwirtschaft im Entwicklungs-

prozess" für notwendig.[8] Im BMZ existiert mittlerweile ein eigenes Referat zum Bereich der PPP. Auch die Weltbank sieht es heute als eine ihrer zentralen Aufgaben an, als Katalysator für private Kapitalflüsse in die Entwicklungsländer zu fungieren. Über die Förderung eines geeigneten institutionellen Rahmens in den Entwicklungsländern und durch Kredite und Garantien direkt an Privatfirmen will sie private Investitionen in die Entwicklungsländer befördern.[9]
(Literatur zum Thema PPP ist auch im Kapitel 6: Privates Kapital und Entwicklungsfinanzierung zu finden.)

## Literatur zum Thema Armutsbekämpfung und globale Strukturpolitik

*Betz, Joachim*
**Die Entwicklungspolitik der rot-grünen Bundesregierung**
In: Aus Politik und Zeitgeschichte, B 18-19/ 2001. S. 30 - 38

Der Autor argumentiert, dass die rot-grüne Bundesregierung ihrem Anspruch, Entwicklungspolitik im Sinne globaler Strukturpolitik gestalten zu wollen, bisher wenig gerecht geworden ist. Viele der neu begonnenen Aktivitäten seien strukturpolitisch wenig relevant. Das konkrete entwicklungspolitische Handeln demonstriere zudem, dass die selbst gesetzten Ziele nicht immer ernst genommen bzw. mit zu geringem personellen und finanziellen Einsatz unterfüttert würden.

*Bundesministerium für wirtschaftliche Zusammenarbeit und Entwicklung*
**Armutsbekämpfung – eine globale Aufgabe. Aktionsprogramm 2015. Der Beitrag der Bundesregierung zur weltweiten Halbierung extremer Armut**
BMZ-Materialien Nr. 106. Bonn 2001

Das vom Bundesministerium für wirtschaftliche Zusammenarbeit und Entwicklung (BMZ) vorgelegte Aktionsprogramm will den Beitrag der Bundesregierung zur Erreichung des Armutshalbierungsziels der internationalen Gemeinschaft verdeutlichen. Armutsminderung muss als internationale Gemeinschaftsaufgabe verstanden werden. Die Bundesregie-

---

[8] Kreditanstalt für Wiederaufbau: Finanzielle Zusammenarbeit im Wandel. FZ-Jahresbericht 1997. Frankfurt a. M. 1998. Zitiert nach Hoering, Uwe: Public-Private Partnership – (Nur ein) neues Instrument oder neue Epoche der Entwicklungspolitik? In: Peripherie 72. 1998.
[9] s. web: www.bmz.bund.de/ppp und web: www.worldbank.org.

rung will sich international dafür einsetzen, dass die Armutsbekämpfung als vorrangige Aufgabe behandelt wird. In ihrer bilateralen Entwicklungszusammenarbeit will sie alle Kooperationsbereiche systematisch und koordiniert auf dieses Ziel ausrichten. Als Handlungsfelder sind internationale Strukturen und Regelwerke, Strukturen in den Partnerländern und die Strukturen in der Bundesrepublik Deutschland und den anderen Industrieländern genannt. Die wirtschaftliche Dynamik und aktive Teilnahme der Armen soll erhöht werden, das Recht auf Nahrung soll verwirklicht und Agrarreformen durchgeführt werden; es sollen faire Handelschancen für Entwicklungsländer geschaffen, die Verschuldung abgebaut, die soziale Sicherung gestärkt, die Umweltsicherheit erhöht und der Zugang zu lebensnotwendigen Ressourcen gesichert werden. Die Menschenrechte sollen verwirklicht, die Gleichberechtigung der Geschlechter gefördert, die Beteiligung der Armen gesichert, die menschliche Sicherheit verbessert und die Abrüstung ernsthaft in Angriff genommen werden.

*Deutsche Welthungerhilfe/ terre des hommes (Hrsg.)*
**Die Wirklichkeit der Entwicklungshilfe: Achter Bericht 1999/ 2000**
**Eine kritische Bestandsaufnahme der deutschen**
**Entwicklungspolitik.** Internationales EUROSTEP-Projekt von Nichtregierungsorganisationen
Deutsche Welthungerhilfe. Bonn 2000. 50 S.
jährlich

Der Bericht der Nichtregierungsorganisationen diskutiert das offizielle Ziel der rot-grünen Bundesregierung, die deutsche Entwicklungspolitik auf globale Strukturen und Prozesse auszurichten und untersucht die Umsetzung des Konzepts *Globale Strukturpolitik*. Es wird angemahnt, dass nach zwei Jahren Regierungszeit noch keine kohärente konzeptionelle Umsetzung gelungen sei, besonders in Bezug auf das Ziel der Armutsbekämpfung. Die deutsche Regierung schöpfe ihre Möglichkeiten in der internationalen Entwicklungsdebatte nicht aus, das neue Konzept nationaler Armutsstrategien mitzugestalten. Eine Analyse des Budgets des BMZ ergäbe, dass im Jahr 2000 die Mittel für Maßnahmen der Armutsbekämpfung gekürzt wurden und besonders die Unterstützung für soziale Grunddienste eher rückläufig sei. Der Entwicklungsetat verliere im Verhältnis zum Bruttosozialprodukt sowie im Verhältnis zum Gesamthaushalt der Bundesregierung weiter an Bedeutung. Die Autoren werfen der Bundesregierung vor, ihre Versprechen bisher nur in Ansätzen erfüllt zu haben. Dies sei um so problematischer, da die Bundesrepublik aufgrund ihres politischen Gewichts eine Signalwirkung für andere Geber habe.

*Deutscher, Eckhard/ Hilliges, Gunther/ Kulessa, Manfred*
**Memorandum '98: Für eine Politik der Nachhaltigkeit –
Entwicklungspolitik als internationale Strukturpolitik. Forderungen
an Bundestag und Bundesregierung**
Bonn, 1998. 16 S.

Ein Memorandum im Vorfeld der Bundestagswahl 1998, das von mehr als 250 entwicklungspolitischen Experten unterschrieben wurde. Angesichts der Herausforderungen der globalen Problem- und Risikoentwicklungen (Globalisierung, Deregulierung der Weltwirtschaft, wachsende Kluft zwischen Arm und Reich) wurde eine Abkehr von der bisherigen Praxis der Entwicklungshilfepolitik gefordert. Die Autoren appellieren an die politisch Verantwortlichen, Entwicklungszusammenarbeit künftig als internationale Strukturpolitik zu begreifen und die Dominanz der internationalen Finanzakteure aufzubrechen zugunsten einer verantwortlichen Politikgestaltung mit dem Ziel nachhaltiger, zukunftsfähiger Entwicklung im Süden, Osten und Norden.


*Falk, Rainer*
**Nord-Süd-Politik als Globale Strukturpolitik? Die
Entwicklungspolitik der Bundesregierung im Zeichen von Rot-Grün**
Luxembourg. 2000. 15 S.

Auseinandersetzung mit dem Anspruch der Bundesregierung, Entwicklungspolitik als globale Strukturpolitik gestalten zu wollen. Der Autor sieht keine Belege dafür, dass – wie von der Regierung behauptet – Entwicklungspolitik heute wieder eine zentrale Stellung auf der nationalen, europäischen und internationalen Agenda einnimmt. Vielmehr sei deutlich geworden, dass die Entwicklungspolitik der Regierung (weiter) durch den Gegensatz zwischen vielversprechenden Ankündigungen und schneller Verfallszeit geprägt sei. Der neue Anspruch sei sogar mit einer Reduzierung der zur Verfügung stehenden finanziellen Mittel einhergegangen. Der Autor verweist auf die Interpretationsfähigkeit des Begriffs. Den Entwicklungspolitikern der Bundesregierung diene er aber auch dazu, der Entwicklungspolitik eine neue Existenzbegründung zu verschaffen.


*Hillebrand, Ernst/ Maihold, Günther*
**Von der Entwicklungspolitik zur globalen Strukturpolitik. Zur
Notwendigkeit der Reform eines Politikfeldes**
In: Internationale Politik und Gesellschaft, 4, 1999. S. 339-351

Die Autoren plädieren für eine Neudefinition und Neuausrichtung von Entwicklungszusammenarbeit. Die gegenwärtige Entwicklungspolitik befinde sich in Legitimationsnöten, leide an Anspruchsüberfrachtung und habe darüber hinaus mit der Skepsis der Öffentlichkeit gegenüber ihrer Wirksamkeit zu kämpfen. Die Herausforderungen für dieses Politikfeld lägen zum Ersten in der Diskrepanz zwischen dem allgemeinen Desinteresse der Bevölkerung an entwicklungspolitischen Fragen und der Hilfsbereitschaft bei Katastrophen; zum Zweiten im Gegensatz zwischen der Überzeugung der offiziellen Politik, dass Entwicklungspolitik notwendig sei und der Marginalisierung bei politischen Entscheidungen – vor allem bei Budgetfragen – und zum Dritten in der Verharmlosung von Konflikten und Kontroversen mit anderen Politikfeldern. Die Entwicklungszusammenarbeit müsse entsprechend grundlegend reformiert werden. Zwar herrsche zurzeit ein gewisser Konsens, Entwicklungspolitik als Querschnittsaufgabe zu verstehen. Doch die Autoren warnen davor, dass Entwicklungszusammenarbeit auf diesem Wege auch verwundbar werde und ihren eigenen Aufgabenbereich gefährde. Entwicklungspolitik müsse ein eigenständiges Politikfeld bleiben. Im Unterschied zu der Forderung, Entwicklungspolitik solle auf ihre „normative Füllung" verzichten, verweisen die Autoren darauf, dass die gesellschaftliche Legitimation von Entwicklungspolitik gerade aus normativen Gründen entstehe. Eine rein funktionale Definition greife zu kurz, da die daraus abgeleiteten Aufgaben vielfach bereits von anderen Politikressorts ausgeführt und eine eigenständige Entwicklungspolitik damit im Grunde überflüssig würde. Der zentrale Auftrag von Entwicklungspolitik heute sei die Gestaltung des Globalisierungsprozesses. Die Entwicklungszusammenarbeit müsse zeigen, dass sie entscheidende Beiträge zur Lösung wichtiger Zukunftsprobleme leisten könnte. Dabei verfüge sie bereits über Startvorteile, die sie nutzen kann. Entwicklungszusammenarbeit muss in Zukunft als Querschnittsaufgabe verstanden werden, als „globale Strukturpolitik". Sie solle sich vor dem Hintergrund der Globalisierung für globale Regulierungsrahmen einsetzen, transnationale Netzwerke stärken und auf partizipative Politikstrukturen hinwirken. Damit würde Entwicklungszusammenarbeit politischer werden und damit aber auch unter Umständen stärker in Konflikt mit anderen Fachpolitiken geraten.

*Klemp, Ludgera*
**Entwicklungspolitik am Scheideweg - politische Randerscheinungen oder globale Strukturpolitik?**
In: Aus Politik und Zeitgeschichte, B 18-19, 2001. S. 13 - 20
Entwicklungspolitik ist heute globale Strukturpolitik, deren Ziel es ist, die ökonomischen, sozialen, politischen und ökologischen Verhältnisse in Entwicklungsländern zu verbessern. Damit ist Entwicklungspolitik neben

der Außen- und Sicherheitspolitik ein Politikfeld der globalen Zukunftssicherung. Doch die Entwicklungspolitik steht nach Ansicht der Autorin dennoch an einem Scheideweg: es müsse abgewartet werden, ob sie in Zukunft noch ohnmächtiger wird als bisher oder durch politisch-institutionelle Reformen im Sinne einer Einmischung in globale Handlungszusammenhänge ein neues Profil gewinnt. Klemp befürwortet für die bundesdeutsche Entwicklungshilfe die Schaffung eines Querschnittsministeriums.

*Messner, Dirk*
**Globalisierung, Global Governance und Perspektiven der Entwicklungszusammenarbeit**
In: Nuscheler, Franz (Hrsg.): Entwicklung und Frieden im 21. Jahrhundert. Zur Wirkungsgeschichte des Brandt-Berichts. Eine Welt - Texte der Stiftung Entwicklung und Frieden. Dietz. Bonn 2000. S. 267-294

Nach Darstellung von Messner hat sich in der Entwicklungszusammenarbeit ein Trend hin zur internationalen Kooperation zur Lösung globaler Probleme vollzogen. In ihrer ersten Phase sei die Entwicklungszusammenarbeit auf die Verbesserung der Entwicklungsbedingungen in den Partnerländern durch Wissens- und Finanztransfer von Nord nach Süd ausgerichtet gewesen. Ab Mitte der 80er Jahre hätte sich zunehmend die Einsicht durchgesetzt, dass auch Veränderungen im Norden notwendig seien, um die Entwicklungschancen der Entwicklungsländer zu verbessern (Stichwort: nachhaltige Entwicklung als globale Aufgabe). Die Entwicklungszusammenarbeit sei im Verlauf der 90er Jahre in eine dritte Phase eingetreten, in der immer offensichtlicher geworden sei, dass Globalisierung und globale Probleme eine Erweiterung der Formen internationaler Kooperation erforderten. Es müsse nun erkannt werden, dass globale und grenzüberschreitende Probleme nur gemeinsam gelöst werden könnten. Notwendig sei die Herausbildung einer „gemeinsamen Kultur des Lernens", ein höheres Maß zwischenstaatlicher Kooperation und Koordination, supranationale Normen- und Regelsysteme, völkerrechtlich verbindliche Konventionen, internationale Regime sowie nationale (aber international abgestimmte) Strategien zur Bearbeitung globaler Probleme.

*Øyen, Else*
**The politics of poverty reduction**
In: International Social Science Journal, 162, 1999. S.459-465

Die Autorin untersucht die Debatten um Armutsreduzierung und Armutsbekämpfungsstrategien. Armut wird nicht wesentlich abzubauen sein, ohne dass es zu einer Umverteilung von ökonomischen, politischen und sozialen Ressourcen zwischen Nord und Süd komme. Dies aber werde unweigerlich mit Konflikten einher gehen – ein Umstand, der in der aktuellen Diskussion mehrheitlich ausgeblendet werde.

*UK Secretary of State for International Development*
**Eliminating World Poverty: Making Globalisation Work for the Poor**
White Paper on International Development
London 2000
web: www.dfid.gov.uk

Ähnlich wie das BMZ nennt die britische Regierung in ihrer Erklärung zur britischen Entwicklungspolitik Armutsbekämpfung bzw. die Erreichung der internationalen Entwicklungsziele bis 2015 als übergeordnetes Ziel ihrer Entwicklungszusammenarbeit. So verpflichtet sie sich beispielsweise, Regierungen der Entwicklungsländer, die das Ziel der allgemeinen Grundschulbildung umsetzen wollen, die dafür nötigen Finanzmittel zur Verfügung zu stellen. Außerdem will sich die Regierung dafür einsetzen, den Einfluss der armen Länder und Menschen in den internationalen Institutionen zu stärken.

*United Nations*
**Millennium Declaration**
United Nations. New York 2000

Im Rahmen der OECD wurden 1996 Entwicklungsziele formuliert, die bis zum Jahr 2015 erreicht werden sollen. Die Millenniumserklärung der Vereinten Nationen im September 2000 nahm diese Ziele auf, so dass sie mittlerweile als die Entwicklungsziele der internationalen Gemeinschaft gelten (*International Development Goals for 2015*). Zu den Zielen gehört die Halbierung des Anteils der Menschen, die in absoluter Armut leben, die Halbierung des Anteils der Menschen, die Hunger leiden und des Anteils der Menschen, die keinen Zugang zu sauberem Trinkwasser haben. Des Weiteren soll bis 2015 erreicht werden, dass alle Kinder Zugang zu Grundbildung haben und der Anteil von Mädchen im Bildungssystem genau so hoch ist wie der der Jungen. Die Müttersterblichkeit soll um drei Viertel und die Kindersterblichkeit der Kinder unter fünf Jahren um zwei Drittel gesenkt werden. Die Verbreitung von HIV/ AIDS soll gestoppt werden, AIDS-Waisen und Slumbewohner sollen Unterstützung bekommen. Die Finanzierung der international vereinbarten Ziele ist allerdings unklar. Es wird gehofft, dass die UN-Konferenz zur Entwicklungsfinanzierung 2002 hierfür eine Antwort finden wird.

*Wahl, Peter*
**Königsweg oder Sackgasse? Entwicklungspolitik als internationale Struktur- und Ordnungspolitik**
In: Peripherie, 72, 1998. S. 82-93

Der Autor setzt sich mit dem Begriff der „Internationalen Strukturpolitik" auseinander, als einem Konzept, das von seinen Protagonisten als kohärentes Konzept mittlerer Reichweite verstanden wird und ihnen sowohl als Alternative zum „Durchwurschteln" der Entwicklungszusammenarbeit als auch zum Strukturwandel nach neoliberalem Muster gilt. Wahl fragt nach dem Potenzial des Konzepts für emanzipatorische Politik und zeigt vor diesem Hintergrund die Chancen aber auch Grenzen (unter anderem Ausblendung von Interessenkonflikten) des Begriffs auf.

*World Bank*
**World Development Report 2000/01. Attacking Poverty**
Oxford University Press. New York 2001. 335 S.

Der jährliche Weltentwicklungsbericht der Weltbank konzentrierte sich im Jahr 2000 auf das Thema der Armutsbekämpfung und stellt die Fortentwicklung der Armutsbekämpfungsstrategie der Weltbank von 1990 dar. [Im Vorfeld der Veröffentlichung kam es zu Kontroversen über die Aussagen des Berichts, besonders im Hinblick auf die Frage des Zusammenhangs von Wachstum und Umverteilung. Der Verantwortliche für den Bericht, Ravi Kanbur, legte in der Folge seinen Posten nieder. Anm. MW]

*Wieczorek-Zeul, Heidemarie*
**Entwicklungspolitik als globale Strukturpolitik**
In: Klemp, Ludgera: Entwicklungspolitik im Wandel. Von der Entwicklungshilfe zur globalen Strukturpolitik
Themendienst 11
DSE/ ZED. Bonn 2000. S. 9 -20

Die Bundesministerin für wirtschaftliche Zusammenarbeit und Entwicklung skizziert in ihrem Beitrag das Verständnis der rot-grünen Bundesregierung von Entwicklungspolitik. In Abkehr vom traditionellen Selbstverständnis, das die Förderung der ökonomischen und sozialen Entwicklung in den Partnerländern zum Ziel hatte, gehe es heute bei der Entwicklungspolitik um ein Politikfeld, das im Rahmen der internationalen Beziehungen zur globalen Sicherheit beitrage. Sie betont die Notwendigkeit, Globalisierung zu gestalten, das heißt, den internationalen Wirtschaftsbeziehungen einen politischen, sozialen und ökologischen

Ordnungsrahmen zu geben. Auch Entwicklungspolitik habe eine Aufgabe in der Gestaltung der Rahmenbedingungen und nicht mehr länger nur den Charakter eines „Reparaturbetriebs". Als Aufgabenfelder für die Entwicklungspolitik im Rahmen des Konzepts der globalen Strukturpolitik werden die Bereiche Demokratie und Rechtsstaatlichkeit und die Lösung der Schuldenkrise genannt, sowie die Notwendigkeit, die Globalisierung mit ökologischer Modernisierung und interkultureller Verständigung zu verbinden.

### Weitere Literatur

*Bundesministerium für wirtschaftliche Zusammenarbeit und Entwicklung (BMZ)*
**Förderung der Menschenrechte, eine Aufgabe der Entwicklungszusammenarbeit**
BMZ. Bonn, 1998. 44 S.

*Bundesministerium für wirtschaftliche Zusammenarbeit und Entwicklung (BMZ)*
**Entwicklungszusammenarbeit und Krisenvorbeugung**
BMZ. Bonn 1997. 11 S.

*Holtz, Uwe*
**Butter oder Kanonen? Entwicklungspolitik als nationale Interessenpolitik oder internationale Strukturpolitik? Welche Ziele verfolgt die Entwicklungszusammenarbeit bei begrenzten Ressourcen und begrenzten Produktivitätskapazitäten?**
In: Germanwatch: Zukunftsfähige Entwicklungspolitik – Vision oder Illusion?
Zwischen Selbstüberschätzung und neuer Bescheidenheit.
Germanwatch. Bonn 1997

*Klemp, Ludgera*
**Entwicklungspolitik im Wandel. Von der Entwicklungshilfe zur globalen Strukturpolitik**
Themendienst 11
DSE/ ZED. Bonn 2000

*OECD/ DAC*
**DAC Guidelines on Poverty Reduction**
OECD. Paris. 2001
web: www.oecd.org/dac/htm/g-pov.htm

*OECD/ DAC*
**Partnership for Poverty Reduction: From Commitment to Implementation**
Statement by the DAC High Level Meeting
OECD. Paris 2000

*OECD/ DAC*
**Shaping the 21st Century: The contribution of development cooperation**
OECD. Paris 1996


## Literatur zum Thema globale öffentliche Güter

*Ferroni, Marco*
**Reforming Foreign Aid: The Role of International Public Goods**
1999
web: www-wbweb4.worldbank.org/wbiep/decentralization/Ferroni.pdf
Nach Ansicht des Autors entstehen durch den Globalisierungsprozess neue Herausforderungen, die auf supranationaler Ebene bearbeitet werden müssen. Markt-, Politik- und Systemversagen seien die Ursachen der neuen Herausforderungen. Für die Entwicklungszusammenarbeit ergeben sich damit neue Probleme, neue Rollen und vielleicht auch eine neue Existenzbegründung. Die Beschäftigung mit und Bereitstellung von internationalen öffentlichen Gütern habe außerdem den positiven Effekt, die traditionelle Entwicklungszusammenarbeit wirksamer zu machen. Längerfristig würde diese Strategie zu einer produktiveren „Entwicklungshilfebeziehung" führen und zu einer Qualitätssteigerung von Entwicklungs*hilfe*, die in wirkliche internationale Kooperation münden würde.


*Hewitt, Adrian/ Morrissey, Oliver/ Willem te Velde, Dirk*
**Financing International Public Goods: Options for Resource Mobilisation**
Overseas Development Institute
ODI. London 2001. 65 S.
(im November 2001 noch unveröffentlicht)

Das Autorenteam untersucht die Finanzierung der Bereitstellung öffentlicher Güter in Entwicklungsländern. Sie berechnen den Anteil von Entwicklungshilfe, der direkt und indirekt in deren Finanzierung fließt und kommen zu der Einschätzung, dass öffentliche Entwicklungshilfe eine wichtige Rolle in der Finanzierung öffentlicher Güter spielt. Der entsprechende Anteil an den gesamten ODA-Leistungen sei von 15 Prozent (1980) auf 40 Prozent am Ende der 90er Jahre gestiegen (und 20 Prozent davon gingen in die Finanzierung *internationaler* öffentlicher Güter). Die Autoren nehmen eine Abgrenzung zwischen internationalen und nationalen öffentlichen Gütern vor und entwickeln eine Klassifizierung in fünf Sektoren (Umwelt, Gesundheit, Wissen, *governance* und Konfliktvermeidung/ Sicherheit). Sie gehen davon aus, dass nationale öffentliche Güter Ausbreitungs- („spill-over") Effekte in den internationalen Bereich haben können, dass internationale und nationale öffentliche Güter sich gegenseitig ergänzen bzw. gegenseitige Abhängigkeiten bestehen. Sie geben folgende Empfehlungen und Einschätzungen ab: 1. Der Anteil öffentlicher Entwicklungsfinanzierung, der in die Finanzierung internationaler öffentlicher Güter fließt, sollte nicht weiter steigen. 2. Wohltätigkeitsorganisationen und andere spendenfinanzierte Entwicklungsorganisationen werden nicht in der Lage sein, zukünftigen Finanzbedarf aufzubringen. 3. PPP und andere Beiträge von privaten Unternehmen haben eine Rolle zu spielen, allerdings nur in begrenzter Höhe und nur für einzelne Bereiche. 4. Die Geberländer sollten ihre ODA-Zahlungen auf die vereinbarten 0,7 Prozent aufstocken. Die zusätzlichen Mittel könnten dann in die Finanzierung internationaler öffentlicher Güter fließen. 5. Schuldenerleichterungen. Der eingesparte Schuldendienst sollte in einen Armutsbekämpfungsfonds eingezahlt und für die Bereitstellung nationaler öffentlicher Güter verwendet werden.

*Jayaraman, Rajshri/ Kanbur, Ravi*
**International Public Goods and the Case for Foreign Aid**
In: Kaul, Inge/ Grunberg, Isabelle/ Stern, Marc A. (Hrsg.): Globale öffentliche Güter. Internationale Zusammenarbeit im 21. Jahrhundert. Veröffentlicht für das Entwicklungsprogramm der Vereinten Nationen UNDP. Oxford University Press. New York 1999. S. 418-432

Im Selbstverständnis öffentlicher Entwicklungshilfe wird von den Autoren ein Wandel festgestellt. Vor sicherheitspolitischen Motiven und Solidaritäts- und ethischen Gesichtspunkten dominiere heute die Skepsis darüber, was ODA überhaupt bewirken könne. Die Debatte um globale öffentliche Güter stelle auch den Versuch dar, ein neues Konzept für öffentliche Entwicklungsfinanzierung zu liefern, bei dem allerdings sicherheitspolitische Motive stärker im Vordergrund stünden als der Solidaritätsgedanke. Ausgehend von Modellberechnungen warnen die Autoren vor überzogen optimistischen Hoffnungen, dass das Konzept der globalen öffentlichen Güter als Grundlage für eine Steigerung der ODA tauge.

*Kanbur, Ravi/ Sandler, Todd/ Morrison, Kevin M.*
**The Future of Development Assistance: Common Pools and International Public Goods**
Overseas Development Council (ODC)
John Hopkins University Press. Washington, D.C. 1999. 112 S.

Die Studie untersucht unter anderem die Beziehung zwischen Entwicklungshilfe und der Lösung transnationaler Problemstellungen. Die Autoren gehen davon aus, dass zukünftig die Finanzierung internationaler öffentlicher Güter eine größere Rolle spielen wird. Sie plädieren für einen sogenannten „common pool"-Ansatz, bei dem alle Geberländer in einen Topf einzahlen würden, aus dem die von den Entwicklungsländern selbst zu formulierenden nationalen Entwicklungsstrategien finanziert werden könnten. Die Finanzierung internationaler öffentlicher Güter könnte ebenfalls über den „common pool"-Ansatz vollzogen werden, über eine Zusammenführung von Ausgaben, die (auch) den Entwicklungsländern zugute kommen würden.

*Kaul, Inge/ Grunberg, Isabelle/ Stern, Marc A. (Hrsg.)*
**Global Public Goods. International Cooperation in the 21$^{st}$ Century**
Publication for the United Nations Development Program (UNDP)
Oxford University Press. Oxford 1999. 584 S.

Politische Herausforderungen, wie finanzielle Krisen und Armut, sollten aus der Perspektive des Konzepts der globalen öffentlichen Güter betrachtet werden. Diese definieren die Autoren als Güter, die universell konsumiert werden, d. h. Güter, deren Nutzen über Landesgrenzen, Generationen und Bevölkerungsgruppen hinausreicht. Die im Buch präsentierten Fallstudien weisen auf drei Hauptschwächen in den gegenwärtigen Übereinkommen zur Bereitstellung der globalen öffentlichen Güter hin: ein Zuständigkeits-, ein Partizipations- und ein Anreizdefizit. Es wird gefordert, dass Regierungen die volle Verantwortung für die von ihren Bürgern erzeugten grenzüberschreitenden Folgewirkungen übernehmen sollten. Alle Hauptakteure – Regierungen, Personen, Zivilgesellschaft und Wirtschaft – müssten an der Schaffung und Nutzung der Güter beteiligt werden. Bezüglich der Finanzierung globaler öffentlicher Güter plädieren die Autoren dafür, dass zwischen der konventionellen ODA und einem neuen Budgetposten differenziert wird. Die Finanzmittel für globale öffentliche Güter sollten zusätzlich zur traditionellen ODA zur Verfügung gestellt werden und aus den Etats anderer Ministerien, wie dem Umwelt- und Gesundheitsministerium, finanziert werden und/ oder über innovative Finanzierungsmechanismen wie eine Steuer auf Devisengeschäfte. Autoren neben den Herausgebern unter anderem: T. Sandler, A. Sen, N. Birdall, C. Wyplosz, J. E. Stiglitz, R. Kanbur und J. Sachs.

*Mendez, Ruben P.*
**International Public Finance: A New Perspective on Global Relations**
Oxford University Press. New York 1992. 339 S.

In diesem Buch wird eine Theorie zur internationalen Finanzierung öffentlicher Güter entwickelt, wobei existierende Prinzipien auf nationaler Ebene auf die internationale Ebene übertragen werden. Mendez beschreibt unter anderem das momentane System internationaler öffentlicher Finanzierung, das fast vollständig auf Freiwilligkeit beruht. Im Anschluss nennt er die aus seiner Sicht notwendigen Elemente eines funktionierenden internationalen Systems, darunter internationale Steuern und eine Regulierung und Finanzierung globaler öffentlicher Güter. Als ergänzende monetäre Maßnahmen schlägt er zusätzliche Sonderziehungsrechte beim IWF für Entwicklungsaufgaben und den Verkauf eines Teiles der IWF-Goldreserven vor.

*Raffer, Kunibert*
**ODA and Global Public Goods: A Trend Analysis of Past and Present Spending Patterns**
ODS Background Paper
UNDP/ ODS. New York 1999. 25 S.

Der Autor bedient sich der Definition des *Development Assistance Committees* der OECD, wonach Entwicklungshilfe im engeren Sinne als Beitrag zur ökonomischen Entwicklung des Empfängerlandes zu verstehen ist. Bereiche wie Gesundheitserziehung, Bevölkerungspolitik, Aufbau von politischer Administration, vom Bankensystem und von zivilgesellschaftlichen Institutionen, Landminenräumung, Technologieentwicklung, die Förderung regenerativer Energiequellen und Umweltschutzmaßnahmen fallen nach Raffers Kategorisierung nicht unter den Begriff der öffentlichen Entwicklungshilfe, sondern müssen als globale öffentliche Güter gezählt werden. Die Daten der OECD zu ODA-Zahlungen zeigten, dass ein immer größerer Anteil an der gesamten Entwicklungsfinanzierung für globale öffentliche Güter verwendet werde. Die originäre Entwicklungshilfe verliere damit ständig an Bedeutung.


**Weitere Literatur**

*Cerny, Philip G.*
**Globalization and the changing logic of collective action**
In: International Organization 49, 4, 1995


*Cornes, Richard/ Sandler, Todd*
**The Theory of Externalities, Public Goods and Club Goods**
2. Auflage, Cambridge 1996

Mosley, Paul
**Overseas Aid as a Public Good**
Discussion Paper in Economics and Management No. 355
University of Redding 1997

## Literatur zum Thema Entwicklungszusammenarbeit mit der Wirtschaft

*Engels, Benno*
**Für eine konstruktivere Diskussion des „PPP"-Ansatzes in der deutschen Entwicklungszusammenarbeit! Anmerkungen zu dem Beitrag von Uwe Hoering.**
*In: Peripherie, 20, 77/ 78, 2000. S. 143-150*

Engels' Ansicht nach lässt Hoering eine klare, problembezogene, aus dem Begriff der entwicklungspolitischen Tragfähigkeit abgeleitete Fragestellung vermissen. Die entscheidende Frage würde nicht gestellt, nämlich ob sich Potenzial und Eigeninteressen deutscher Unternehmen im Entwicklungsländergeschäft nutzen ließen, um wirtschaftliche und soziale Entwicklung in den Partnerländern voranzubringen.

*Engels, Benno*
**PPP – Hoffnungsträger oder trügerische Hoffnung?**
*In: E+Z, 2, 2000. S. 41-43*

Die Zusammenarbeit mit der Privatwirtschaft ist nach Aussage des Autors für die deutsche Entwicklungspolitik zum neuen Hoffnungsträger geworden. Benno Engels beschreibt die Herkunft des Konzepts aus der Modernisierungsdebatte in der öffentlichen Verwaltung („New Public Management") und definiert Bedingungen, unter denen das Konzept zum gewünschten Erfolg führen kann. Die Kriterien, die heute bereits vom Bundesministerium für wirtschaftliche Zusammenarbeit und Entwicklung (BMZ) und den Durchführungsorganisationen zur Bewertung von PPP-Projekten verwendet werden, sind: 1) Kompatibilität mit den entwicklungspolitischen Zielvorgaben, 2) Komplementarität (Ergänzung der öffentlichen und privaten Beiträge zur einer Maßnahme, so dass beide Seiten ihre Ziele kostengünstiger, schneller und wirksamer erreichen), 3) Subsidiarität (nur wenn das Unternehmen die Investition ohne den Beitrag der Entwicklungszusammenarbeit nicht durchführen würde), 4) Wettbewerbsneutralität und 5) Eigenbeitrag des Unternehmens.

*Hoering, Uwe*
**Public-Private Partnership – (Nur ein) neues Instrument oder neue Epoche der Entwicklungspolitik?**
In: Peripherie 72, 1998. S. 6-24

Nach Einschätzung des Autors handelt es sich bei dem Konzept der PPP nicht lediglich um ein neues Instrument der Entwicklungszusammenarbeit. Es sei vielmehr der Versuch der Entwicklungspolitik, auf grundlegende Veränderungen ihrer Rahmenbedingungen eine konzeptionelle Antwort zu finden. Die veränderten Rahmenbedingungen verstärkten zum einen den Druck, den Beitrag der Entwicklungspolitik zur Außenwirtschaftsförderung zu erhöhen, zum anderen aber auch den Druck, die fortdauernde Existenz entwicklungspolitischer Strukturen zu rechtfertigen. Nach Hoering ist es entsprechend auch eher die Politik, die diese Partnerschaft sucht, als die Privatwirtschaft. Er bezweifelt, dass die Entwicklungspolitik in der Lage ist, im Rahmen einer verstärkten außenwirtschaftlichen Instrumentalisierung entwicklungspolitische Zielsetzungen einzubringen. Statt der erforderlichen Kohärenz aller Politikbereiche mit dem Ziel einer nachhaltigen Entwicklung, zeichne sich die Tendenz einer außenwirtschaftlich bestimmten Kohärenz mit dem Ziel der Förderung der Privatwirtschaft ab.

*Unmüßig, Barbara*
**Halb Bank und halb Entwicklungshelfer – Die Weltbank setzt auf private Investoren für den Süden**
In: Der Überblick 2, 1997. S. 71-75

Die Autorin gibt einen Überblick über die Privatsektorförderung der Weltbank. Angesichts der Legitimationskrise der Bank, die sich Mitte der 90er Jahre zuspitzte, wollte sich die Weltbank unter ihrem neuen Präsidenten Wolfensohn als Katalysator für private Kapitalströme in Entwicklungsländer positionieren. Die Autorin ist skeptisch, ob die verstärkte Kooperation mit dem Privatsektor den entwicklungspolitischen Zielsetzungen der Bank förderlich ist. Private Unternehmen würden sich wohl nur dann auf die neuen Angebote der Bank im PPP-Geschäft einlassen, wenn sie weder mit zu vielen Auflagen und Verzögerungen, noch mit zuviel Öffentlichkeit und Transparenz verbunden seien.

**Weitere Literatur**

*Bundesministerium für wirtschaftliche Zusammenarbeit und Entwicklung (BMZ)*
**Gemeinsam Entwicklung gestalten. Partnerschaften zwischen privater und öffentlicher Entwicklungszusammenarbeit**
BMZ. Bonn 1998

# Kapitel 4: Die Verschuldungsproblematik

Die Themen der externen Verschuldung, der Schuldenkrise und der schuldenfinanzierten Entwicklung spielen eine prominente Rolle in den Diskussionen um die Zukunft der Entwicklungsfinanzierung. „Schulden" stehen als eines der sechs Hauptthemen auch auf der offiziellen Agenda der UN-Konferenz FfD. Der UN-Generalsekretär, Kofi Annan, hält Verschuldung für ein in einigen Fällen „unüberwindbares Hindernis für Entwicklung und Armutsbekämpfung" (United Nations 2001).

Es geht in der aktuellen Debatte um die Lösung des „alten" Schuldenproblems der Entwicklungsländer, um die „neue" Verschuldung der Länder mittleren Einkommens im Zusammenhang mit den Finanzkrisen 1995 und 1997-98 und vorausblickend um die Frage, wie künftige Überschuldungen zu verhindern sind.

Seit dem Beginn der Schuldenkrise in den frühen 80er Jahren stecken die meisten Entwicklungsländer in der Schuldenfalle fest. Um den fälligen Schuldendienst leisten und ihre Währungsreserven aufstocken zu können, verschulden sie sich ständig weiter. Die im Ausland aufgenommenen Finanzmittel gehen zu großen Teilen also nicht in produktive Bereiche, um so die Entwicklung anzukurbeln, sondern fließen in Form von Zinsen und Schuldentilgung in die Industrieländer zurück.

Für einige Länder bedeutet das, dass sie trotz ihrer massiven wirtschaftlichen und ökonomischen Probleme, mehr Schuldendienst leisten, als sie über neue Entwicklungshilfe erhalten. 1998 erhielten die Entwicklungsländer insgesamt ODA-Mittel in Höhe von 52 Milliarden US-Dollar, während sie 207 Milliarden US-Dollar für den Schuldendienst aufbringen mussten (WEED 2000).

Trotz einer ganzen Reihe von Umschuldungsvereinbarungen und teilweisen Schuldenerlassen ist der externe Schuldenstand der Entwicklungsländer weiter angestiegen: Ihre Gesamtverschuldung summierte sich von 857 Milliarden US-Dollar 1985 auf über 2 Billionen US-Dollar 1998. Bei den am wenigsten entwickelten Ländern (*Least Developed Countries = LDC*) haben sich die externen Schulden im Jahr 1998 auf einen Anteil von 99,5 Prozent des Bruttosozialprodukts erhöht, 1985 waren es 66,9 Prozent (UNDP 2000). Die Finanzkrisen der Jahre 1997-98 haben zu einem starken Anstieg der Verschuldung der Entwicklungsländer insgesamt geführt. Während die langfristigen Schulden 1996 und 1997 um jeweils 3,3 und 4,4 Prozent gestiegen sind, lag die Steigerung 1998 bei 13,7 Prozent.

Die Schuldendienstquote (Verhältnis Schuldendienst zu Erlösen aus Exporten und Dienstleistungen) stieg in den Entwicklungsländern insgesamt im Schnitt von 15,8 Prozent 1990 auf 18,5 Prozent 1998 an (WEED 2000). Die Schuldenrückzahlung stellt in den meisten Entwicklungsländern eine enorme Belastung der öffentlichen Haushalte dar. In den Länder, die den Kriterien der Weltbank von „arm" und „hochverschuldet" entsprechen (HIPC-Länder), gehen mehr als ein Fünftel der öffentlichen Einnahmen in die Rückzahlung der Auslandsschulden und in sechs HIPC-Ländern in Afrika sogar mehr als ein Drittel. In neun HIPC-Ländern übersteigt der Schuldendienst die Ausgaben, die insgesamt für Gesundheit und Bildung aufgewendet werden (World Bank 2001).

Aufgrund dieser alarmierenden Situation vergeben heute viele Industrieländer ihre bilaterale Entwicklungshilfe bereits in Form von Zuschüssen, die nicht zurückgezahlt werden müssen. In der Bundesrepublik Deutschland trifft dies für die Entwicklungshilfe an die ärmsten Entwicklungsländer zu. Die multilaterale Entwicklungshilfe, beispielsweise der Weltbank, wird noch immer in Form von Krediten ausgezahlt. Allerdings sind die finanziellen Konditionen dieser Kredite für die ärmsten Entwicklungsländer sehr günstig.

**HIPC I-Initiative**

Nachdem über Jahre von unterschiedlichen Akteuren ein umfassender Schuldenerlass bzw. eine Streichung aller Schulden der Entwicklungsländer gefordert worden war, setzte sich Mitte der 90er Jahre auch in der offiziellen Politik die Einsicht durch, dass die bisherigen Umschuldungsvereinbarungen das Schuldenproblem zumindest der ärmsten Entwicklungsländer nicht gelöst haben. 1996 kündigte die Weltbank die sogenannte HIPC-Initiative (*Heavily Indebted Poor Countries Initiative*) an. Entwicklungsländer, die den Weltbankkriterien von „arm und hochverschuldet" entsprachen, konnten nun nach sechsjähriger Durchführung von Strukturanpassungsprogrammen des IWF auf einen teilweisen Erlass ihrer multi- und bilateralen Entwicklungshilfeschulden hoffen. Neu an der HIPC-Initiative war, dass erstmals auch eine Streichung der Entwicklungsländerschulden bei IWF und Weltbank möglich war, die bis dahin in allen anderen Entschuldungsvereinbarungen ausgenommen waren. Für die an der HIPC-Initiative beteiligten Entwicklungsländer war das besonders bedeutungsvoll, weil der weitaus größte Teil ihrer noch ausstehenden Schulden von Weltbank und IWF stammten. In der Gruppe der Gläubiger spielen die beiden Institutionen darüber hinaus eine zentrale Rolle, da die Entwicklungsländer verpflichtet sind, grundsätzlich immer zuerst ihren Schuldendienst an Weltbank und IWF zu leisten, bevor sie anderen, bilateralen Verpflichtungen nachkommen. Bezogen auf die HIPC-Initiative bedeutet das, dass die beiden internationalen Finanzinstitutionen im Rahmen der HIPC-Initiative in der Tat auf Einnahmen verzichteten, während die bilateralen Geber häufig ohnehin nicht mehr mit einer Rückzahlung gerechnet hatten.

## HIPC II-Initiative

Anlässlich des Kölner Wirtschaftsgipfels im Juni 1999 beschlossen die Regierungschefs der G7-Staaten auf Initiative der Bundesregierung eine Ausweitung und Beschleunigung der Entschuldung, nachdem weltweit zivilgesellschaftliche Kampagnen auf die zögerliche Umsetzung der HIPC-Initiative hingewiesen und weitergehende Streichungen gefordert hatten. Mit der sogenannten HIPC II-Initiative sollte eine größere Zahl von Ländern (jetzt 41) schneller in den Genuss von Erlassen in einem größeren Umfang als zuvor kommen. Zwar müssen die Länder auch weiterhin erst Anpassungsprogramme des IWF durchführen. Im Unterschied zum alten Vorgehen sollen diese jetzt aber auf Strategiepapieren zur Armutsbekämpfung (*Poverty Reduction Strategy Paper = PRSP*) aufbauen, die von den Ländern der Initiative selbst zu formulieren sind. Eine der Auflagen des PRSP-Konzepts ist, dass die Papiere unter Einbeziehung der Bevölkerung entwickelt werden. Das neue Konzept soll gewährleisten, dass die armen Bevölkerungsgruppen in den von der Schuldenstreichung betroffenen Ländern auch wirklich von den Erlassen profitieren. Die nationalen Pläne sollen zur Grundlage aller künftigen Strukturanpassungsprogramme werden, auch in anderen Entwicklungsländern, die nicht an der Entschuldungsinitiative teilnehmen.[10] Die Papiere müssen dem IWF und der Weltbank vorgelegt und von diesen akzeptiert werden.

Heute, rund zwei Jahre nach der Erweiterung der HIPC-Initiative, wird diskutiert, ob die Initiative wirklich einen Durchbruch im Schuldenproblem der Entwicklungsländer gebracht hat: Von einigen wird sie für einen zentralen und erfolgreichen Schritt zur Lösung des Überschuldungsproblems der ärmsten Entwicklungsländer gehalten (z.B. Weltbank). Weitere Erlasse über das im Rahmen der HIPC II-Initiative vereinbarte Ausmaß hinaus werden zum Teil mit dem Argument abgelehnt, dass die Länder nicht vollständig aus der Verantwortung für Fehler in der Verwendung der Kredite entlassen werden dürften und weitergehende Streichungen die künftige Kreditwürdigkeit der Länder gefährden könnten (z.B. Nunnenkamp, Tietmeyer).

Andere halten die zu erwartenden Erlasse im Rahmen der Initiative für nicht ausreichend und erwarten eine schon baldige erneute Überschuldung der betroffenen Länder. Zum Teil wird befürchtet, die

---

[10] Dies gilt bisher für alle Entwicklungsländer, die berechtigt sind, die stark konzessionären IDA-Kredite der Weltbank in Anspruch zu nehmen. Das sind zurzeit 78 Länder (Juni 2001).

Industrieländer könnten die HIPC II-Initiative dazu nutzen, ihre Entwicklungshilfemittel weiter zu kappen – mit der Folge, dass die dringend auf externe konzessionäre Entwicklungsfinanzierung angewiesenen ärmsten Länder am Ende schlechter dastünden als vor den Erlassen.

Im Zentrum der Aufmerksamkeit steht auch das Konzept der nationalen Strategiepapiere zur Armutsbekämpfung (PRSP). Der Fokus richtet sich zum einen auf den verlangten partizipativen Prozess der Erstellung der PRSP: Gelingt die Einbeziehung der Zivilgesellschaft in die Formulierung der Pläne? Welche Bereiche werden mit der Bevölkerung diskutiert? Spiegeln die fertigen Papiere die in den Konsultationen geäußerten Positionen wider? Wie kann die Zivilgesellschaft in den betroffenen Ländern so gestärkt werden, dass sie auf Diskussionen um makroökonomische Strategien kompetent Einfluss nehmen kann? Und wer ist mit Zivilgesellschaft überhaupt gemeint? Sollten die Prozesse der Entschuldung auf der einen Seite und der Erstellung von Armutsstrategien auf der anderen Seite entkoppelt werden, um die komplizierte PRSP-Ausarbeitung nicht unter Zeitdruck zu setzen?

Zum anderen wird danach gefragt, ob das neue Verfahren, bei dem Länderstrategien vom Land selbst und nicht mehr von IWF und Weltbank erstellt werden sollen, auch zu einer anderen Wirtschaftspolitik führen wird. Werden künftige Anpassungsprogramme auf Grundlage der nationalen Papiere wirksamere Beiträge zur Armutsbekämpfung leisten als bisher? Was passiert, wenn die PRSP andere Politikmaßnahmen vorschlagen als die, die IWF und Weltbank normalerweise propagieren? Werden die beiden internationalen Finanzinstitutionen dann die „nationale *ownership*" der Papiere akzeptieren und diese finanziell unterstützen?

Zum Teil wird verlangt, dass der Entschuldungsprozess nunmehr vollständig von der Umsetzung wirtschaftspolitischer Auflagen abgetrennt wird. Denn die Strukturanpassungsprogramme, die die Länder als Vorbedingung für Erlasse bisher durchführen mussten, hätten negative Wirkungen für die Ökonomien und die Bevölkerung der betroffenen Länder gehabt und zu einem weiteren Anstieg der Schuldenbelastung geführt (siehe Development Gap 1999, Jubilee South 2001).

In der Auseinandersetzung um die Wirkungen der erweiterten Entschuldungsinitiative wird zudem darauf verwiesen, dass eine große Gruppe hochverschuldeter Länder gar keine Lösung ihrer Schuldenprobleme zu erwarten hat, da sie den Kriterien von „arm und hochverschuldet" nicht entsprechen und somit nicht Teil der Initiative sind. Kontroversen entzünden sich an der Frage, ob diese Länder (z.B. Indonesien, Ecuador) wirtschaftlich stark genug sind, um sich selbst aus der Krise zu befreien und ob eine teilweise Schuldenstreichung ihre

Chancen auf neue Kredite (von privaten Banken) steigern oder aber beeinträchtigen würde.

Kritik an der HIPC II-Initiative richtet sich unter anderem auch gegen die dort gewählten Kriterien einer „tragfähigen" Schuldenbelastung. Der Weltbank und dem IWF werden vorgeworfen, die Indikatoren willkürlich festgelegt und dabei nur ökonomische Faktoren berücksichtigt zu haben. So spielen die Verhältnisse von Exporteinnahmen und Bruttosozialprodukt zu Schuldenstand zwar eine Rolle, nicht aber „menschliche" Entwicklungsfaktoren wie der Anteil der Bevölkerung unter der Armutsgrenze, Säuglingssterblichkeits-, Einschulungsraten etc. (Northover/ Joyner/ Woodward 1998 und Hersel 1999).

Besonders die Schuldenerlass-Kampagnen in den Ländern des Südens (*Jubilee South*) stellen die Legitimität der externen Verschuldung der Entwicklungsländer insgesamt in Frage. Diese Kredite seien den Entwicklungsländern von Banken der Industrieländer aufgedrängt worden, oder die Schulden seien durch eine fehlgeleitete Ausleihpraxis der multilateralen Entwicklungsbanken aufgelaufen. Davon profitiert hätten die Eliten in den Entwicklungsländern, oft diktatorische Regime, die heute gar nicht mehr existierten. Doch die Kosten der Rückzahlung hätte die Bevölkerung zu tragen. Entsprechend wird eine vollständige Streichung der Schulden ohne Konditionen gefordert, auch weil der ursprünglich aufgenommene Betrag über den langjährig geleisteten Schuldendienst längst abbezahlt sei.

**Eine Reform der Schuldenverhandlungspraxis?**

In die Zukunft blickend wird diskutiert, wie die Länder der HIPC-Initiative sich – sofern ihnen durch die Streichungen im Rahmen der HIPC II-Initiative wirkliche Freiräume entstehen – längerfristig vor einer erneuten Überschuldung schützen können:
Es werden kontroverse Debatten darüber geführt, ob die Verhandlungen über Schuldenstreichungen und Umschuldungen auf eine andere Grundlage gestellt werden müssen. So gibt es Vorschläge, die momentan existierenden Foren der Verhandlungen über Umschuldungen (der „Pariser Club" als Zusammenschluss der staatlichen Gläubiger und der „Londoner Club" für die privaten Gläubiger), in denen die Gläubigerländer den Ablauf des Verfahrens dominieren, durch ein unabhängiges Insolvenzverfahren abzulösen. Dieses sollte nach rechtsstaatlichen Prinzipien organisiert werden und den Schuldnerländern ein faires Verfahren und einen wirklichen Neuanfang ermöglichen (Raffer 1998).

Angesichts der Finanz- und Wirtschaftskrisen in Mexiko 1995 und in Asien, Brasilien und Russland 1997-98 wird auf offizieller Ebene sowie in anderen Foren auch darüber beraten, wie private Gläubiger in die Verhandlungen über Umschuldungen und Schuldenstreichungen einbezogen werden können, damit auch sie ihren Teil der Verantwortung für den Ausbruch der Krisen übernehmen. Die Debatten um die Einbeziehung des Privatsektors ins Krisenmanagement betrifft eher die Entwicklungsländer mittleren Einkommens – diejenigen, die überhaupt Zugang zu privatem Kapital haben. In den genannten Finanzkrisen hatten private Anleger ihr Geld überraschend wieder abgezogen. Nachdem daraufhin die Währungen der betroffenen Länder ins Trudeln gerieten, sprangen IWF und später auch die Weltbank in die Bresche und stellten große Hilfskredite zur Verfügung, um ein weiteres Ausbreiten der Krise zu vermeiden. Damit konnten die privaten ausländischen Anleger ihre Verluste zwar relativ niedrig halten, doch für die betroffenen Länder entstand eine beträchtliche zusätzliche Schuldenbelastung. In der mexikanischen Finanzkrise erreichten die Kreditpakete eine Höhe von 18 Prozent des Bruttoinlandsprodukts, in Indonesien von fast 20 Prozent. Korea erhielt vom IWF den größten Kredit, den je ein Land vom Fonds bekommen hatte (Siebert 1999).

Mittlerweile herrscht in der offiziellen Politik weitgehend Einigkeit darüber, dass zukünftig auch die privaten Gläubiger für ihre oft risikoreiche Anlagepolitik zur Verantwortung gezogen werden sollen. Denn der IWF hat weder die Finanzmittel, um in zukünftigen Krisen mit ähnlich großen Hilfskrediten zur Stelle sein zu können, noch wird eine Aufstockung seines Kapitals durch die nördlichen Mitgliedsstaaten zu diesem Zweck von den Industrieländern politisch gewollt. Diskutiert wird zurzeit, ob es ein geregeltes System der Einbeziehung privater Gläubiger in Krisenverhandlungen geben sollte oder ob es sinnvoller ist, von Fall zu Fall über eine Beteiligung zu verhandeln. Sofern sich eine Zuordnung vollziehen lässt, favorisieren die europäischen Länder ein verbindlich vereinbartes System, während die Regierungen der USA und Japans ein situationsspezifisches Verfahren befürworten.

### Die zukünftige Rolle von Krediten in der Entwicklungsfinanzierung

Eine grundsätzlichere Frage betrifft die Rolle, die künftig externe Auslandskredite überhaupt in der Entwicklungsfinanzierung spielen sollten. Gibt es Bereiche und Aufgaben, die aus entwicklungspolitischer Sicht notwendig sind, die aber zumindest kurzfristig keine Rendite erwirtschaften, mit der die Kredite zurückgezahlt werden können? Ist es beispielsweise sinnvoll, Kredite für nicht-produktive Aufgaben wie die Bekämpfung von HIV/ AIDS, die Förderung sozialer Grunddienste oder Umweltschutzmaßnahmen zu vergeben oder sollte dies in Form nicht rückzahlbarer Zuschüsse finanziert werden? Wie verhält es sich mit den sehr günstigen Krediten der Weltbank für die ärmsten Entwicklungsländer (IDA-Kredite)? Für welche Zwecke sollten nicht-konzessionäre Kredite (Kredite von Geschäftsbanken zu Marktkonditionen) aufgenommen werden und für welche Bereiche wird eine Finanzierung über konzessionäre öffentliche Entwicklungsfinanzierung notwendig bleiben? (Martens 2000)

Dabei muss auch die Rolle der staatlichen Exportkreditversicherungen der Industrieländer berücksichtigt werden. Diese bieten den Firmen ihres eigenen Landes eine Versicherung an für den Fall, dass ein Unternehmen (oder die Regierung) eines Entwicklungslandes für importierte Produkte nicht zahlen kann. Kommt es zu einer Zahlungsunfähigkeit, lastet die Kreditversicherung die Summe der Regierung des entsprechenden Entwicklungslandes an. Die aus deutschen Exportbürgschaften („Hermes"-Kreditversicherung) entstandenen Schulden sind im Fall der ärmsten Entwicklungsländer höher als die Forderungen aus der Entwicklungszusammenarbeit. Die Forderungen der Bundesregierung aus entschädigten Hermes-Krediten gegenüber den Entwicklungsländern lagen Ende 1998 bei etwa 15 Milliarden DM (WEED 2000). Entwicklungsorganisationen fordern daher, dass bei der Vergabe von Exportbürgschaften sehr viel effektivere Risikoanalysen durchgeführt werden sollen als bisher üblich (Strecker 1997).

## Literatur zur Verschuldung der Entwicklungsländer

*Alfred Herrhausen Gesellschaft für Internationalen Dialog (Hrsg.)*
**Herausforderung Schuldenkrise**
Piper Verlag. München/ Zürich 2000. 201 S.

Der Sammelband enthält Beiträge zur Frage, ob und in welcher Form Schuldenstreichungen für die Entwicklungsländer sinnvoll seien. Bei den Autoren handelt es sich um hochrangige Vertreter aus Politik, von Banken, der Weltbank und aus dem kirchlichen Bereich, die unterschiedliche und zum Teil kontroverse Stellungen zum Thema Entschuldung beziehen. Neben dem Vorstandssprecher der Deutschen Bank, Rolf-E. Breuer und dem ehemaligen Bundesbankpräsidenten H. Tietmeyer sind dies J. A. Baker, Finanzminister unter R. Reagan, der Staatssekretär im Finanzministerium von Uganda, E. Tumusiime-Mutebile, der Bischof von Limburg, F. Kamphaus, D. Martin, Beauftragter des Vatikans bei internationalen Konferenzen zu Entwicklungsfragen und der Manager der HIPC-Umsetzungsabteilung bei der Weltbank, A. v. Trotsenburg.

*Botchwey, Kwesi*
**Financing for Development: Current Trends and Issues for the Future**
Paper prepared for: UNCTAD X. High-level Round Table on Trade and Development:
Directions for the 21$^{st}$ Century
UNCTAD. New York 2000. 22 S.

Der Harvard-Professor Botchwey befürwortet einen Schuldenerlass für die Entwicklungsländer, der über die Beschlüsse der erweiterten HIPC-Initiative hinausgeht. Seiner Einschätzung nach werden die HIPC-Länder auch nach den neuen Erlassen kaum zusätzliche Mittel für Entwicklungsfinanzierung zur Verfügung haben. Die zu Grunde gelegten Kriterien der Tragfähigkeit der Schuldenbelastung der Länder müssten überdacht werden.

*Cheru, Fantu*
**Economic, Social and Cultural Rights. The Highly Indebted Poor Countries (HIPC) Initiative: a human rights assessment of the Poverty Reduction Strategy Papers (PRSP)**
Economic and Social Council. Commission on Human Rights
United Nations. New York 2001. 53 S.

Der Autor hält die Schuldenerlassinitiative HIPC für inadäquat: Die Finanzierung ist noch immer nicht gesichert und die Initiative berücksichtigt nicht die Schulden der HIPC-Länder bei Gläubigern, die nicht Teil des „Pariser Clubs" sind. Die eigentliche Schuldenbelastung der Länder liege damit höher als zumeist behauptet. Cheru untersucht die nationalen Armutsstrategiepapiere PRSP, die die HIPC-Länder im Vorfeld der Schuldenerlasse durchführen müssen (acht vorläufige und ein fertiges PRSP) und kommt zu dem Schluss, dass es in der Mehrheit der Fälle nicht gelungen ist, die makroökonomischen Reformen auf das Ziel der Armutsbekämpfung abzustimmen. Grund dafür sei der Zeitdruck bei der Erstellung der PRSP, der dadurch entstehe, dass Entschuldung und PRSP-Formulierung aneinander gekoppelt wurden und die ungleiche Machtverteilung zwischen den verschuldeten Ländern und IWF und Weltbank, die den Entschuldungsprozess managen. Trotz des erklärten Ziels, die *ownership* stärken zu wollen, sind die IWF-Programme in den betreffenden Ländern noch immer stringent, inflexibel und häufig maßregelnd. Der Autor empfiehlt unter anderem, die Diskussion um Entschuldung und Armutsbekämpfung erneut aufzunehmen. Entschuldungs- und PRSP-Prozess sollten entkoppelt werden. Die Länder sollten als einzige Bedingung für Entschuldung ein unabhängiges Gremium einrichten, das dafür sorgt, dass die freigewordenen Ressourcen für soziale

Entwicklung verwendet würden. IWF und Weltbank sollten ihre dominante Rolle in der Bewertung nationaler Armutsstrategien aufgeben.

*Cohen, Daniel*
**The HIPC Initiative: True and False Promises**
OECD Development Centre. Technical Papers No. 166
OECD. Paris 2000. 34 S.
web: www.oecd.org

Ausgehend von eigenen Berechnungen des Marktwerts der Schulden wird argumentiert, dass der reale Schuldenerlass, der durch die erweiterte HIPC-Initiative gewährt wird, deutlich niedriger ausfällt als ursprünglich geschätzt. Cohen warnt vor weiteren Senkungen der ODA als Folge der Initiative. Er entwickelt ein Schema des Rückkaufs von Schulden („buy-back scheme") zu einem Preis, der zwischen Schuldnern und Gläubigern ausgehandelt wird.

*Dabrowski, Martin/ Eschenburg, Rolf/ Gabriel, Karl (Hrsg.)*
**Lösungsstrategien zur Überwindung der Internationalen Schuldenkrise**
Duncker und Humblot. Berlin 2000

Der Sammelband der Tagung *Lösungsstrategien zur Überwindung der Internationalen Schuldenkrise* (im Rahmen des Forschungsprojekts „Wirtschaftsethische Beurteilung aktueller Lösungsstrategien zur Überwindung der Internationalen Schuldenkrise) enthält Beiträge, die die unter anderem von der Erlassjahrkampagne vorgeschlagenen Lösungsstrategien zur Überwindung der Schuldenkrise aus der Perspektive unterschiedlicher wissenschaftlicher Forschungsansätze diskutieren. U. Pfister, W. Eberlei und T. Ziesemer beziehen sich auf die Erfahrungen mit bisherigen Lösungsstrategien. J. Müller formuliert ethische Kriterien der Beurteilung von Lösungsansätzen zur Überwindung des Schuldenproblems der Entwicklungsländer. I. Pies will ökonomische Argumentationsgrundlagen für eine ethische Bewertung formulieren und J. Wiemeyer analysiert das Thema als rechtsethisches Problem. M. Piazolo, G. Kruip und J. Waldmann fragen nach den sozioökonomischen Auswirkungen der unterschiedlichen Ent- und Umschuldungsstrategien, vor allem nach den Wirkungen von Strukturanpassungsprogrammen. Weitere Beiträge von P. Morazán, C. Overkamp und A. Pieske zu HIPC-Initiative und Gegenwertfonds sowie von K. Raffer, R. Eschenburg und S. U. Pieper zu einem internationalen Insolvenzrecht. F. Nuscheler, D. Aufderheide und B. Emunds fragen nach den privaten und öffentlichen Akteuren in der Entschuldung und G. Dieckheuer, R. J. Langhammer und F. Hengsbach diskutieren entwicklungspolitische Strategien für eine dauerhafte Überwindung der externen Verschuldung.

*Deutsche Bundesbank*
**Neuere Ansätze zur Beteiligung des Privatsektors an der Lösung internationaler Verschuldungskrisen**
In: Deutsche Bundesbank, Monatsbericht Dezember 1999. S. 33-50

Die Bundesbank spricht sich für Mechanismen aus, die garantieren, dass private Anleger im Fall von Finanz- und Schuldenkrisen wie 1995 in Mexiko und 1997-98 in Asien, Brasilien und Russland für ihr Engagement selber und im vollen Umfang einstehen. In der aktuellen Reformdiskussion für ein besseres Funktionieren der Finanzmärkte müssten entsprechende Schritte diskutiert und etabliert werden.

*Development Gap*
**Conditioning Debt Relief on Adjustment: Creating the Conditions for More Indebtedness**
Development Gap. Washington, D.C. 1999. 9 S.

Die US-amerikanische NGO *Development Gap* analysiert den Zusammenhang zwischen Verschuldung und Strukturanpassungsprogrammen in den Entwicklungsländern. Anhand von Untersuchungsergebnissen in 71 Ländern im Zeitraum 1980-1995 stellt die Studie einen eindeutigen Zusammenhang fest: Je länger Länder Anpassungsprogramme durchgeführt haben, desto stärker ist ihre Verschuldung angestiegen. Entsprechend wird die Verknüpfung von Erlassen im Rahmen der HIPC-Initiative mit der Durchführung von Anpassungsprogrammen abgelehnt. Diese hätten abgesehen von ihrem Zusammenhang mit der Neuaufnahme von Schulden vernichtende Wirkungen auf die Ökonomien der durchführenden Länder gehabt.

*Eberlei, Walter*
**Deutsche Gläubigerpolitik gegenüber ärmsten Ländern**
Deutsches Übersee Institut (DÜI)
DÜI. Hamburg 1999. 334 S.

Im Vordergrund der Untersuchung stehen die Akteure in diesem Politikfeld. Beleuchtet werden Parlamente und Fraktionen, Regierung und Institutionen in ihrem Umfeld, nicht-staatliche Akteure und *advocacy*-Koalitionen. Eberlei befasst sich außerdem mit der Entstehung und Gestaltung der deutschen Gläubigerpolitik, die er in drei Phasen einteilt (bis 1987, 1987-1993 und 1993-1996). Das Buch möchte eine empirische Lücke in der Forschung zur Südpolitik der Bundesrepublik schließen und über den Untersuchungsgegenstand hinaus Beiträge zur Diskussion deutscher Politik gegenüber den Entwicklungsländern liefern.

*Erlassjahr 2000*
**Entwicklung braucht Entschuldung. Informationen - Hintergründe - Perspektiven zum Problem der Internationalen Verschuldung**
Arbeitsstelle Ökumene und Entwicklung. Hannover 2000. 39 S.

Didaktische Einführung in Ursachen und Wirkungen der Verschuldungskrise der Entwicklungsländer. Des Weiteren werden die Ziele der deutschen Entschuldungskampagne „Erlassjahr 2000" erläutert und Anregungen für öffentliche Aktionen für einen Schuldenerlass gegeben.

*European Network on Debt and Development (Eurodad)*
**Debt Reduction and Poverty Eradication in the Least Developed Countries**
Eurodad. Brüssel 2001
web: www.eurodad.org

Das europäische NGO-Schuldennetzwerk argumentiert, dass eine Reihe der ärmsten Länder (z.B. Bangladesch), die nicht teilhaben an der HIPC-Initiative, ebenfalls unter einer untragbaren Schuldenbelastung leiden. Doch auch in den Ländern der HIPC-Initiative wird es mit der aktuellen Erlassvereinbarung nicht gelingen, das Überschuldungsproblem dauerhaft zu lösen. Schuldenstreichungen in deutlich größerem Umfang seien notwendig. Darüber hinaus sei es problematisch, dass die HIPC-Schuldenerlassinitiative dazu genutzt wird, den betroffenen Ländern noch zusätzliche Konditionalitäten aufzuerlegen (Formulierung nationaler Strategiepapiere), während gleichzeitig die Diskussion innerhalb des IWF und der Weltbank um die Integration von makroökonomischen Politikmaßnahmen und Armutsbekämpfung nicht vorangetrieben werde. Eurodad befürwortet eine Reform der Berechnung der „Tragfähigkeitsgrenze" der Schuldenbelastung, die sich nicht ausschließlich auf makroökonomische Indikatoren beschränkt, sondern menschliche Entwicklungsindikatoren mit berücksichtigt. Die Entschuldungsprozesse sollten von der Erstellung nationaler Strategiepapiere entkoppelt werden. Die Europäische Union sollte Druck auf Weltbank und IWF ausüben, die Integration von Stabilisierungs-, Struktur- und Armutsbekämpfungspolitik endlich voranzutreiben. Um künftigen Schuldenkrisen vorzubeugen, sei es notwendig, Kriterien für verantwortungsvolle Kreditaufnahme zu entwickeln. Überwachungsgremien („monitoring systems"), in denen

Zivilgesellschaft und Parlament vertreten sind, könnten hierbei eine wichtige Rolle spielen.

*European Network on Debt and Development (Eurodad)*
**Eurodad Debt and HIPC Initiative Update**
Spring Meetings 2001
Eurodad. Brüssel 2001
web: www.eurodad.org

Eurodad bewertet die Erfolge der HIPC-Initiative, knapp zwei Jahre nach deren Erweiterung, und kommt zu dem Ergebnis, dass die Schuldendiensterleichterung für eine Reihe der betroffenen Länder nur sehr gering ausfallen wird. Aufgrund zu optimistischer Export- und Wachstumserwartungen und wegen der Nichtbeachtung der Wirkung externer Schocks wird die HIPC II-Initiative ihre Zielsetzung nicht erfüllen. Zusätzliche Ressourcen, die für Armutsbekämpfung eingesetzt werden können, wird es nur geben, wenn die Länder sich auf dem aktuellen Niveau weiterverschulden. Das Papier untersucht Mechanismen, die sicherstellen sollen, dass freiwerdende finanzielle Mittel zur Bekämpfung der Armut eingesetzt werden.

*Gelinas, Jacques B.*
**Freedom from Debt: The Re-appropriation of Development Through Financial Self-Reliance**
Zed Books. London 1998, 178 S.

Der Autor hält die von außen kreditfinanzierten und gesteuerten Entwicklungsbemühungen der letzten 50 Jahre für gescheitert. Die Bevölkerung der Entwicklungsländer müsse sich ihre wirtschaftliche und gesellschaftliche Entwicklung wieder selbst aneignen, dabei auf externe Kredite verzichten und sich auf die eigenen finanziellen Ressourcen und eine Förderung der Spartätigkeit konzentrieren. Internationale Kooperation sei auch weiterhin notwendig, jedoch als Unterstützung für selbstgesteuerte Prozesse in den Entwicklungsländern.

*Hanlon, Joseph*
**How much debt must be cancelled?**
In: Journal of International Development, 12, 6, 2000. S. 877-901

Die Verschuldung der Entwicklungsländer ist für diese untragbar geworden und ein Hindernis für ihre Entwicklung. Nach Ansicht des Autors sind Überschuldungen und anschließende umfassende Schuldenerlasse (Insolvenzverfahren) normale Erscheinungen ökonomischer Zyklen.

Unnormal im Fall der aktuellen Schuldenkrise der Entwicklungsländer sei nur, dass ihnen ein wirksamer Erlass verweigert werde. Ausgehend von einem Ansatz, der sich an den Menschenrechten orientiert („rightbased"), argumentiert er, dass mindestens 600 Milliarden US-Dollar erlassen werden müssten. Erst dann wären genug Ressourcen freigesetzt, um die international vereinbarten Entwicklungsziele zu erreichen.

*Haupt, Torsten*
**Internationale Kredite an Staaten. Lehren aus den lateinamerikanischen Schuldenproblemen der 80er Jahre**
Peter Lang. Frankfurt a. M. 1997. 139 S.

Die Schuldenkrise der Länder Lateinamerikas wird hier aus Perspektive der involvierten Privatbanken untersucht. Haupt geht davon aus, dass es sich um ein Kreditsystem mit undurchsetzbaren Forderungen handelt, und er macht Vorschläge für eine Verbesserung der Voraussetzungen der Kreditvergabe. Diese beinhalten die Länderrisikoanalyse der Geschäftsbanken, das Insolvenzrecht der kreditnehmenden Staaten und ein Konzept zur „Umgehung der Durchsetzungsproblematik".

*Hauskrecht, Andreas*
**Der Fall Asien. Krise des Finanzsystems oder des Entwicklungsmodells?**
In: Thiel, Reinold E.: Neue Ansätze zur Entwicklungstheorie. Themendienst 10. DSE. Bonn 1999. S. 209 - 217

Der Autor setzt sich kritisch mit dem Modell der durch externe Kredite finanzierten Entwicklung auseinander. Er hält das gängige Erklärungsmuster für die Finanzkrisen in Asien für kurzsichtig. Es habe sich nicht nur um eine Krise des Finanzsektors gehandelt, der mit Finanzsektorreformen beizukommen sei. Krisenverursachend sei vielmehr der im Kern betriebswirtschaftliche Ansatz gewesen, ganze Nationen durch Außenverschuldung zu entwickeln. Dabei sei übersehen worden, dass die Verschuldung in Fremdwährung immer auch Auswirkungen auf Wechselkurs und Preisniveau der Empfängerländer habe. Das bisherige Entwicklungsmodell, das auf Kapitalimporte zur Schließung einer vermeintlichen inländischen Sparlücke setzt, ist seiner Argumentation nach gescheitert.

*Herr, Hansjörg*
**Finanzströme und Verschuldung**
In: Hauchler, Ingomar/ Messner, Dirk/ Nuscheler, Franz (Hrsg.): Globale Trends 2000
SEF. Frankfurt a. M. 1999. S. 219-244

Herr gibt in seinem Beitrag einen Überblick über die Entwicklung des Weltwährungssystems. Im zweiten Teil zeichnet er die Verschuldungsentwicklung der Entwicklungsländer nach, von der Schuldenkrise Lateinamerikas über die Mexikokrise 1994 bis hin zu den Finanzkrisen 1997-98.

*Hersel, Philipp*
**Eine Bestandsaufnahme der Debatte um „Debt Sustainability".
Arbeitspapier zur Diskussion in der VENRO-AG „Internationale Finanzinstitutionen"**
VENRO. Bonn 1999

Der Autor beschreibt die von Weltbank und IWF entwickelten Kriterien für die Ermittlung der „Tragfähigkeit" der externen Verschuldung der Länder der HIPC-Initiative und präsentiert andere Konzepte und Überlegungen zum Thema tragfähige Schulden („debt sustainability").

*Iqbal, Zubair/ Kanbur, Ravi (Hrsg.)*
**External Finance for Low-Income Countries**
Papers presented at the IMF and World Bank Conference on External Financing for Low-Income Countries, December 10-11, 1996
IWF. Washington, D.C. 1997. 235 S.

Der Sammelband enthält Konferenzbeiträge zur Verschuldungsproblematik der Länder der HIPC-Initiative von Mitarbeitern des IWF, der Weltbank, aus der Politik und der Wissenschaft. Gefragt wird nach der Schuldenbelastung der Länder, nach Maßnahmen der Überwindung des Schuldenproblems und nach der zukünftigen Rolle von öffentlicher und privater Entwicklungsfinanzierung. Zum Zeitpunkt der Konferenz gab es die multilaterale Schuldenerlassinitiative HIPC erst seit kurzer Zeit und die Teilnehmer beschäftigen sich in ihren Beiträgen entsprechend größtenteils mit konzeptionellen und prozessualen Fragen im Rahmen der HIPC-Initiative. So geht es um die Fragen, ob und wie ein Ansatz unterschiedlichen Ländersituationen gerecht werden kann, wie eine Entschuldung so gestaltet sein kann, dass sie die künftigen Chancen der Länder zur externen Kreditaufnahme nicht negativ beeinträchtigt, wie Anpassungsleistungen der verschuldeten Länder zu belohnen sind und wie die Entschuldung finanziert werden sollte.

Jubilee South
**Jubilee South Pan-African Declaration on PRSPs:
Poverty Reduction Strategy Papers Structural Adjustment
in Disguise**
2001, web: www.jubileesouth.net

Die Kampagnen für eine Schuldenstreichung der Entwicklungsländer in Ländern des Südens (*Jubilee South*) lehnen das Konzept national zu formulierender Strategiepapiere zur Armutsbekämpfung als Grundlage für Schuldenerlasse und für künftige Anpassungsprogramme ab. Der Prozess sei Teil der neoliberalen Globalisierung, bei dem die Interessen internationaler Konzerne dominieren würden. Der PRSP-Ansatz sei der Versuch, die für die Menschen im Süden schädlichen Strukturanpassungsprogramme noch „effektiver" zu machen. Damit würde der Zugriff der internationalen Finanzinstitutionen bzw. der nördlichen Länder, die in diesen dominierten, auf die Entwicklungsländer zu deren Schaden intensiviert. Denn mit den PRSP würden noch mehr Bereiche als bisher unter die Kontrolle von Weltbank und IWF gelangen. Der Ansatz sei außerdem ein Versuch der beiden Institutionen, der internationalen Kritik an ihrer Anpassungspolitik zu begegnen – eine „public-relations"-Maßnahme.

*Jubilee South*
**South-South Summit Declaration: Towards a Debt-Free Millennium**
1999
web: www.jubileesouth.net

Die Legitimität der externen Verschuldung der Entwicklungsländer wird von den Süd-Kampagnen insgesamt in Frage gestellt. Die Schulden seien den Entwicklungsländern von Banken der Industrieländer aufgedrängt worden oder durch eine fehlgeleitete Ausleihpraxis der multilateralen Entwicklungsbanken aufgelaufen. Davon profitiert hätten die Eliten in den Entwicklungsländern, oft diktatorische Regime, die heute gar nicht mehr existierten. Doch die Kosten der Rückzahlung hätte die Bevölkerung zu tragen. Entsprechend wird eine vollständige Streichung der Schulden gefordert, auch weil die ursprünglich aufgenommenen Mittel über den langjährig geleisteten Schuldendienst längst abbezahlt seien.

*Kampffmeyer, Thomas/ Taake, Hans-Helmut*
**Die Verschuldung der Entwicklungsländer. Durchbrechung der Krisenspirale mittels realistischer Obergrenzen für tragfähige Schuldenbelastung**
In: Analysen und Stellungnahmen
Deutsches Institut für Entwicklungspolitik. Berlin 1999. 4 S.

Die Autoren verfassten das Arbeitspapier kurz vor dem Beschluss der G7-Staatschefs, die HIPC-Initiative zu erweitern. Sie rufen die deutsche Regierung dazu auf, sich als treibende Kraft in diesem Prozess zu engagieren. Die Autoren sprechen sich gleichzeitig für eine veränderte Definition der Tragfähigkeitsgrenze für die Schuldenbelastung der Entwicklungsländer aus. Damit die HIPC-Initiative wirklich einen Neuanfang für die beteiligten Länder bringen wird, seien umfassendere Kriterien für die Berechnung der Tragfähigkeitsgrenze notwendig, wie ausreichende Exporteinnahmen und Devisenreserven und ausreichende einheimische Ersparnisse und Staatseinnahmen. Zukünftig sollten keine Kredite mehr vergeben werden, wenn damit die Obergrenze der tragfähigen Schuldenbelastung überschritten wird, sondern nur noch Zuschüsse. Notwendig sei eine völlig neue Ausleihkultur.


*Lachmann, Werner*
**Entwicklungspolitik. Band 3: Außenwirtschaftliche Aspekte des Entwicklungsprozesses**
R. Oldenbourg Verlag. München 1994. 251 S.

Im sechsten Kapitel seines Lehrbuchs zu den außenwirtschaftlichen Aspekten des Entwicklungsprozesses gibt der Volkswirtschaftsprofessor Lachmann einen Überblick über das Verschuldungsproblem der Dritten Welt: Er thematisiert Verschuldungsmuster, Indikatoren und Ausmaß der externen Verschuldung, die Ursachen der Krise und ihre Folgen. Er stellt unterschiedliche Lösungsvorschläge und ordnungspolitische Überlegungen zur Überwindung des Schuldenproblems vor und schließt mit einem Exkurs zu den Folgen der Strukturanpassungsmaßnahmen in den verschuldeten Ländern.


*Martens, Jens*
**Was kommt nach der Entschuldung? Die Zukunft der Entwicklungsfinanzierung**
In: Schuldenkrise vor der Lösung? Kritische Bewertung der neuen Ansätze zur Entschuldung
WEED Schuldenreport 2000
WEED. Bonn 2000. S. 66-77

Der Autor geht der Frage nach, wie eine künftige Neuüberschuldung der Entwicklungsländer verhindert werden kann. Führt der Kapitalbedarf der Entwicklungsländer angesichts der strukturellen Ungleichgewichte in der Weltwirtschaft nahezu automatisch zu neuen Schuldenkrisen? Statt sich nur ex post mit der Frage der Lösung der existierenden Verschuldung zu beschäftigen, sollte es zukünftig stärker um die Prävention gehen. Der Autor teilt Mittel für Entwicklungsfinanzierung in drei Kategorien ein (eigene Ressourcen, private Kapitalzuflüsse, bi- und multilaterale Finanztransfers als Zuschuss oder Darlehen) und argumentiert, dass Kapitalzufluss nicht unbedingt Wirtschaftswachstum bedeutet. Entscheidend seien die Konditionen, zu denen die Mittel zur Verfügung gestellt würden, sowie deren Verwendung. Der Finanzbedarf und die Möglichkeiten, Mittel im eigenen Land zu mobilisieren, sei von Land zu Land unterschiedlich. Martens nennt ökonomische Kriterien zur Bewertung der Aufnahme ausländischer Kredite: 1. Die Mittel sollten nicht für konsumtive Zwecke oder für unproduktive Anlagen verwendet werden, sondern nur für hochrentable Investitionen. 2. Die für die Rückzahlung notwendigen Devisen müssen direkt oder indirekt von dem finanzierten Vorhaben erwirtschaftet werden. 3. Die Leistungsbilanz des Empfängerlandes muss sich durch die finanzierte Maßnahme so verbessern, dass die Rückzahlung von Kredit und Zinsen auch langfristig gesichert ist. 4. Mögliche Wechselkursschwankungen müssen in die Bewertung der Entwicklungsverträglichkeit mit einfließen.

*Mestel, Roland*
**Auslandsverschuldung der Entwicklungsländer in den 90er Jahren. Marktorientierte Maßnahmen zur Schuldenreduktion**
Deutscher Universitätsverlag. Wiesbaden 1999. 240 S.

Dieses Buch erschien zum Zeitpunkt der Diskussion um eine weitergehende Streichung der externen Schulden der ärmsten Entwicklungsländer im Rahmen der Schuldenerlassinitiative HIPC. Der Autor diskutiert die Frage, ob weitere Erlasse aus Perspektive der betroffenen Länder sinnvoll seien. Er argumentiert, dass das längerfristig nicht der Fall sei, da die Länder an den internationalen Kreditmärkten an Vertrauen verlieren und sich so ihre Chancen auf neue (kommerzielle) Kredite verschlechtern würden. Von dieser Annahme ausgehend fragt der Autor nach möglicherweise existierenden ökonomischen Eigeninteressen der privaten Gläubiger an einem teilweisen Erlass der Verbindlichkeiten.

*Northover, Henry*
**A Human Development Approach to Debt Sustainability Analyses**
CAFOD. London 2001. 9 S.
web: www.cafod.org.uk

Aktualisierte Fassung der Veröffentlichung von Northover/Joyner/ Woodward (1998), die erste Erfahrungen mit der erweiterten HIPC-Initiative mit einbezieht.

*Northover, Henry*
**PRS – Poverty Reduction or Public Relations?**
Policy Paper
CAFOD. London 2000
web: www.cafod.org.uk

Der Mitarbeiter der britischen Nichtregierungsorganisation CAFOD gibt einen Überblick über den politischen Kontext, der zum Konzept nationaler Strategiepapiere zur Armutsbekämpfung (PRSP) als Grundlage für Schuldenerlasse im Rahmen der HIPC-Initiative und für zukünftige Strukturanpassungsprogramme geführt hat. Er bezweifelt, dass die in der Entschuldungsinitiative zentralen Institutionen, Weltbank und IWF, institutionell wirklich bereit und in der Lage sind, sich der neuen Situation anzupassen. Trotz ihrer offiziellen Erklärungen sieht Northover dort große Widerstände, ihre Kernkonditionalitäten, ihr Mandat und ihre Verfahren so anzupassen, dass nationale *ownership* möglich wird. Seine Empfehlungen richten sich daher auf institutionelle Reformen: So sollten die Weltbank und der IWF ihre dominante Rolle bei der Bewertung nationaler Strategiepapiere verlieren zugunsten einer größeren Anzahl von Gebern und UN-Organisationen. Der IWF solle seine restriktiven Budgetdefizitvorgaben lockern, so dass eine deutliche Steigerung der Sozialausgaben in den Entwicklungsländern möglich wird. IWF und Weltbank sollten Mechanismen entwickeln, die soziale Wirkungen ihrer Empfehlungen im Vorfeld überprüfen, und eine klare Definition liefern, was sie mit armutsorientierter Entwicklung („pro-poor growth") meinen. Northover spricht sich darüber hinaus für eine Entkoppelung von Entschuldung im Rahmen der HIPC-Initiative und der Entwicklung der PRSP aus.

*Northover, Henry/ Joyner, Karen/ Woodward, David*
**A Human Development Approach to Debt Sustainability for the World's Poor**
CAFOD. London 1998
web: www.cafod.org.uk

Die Autoren entwickeln ein Modell zur Analyse der Schuldentragfähigkeit, das vom Ansatz der Weltbank und des IWF in der Entschuldungsinitiative HIPC deutlich abweicht. Die Höhe eines Schuldenerlasses für Entwicklungsländer soll sich – ähnlich wie in der HIPC-Initiative praktiziert – an der Idee einer Tragfähigkeitsgrenze der Schuldenbelastung orientieren. Anders aber als bei der HIPC-Initiative sollen hierfür nicht willkürlich und eng gesetzte ökonomische Indikatoren, wie beispielsweise das Verhältnis von Exporteinnahmen zu Schuldendienst, als Maßstab herangezogen werden, die keinen unmittelbaren Bezug zur Armutsbekämpfung haben. Richtschnur des von den Autoren präsentierten Modells sind vielmehr menschliche Entwicklungsziele („human development"). Es ermittelt den noch tragfähigen Schuldendienst, ausgehend von den öffentlichen Einnahmen eines Entwicklungslandes, die noch zur Verfügung stehen, nachdem die notwendigen Ausgaben für die soziale Grundversorgung getätigt wurden.

*Nunnenkamp, Peter*
**Was bringt das Entschuldungsprogramm für hoch verschuldete arme Länder?**
In: Ifo Schnelldienst 1/ 2001, 54. Jahrgang

Auseinandersetzung mit der erweiterten Entschuldungsinitiative für die Gruppe der armen hochverschuldeten Länder HIPC (sog. HIPC II-Initiative). Der Autor warnt vor zu optimistischen Erwartungen an die Initiative, da die tatsächlich durch die Entschuldung frei werdenden Mittel, die für die Armutsbekämpfung eingesetzt werden könnten, geringer sind, als es die offiziellen Ankündigungen erscheinen lassen. Dem im Rahmen von HIPC II-Initiative entwickelten Konzept nationaler Armutsstrategiepapiere (PRSP) bescheinigt er konzeptionelle Mängel. So sieht er die Gefahr, dass Entschuldungsinitiativen à la HIPC die Kreditwürdigkeit der Entwicklungsländer gefährden und damit ihren Zugang zu neuen Krediten erschweren könnten. Um zu verhindern, dass die Initiative statt des beschworenen Neuanfangs nur auf einen neuen Zyklus von Überschuldung und anschließender Zahlungseinstellung hinausläuft, müssten die Geber ihre Entwicklungshilfe konsequent von der Qualität der Wirtschaftspolitik und der Regierungsführung der Empfängerländer abhängig machen.

*Oxfam International*
**HIPC leaves poor countries heavily in debt: New analysis**
2000
web: www.oxfam.org

Nach den Berechnungen der Entwicklungsorganisation Oxfam (auf Grundlage von Daten des IWF) werden einige der Länder, die Schuldenerlasse im Rahmen der erweiterten HIPC-Initiative genehmigt bekommen, noch immer mehr für den Schuldendienst aufwenden müssen, als sie für Grundschulbildung und Basisgesundheitsversorgung zur Verfügung haben. Oxfam fordert daher eine Neudiskussion der Berechnungskriterien der HIPC-Initiative.

*Oxfam*
**Bildung jetzt – den Teufelskreis der Armut durchbrechen**
Oxfam Deutschland e.V.. Berlin. 16 S.

Die Broschüre fasst die Auswirkungen der Verschuldung der Entwicklungsländer auf den Bildungsbereich kurz und übersichtlich zusammen: Die Länder müssen einen Großteil ihrer Einnahmen für den Schuldendienst aufwenden, der ihnen damit nicht mehr für das Bildungssystem zur Verfügung steht. Außerdem verlangen die Strukturanpassungsprogramme des IWF, die die Länder im Gegenzug für Erlasse im Rahmen der HIPC-Initiative durchführen müssen, harte Budgeteinsparungen, die oft zu Lasten der Ausgaben für die sozialen Grunddienste gehen.

*Raffer, Kunibert*
**Fairer Ausgleich. Ein Internationales Insolvenzrecht nach amerikanischem Muster senkt die Schuldenlast**
In: epd-Entwicklungspolitik 9, 1998. S. 20-22

Der Wiener Wirtschaftsprofessor plädiert für ein geregeltes Insolvenzverfahren auf internationaler Ebene für überschuldete Staaten. Dieses sollte auf rechtsstaatlichen Prinzipien aufbauen. Das bisherige Verfahren bei Schuldenverhandlungen im Rahmen des „Pariser Clubs" bevorzuge einseitig die Gläubiger, da diese dort über die Spielregeln des Vorgehens entschieden. Der Autor verweist als ein Beispiel für einen internationalen Insolvenzmechanismus auf das US-amerikanische Verfahren im Umgang mit insolventen Gemeinden. Dies habe sich sowohl für die Gläubiger als auch die Schuldnerseite positiv bewährt. Es entspräche den Prinzipien der Rechtsstaatlichkeit, der Fairness und der Transparenz, all den Prinzipien, die die internationale Gebergemeinschaft immer wieder von den Entwicklungsländern fordere.

*Roodman, David*
**Still Waiting for the Jubilee: Pragmatic Solutions for the Third World Debt Crisis**
World Watch Institute. Washington, D.C. 2001
web: www.worldwatch.org

Der Autor, Mitarbeiter des *World Watch-Instituts* in Washington, begrüßt die Erweiterung der HIPC-Initiative. Doch solange nicht das gesamte System der Entwicklungsfinanzierung reformiert werde, bliebe auch eine vollständige Streichung der Schulden der Entwicklungsländer nur ein „Pflaster auf der Wunde". Roodman ermahnt, dass Lösungen gefunden werden müssten, um in Zukunft neue Überschuldungen zu verhindern. Seiner Ansicht nach müssten Reformen auf der Ebene der Länder ansetzen (Korruption bekämpfen, Rechenschaftspflicht gegenüber der Bevölkerung stärken) und auf Ebene der Gläubiger. Letztere müssten ihre Märkte für die Produkte der verschuldeten Länder öffnen, damit diese überhaupt in der Lage sind, einen Handelsüberschuss und damit Devisen zu erzielen. Die Mitgliedsländer des IWF und der Weltbank sollten ihre Beiträge an die beiden Institutionen davon abhängig machen, inwieweit es diesen gelingt, ihre Ausleihpraxis endlich nach qualitativen statt quantitativen Gesichtspunkten zu gestalten. Bi- wie multilaterale ODA sollte stärker in Form von Zuschüssen vergeben werden. Die Praxis im Norden, die Exporte seiner Firmen über öffentliche Mittel abzusichern, sollte beendet werden, da diese beträchtlich zum Anstieg der Handelsschulden der Entwicklungsländer beigetragen habe.

*Schelkle, Waltraud*
**Die Theorie der geldwirtschaftlichen Entwicklung**
In: Thiel, Reinold E.: Neue Ansätze zur Entwicklungstheorie.
Themendienst 10. DSE. Bonn 1999. S. 339 - 349

Ausgehend von der Theorie der geldwirtschaftlichen Entwicklung schlussfolgert Schelkle, dass Entwicklungshilfe, die als solche gemeint ist, als reiner Zuschuss vergeben werden sollte. Jede Kreditvergabe, auch die wohlmeinendste, schwächt den Währungsraum des kreditnehmenden Landes. Denn durch Auslandskredite wird ein zukünftiger Zahlungsbedarf in ausländischer Währung geschaffen, die zu halten dadurch attraktiv wird. Die Auslandswährung gerät folglich unter Aufwertungs-, die inländische unter Abwertungsdruck. Um Anreizprobleme, die mit Entwicklungsfinanzierung über Zuschüsse verbunden sein könnten, zu lösen, schlägt sie die Rückzahlung in inländischer Währung und die Weiterverwendung dieser Mittel als revolvierenden Fonds vor. Damit würden Rückzahlungsverpflichtungen, d. h. eine Nachfrage nach inländischer Währung geschaffen, die diese tendenziell stabilisieren würde.

*Schlichting, Georg*
**Das Verschuldungsproblem der Dritten Welt. Lösungsmöglichkeiten und Ansätze zur Vermeidung zukünftiger Schuldenkrisen**
Trierer Schriften zur Wirtschaftstheorie und Wirtschaftspolitik
Centaurus-Verlagsgesellschaft. Pfaffenweiler 1997. 315 S.

Schlichting ist Mitarbeiter der Dresdner Bank und diskutiert das Verschuldungsthema aus Bankensicht. Er gibt im ersten Teil einen Überblick über Entwicklung und Ursachen der Schuldenkrise der Entwicklungsländer. Im zweiten Teil nennt er Ansätze zur Lösung des internationalen Verschuldungsproblems auf nationaler Ebene. Im dritten und vierten beschreibt er Hilfsmaßnahmen durch Gläubigerländer und -banken (u. a. Pariser Club) und internationale Organisationen (BIZ, IWF, Weltbank) und durch Politiken wie bspw. den Baker- und Brady-Plan. Im fünften Teil diskutiert er die Frage eines Schuldenerlasses aus ökonomischer Perspektive. Im Schlussteil gibt er einen Überblick über die Nutzung des Sekundärmarktes für Länderschulden (u. a. Forderungshandel zwischen Banken) und diskutiert Ansätze zur Vermeidung künftiger Krisen.

*Selvaggio, Kathleen*
**Von der Verschuldung zur Armutsbekämpfung. Die Rolle der neuen Armutsbekämpfungsstrategien (Poverty Reduction Strategies)**
CIDSE/ Caritas Internationalis. Brüssel 2001. 44 S.

Die Veröffentlichung beschreibt die Entwicklung des Ansatzes nationaler Strategiepapiere zur Armutsbekämpfung (PRSP) und bewertet erste Ergebnisse aus der Perspektive der katholischen Soziallehre: Die Erfahrungen mit der Strategie knapp zwei Jahre nach ihrer Entwicklung im Herbst 1999 zeigten, dass sie noch weit von der Ausschöpfung ihrer Möglichkeiten entfernt sei. In den vorliegenden PRSP sei Armutsbekämpfung im Zuge von Struktur- und makroökonomischen Programmen nicht als zentraler Punkt vorgesehen. Die PRSP würden weiterhin von einer Strukturanpassungspolitik beherrscht, die Sparbudgets und freie Märkte vorsieht und Gewinner und Verlierer dieser Politik nicht berücksichtige. Armutsbekämpfung werde weiterhin als Neuauflage der alten Politik betrachtet und beschränke sich auf Sozialausgaben sowie die Ausweitung sozialer Sicherungsnetze. CIDSE und Caritas Internationalis fordern daher, dass die Bretton-Woods-

Institutionen ihr Entscheidungsmonopol über die Strategien der Armutsbekämpfung verlieren müssten, dass es ein besseres Verständnis des Begriffs des armutsorientierten Wachstums („pro-poor growth") geben und Strukturanpassung in Theorie und Praxis reformiert werden müsse. Alle Dokumente, die mit den PRSP und den damit zusammenhängenden Anpassungskrediten in Verbindung stünden, müssten vor ihrer Bewilligung veröffentlicht werden. Der Schuldenerlass im Rahmen der HIPC-Initiative solle von dem PRSP-Prozess entkoppelt werden. Die Akzeptanz der PRSP durch die Gläubiger sollte von der Teilnahme und den Beiträgen der Zivilgesellschaft abhängig gemacht werden. Die Geber sollten Mittel zur Verfügung stellen, um die Kapazitäten von Regierungen und Zivilgesellschaften zu stärken, PRSP eigenständig auszuarbeiten und umzusetzen.

*Strecker, Sebastian (Hrsg.)*
**Hermes wohin? – Gedanken für eine Reform der Hermesbürgschaften**
WEED. Bonn 1997. 32 S.

Die Autoren sprechen sich für eine Reform der deutschen Exportbürgschaften „Hermes" aus. Die Exportkreditversicherung bietet deutschen Firmen eine Versicherung an für den Fall, dass ein Unternehmen (oder auch eine importierende Regierung) eines Entwicklungslandes für importierte Produkte nicht zahlen kann. Kommt es später zu einer Zahlungsunfähigkeit lastet die Kreditversicherung die Summe der Regierung des entsprechenden Entwicklungslandes an. Nach Ansicht der Autoren werden über das Exportförderungsinstrument Maßnahmen durch öffentliche Gelder unterstützt, deren entwicklungspolitische Wirkungen oft problematisch seien. Neben den häufig unerwünschten ökologischen und sozialen Effekten der finanzierten Exportgeschäfte verweisen sie auf ihren Beitrag zur externen Verschuldung der Entwicklungsländer. Die durch Exportbürgschaften entstandenen Handelsschulden der Entwicklungsländer machen einen beachtlich großen Anteil an ihren externen Schulden aus. Es sei daher dringend erforderlich, dass Exportkreditversicherungen ihre Garantievergabepraxis sehr viel effektiver prüften als bisher üblich.

*Südwind*
**Armutsbekämpfung durch die Gläubiger? Erfahrungsberichte aus 11 Ländern**
Südwind, Institut für Ökonomie und Ökumene. Texte 13
Siegburg 2001. 115 S.

Eine Übersicht über erste Erfahrungen mit dem Konzept nationaler Strategiepapiere zur Armutsbekämpfung (Poverty Reduction Strategy Paper = PRSP). Die NGO Südwind untersucht gut ein Jahr nach der Etablierung des Konzepts, wie die gesellschaftlichen Aushandlungsprozesse der PRSP in acht Ländern Afrikas und Lateinamerikas (Bolivien, Honduras, Kamerun, Mosambik, Nicaragua, Sambia, Tansania und Uganda) verlaufen. Vorangestellt ist eine Auseinandersetzung mit dem neuen Fokus von Weltbank und IWF auf Armutsbekämpfung im Rahmen ihrer Entwicklungsstrategie, mit den Erfahrungen der Entschuldungsinitiative HIPC bis 1999 (der sog. HIPC I-Initiative) und den konzeptionellen Chancen und Grenzen des PRSP-Ansatzes. Ergänzend beleuchtet die Veröffentlichung die Schuldensituation der Länder Ecuador, Indonesien und Peru – Länder, die nicht zu einem Erlass ihrer Schulden im Rahmen der HIPC-Initiative berechtigt sind. Nach Ansicht der Autoren zeigen diese drei Länderbeispiele, dass trotz der HIPC II-Initiative noch viele Länder in einer massiven Schuldenkrise stecken, die sie nicht allein aus eigener Kraft lösen können.

*Tietmeyer, Hans*
**Ein genereller Schuldenerlass für die ärmsten Entwicklungsländer?**
**Einige Überlegungen aus ökonomischer und ethischer Sicht**
In: epd, 6, 1999. S. 45-50

Der ehemalige Präsident der Deutschen Bundesbank diskutiert (vor der Entscheidung einer Erweiterung der HIPC-Entschuldungsinitiative) die Notwendigkeit eines weiteren Schuldenerlasses für die ärmsten Länder. Seiner Ansicht nach gibt es keine einfachen Antworten. Er warnt, dass alle Erlassforderungen sich immer auch an ökonomischen Kriterien messen lassen müssen, und dass es nicht sicher sei, ob auch die Armen von Erlassen profitieren würden. Er erläutert, warum er einen generellen Schuldenerlass für die ärmsten Länder sowohl aus ökonomischen als auch aus ethischen Gründen ablehnt. Grundsätzlich seien nicht die Verschuldung und die Knappheit an Finanzmitteln, sondern innenpolitische Probleme und der Mangel an „good governance" Ursache für die Probleme dieser Länder. Eine generelle Schuldenreduzierung berge die Gefahr, diejenigen zu bereichern, deren wirtschaftspolitische Fehlleistungen maßgeblich zu der kritischen Lage beigetragen haben. Eine Streichung der Auslandsschulden würde zudem die Kapitalflucht aus den ärmsten Ländern nachträglich legitimieren. Es müsse abgewogen werden, welche Länder nach welchen Kriterien und in welcher Höhe Auslandsschulden erlassen bekommen sollten. Dabei sei zu unterscheiden zwischen Ländern, die sich Strukturanpassungsmaßnahmen bislang weitgehend verschlossen hätten und Ländern, die Hilfe von außen mit eigenen Reformanstrengungen verbunden hätten. Eine generelle Entschuldung würde die Bereitschaft zu solidarischer Hilfe in den Gläubigerländern einer schweren Belastungsprobe aussetzen, da sich die Hilfsbereitschaft nicht beliebig steigern ließe. Darüber hinaus gelte es zu prüfen, ob ein Schuldenerlass nicht potenzielle Kreditgeber abschrecken könnte und damit den Entwicklungsländern den Zugang zu ausländischen Finanzquellen erschweren würde. Außerdem müssten die Rollen der multilateralen Finanzinstitutionen berücksichtigt werden, deren Funktionsweise in großen Teilen auf einem Rückfluss vormals bereitgestellten Gelder basiere. Folglich seien alle Maßnahmen, die die Finanzkraft der internationalen Finanzinstitutionen schwächen könnten, auch aus entwicklungspolitischen Gründen abzulehnen. Aus seinen Ausführungen zieht er den Schluss, dass statt eines generellen eher ein begrenzter und konditionierter Schuldenerlass angestrebt werden sollte. Ein Schuldenerlass müsse an die Erfüllung von Reformauflagen geknüpft werden, und die Empfänger müssen ihre Kooperationsbereitschaft und Reformfähigkeit bereits im Vorfeld nachweisen.

*Twele, Cord*
**Die Entwicklungspolitik der Weltbank-Gruppe vor dem Hintergrund der Schuldenkrise der „Dritten Welt" seit Beginn der achtziger Jahre**
Peter Lang. Frankfurt a. M. 1995. 246 S.

Der Autor untersucht die Rolle der Weltbank in der Entwicklungsfinanzierung, vor allem ihre Rolle in der Verschuldung und im Schuldenmanagement der Entwicklungsländer. Twele gibt einen Überblick über Entstehung, Organisation und Arbeitsweise der Weltbank. Neben den Weltbankabteilungen zur Kreditvergabe an Staaten (über IBRD, IDA) geht er auch auf die Weltbankförderung des Privatsektors ein (durch die IFC). Er beschreibt Kreditvergabe- und Investitionstätigkeit der Bank bis zu den 80er Jahren, ihre neuen Funktionen nach Ausbruch der Schuldenkrise 1982 und die jeweils zu Grunde liegenden Wachstums- und Entwicklungskonzepte der Weltbank.

*WEED*
**Schuldenreport 2000. Schuldenkrise vor der Lösung? Kritische Bewertung der neuen Ansätze zur Entschuldung**
WEED. Bonn 2000. 78 S.

Der sechste Schuldenreport der deutschen Nichtregierungsorganisation WEED zieht ein Jahr nach den Beschlüssen der G7 zur Erweiterung der multilateralen Schuldenerlassinitiative für die Gruppe der armen hochverschuldeten Länder Bilanz. Neben der Bewertung der quantitativen und qualitativen Bedeutung der Beschlüsse (Barbara Unmüßig, Miriam Walther) werden die aktuellen Trends der Verschuldung (Peter Wahl) und die deutsche Gläubigerpolitik unter der rot-grünen Bundesregierung analysiert (Walter Eberlei) und Fragen der Zukunft der Entwicklungsfinanzierung diskutiert (Jens Martens). Die Erfolgsbedingungen der erfolgreichen deutschen Kampagne *Erlassjahr 2000* werden untersucht (Christiane Overkamp) sowie der Vorschlag eines internationalen Insolvenzrechts vorgestellt (Kunibert Raffer). Als Länderbeispiele sind aus der HIPC-Gruppe Honduras, Kamerun, Uganda aufgeführt und ein Land (Indonesien), das trotz hoher Verschuldung die Kriterien der Initiative nicht erfüllt.

*WEED*
**Schuldenreport 1999. Auswege aus der Schuldenkrise der Entwicklungsländer**
WEED. Bonn 1999. 76 S.

Der jährliche Schuldenreport beschäftigte sich 1999 mit den Dimensionen der Verschuldung der Entwicklungsländer (Trends, Schuldenindikatoren, Länderkategorien, Struktur der Verschuldung, private Finanzströme). Die Autoren sehen das Phänomen der Schuldenkrisen als ein Strukturproblem des internationalen Finanzsystems; sie beleuchten unter anderem Ursachen der Verschuldung, die Schuldenkrisen der 80er Jahre in Lateinamerika, die Asienkrise der späten 90er Jahre und die Situation Afrikas. Sie analysieren System und Maßnahmen des Krisenmanagements und mahnen eine Reform an. Die multilaterale HIPC-Initiative (vor ihrer Erweiterung 1999) wird auf den Prüfstand gestellt, mit dem Fazit, dass sie für die beteiligten Länder keinen Durchbruch mit sich gebracht hat. Die Gläubigerpolitik Deutschlands wird untersucht und nach politischen Richtungsänderungen unter der rot-grünen Bundesregierung gefragt. Der Report formuliert mögliche Eckpunkte einer Lösung der Schuldenkrise der Entwicklungsländer, unter anderem einen umfassenderen und schnelleren Erlass der Schulden der HIPC-Länder, eine Reform der Strukturanpassungsprogramme, eine Demokratisierung der Bretton-Woods-Institutionen und die Schaffung eines internationalen Insolvenzrechts.

*World Bank/ IMF*
**Heavily Indebted Poor Countries (HIPC). Progress Report**
Anlässlich des Treffens des Development Committees im April 2001
World Bank/ IMF. Washington, D.C. 2001
web: www.worldbank.org

Überblick über den Stand der multilateralen Entschuldungsinitiative HIPC anlässlich der Frühjahrstagung von Weltbank und IWF. Das Papier macht Angaben zur Implementierung und den finanziellen Wirkungen der Initiative, zu den geschätzten Kosten der Schuldenerlasse und zur Beteiligung unterschiedlicher Gläubigergruppen.

*World Bank/ IMF*
**Poverty Reduction Strategy Papers. Progress in Implementation**
Anlässlich des Treffens des Development Committees im April 2001
World Bank/ IMF. Washington, DC, 2001
web: www.worldbank.org

Weltbank und IWF geben einen Überblick über den Status der Umsetzung des Konzepts nationaler Armutsstrategiepapiere (PRSP). Diese sind eine Voraussetzung für einen Schuldenerlass im Rahmen der HIPC II-Initiative. Bis März 2001 hatten 19 der 41 HIPC-Länder ein vorläufiges Strategiepapier vorgelegt und zwei Länder ein vollständiges. Die Veröffentlichung macht unter anderem Angaben zur Rolle von Weltbank und IWF in den nationalen Prozessen der Formulierung der PRSP.

*World Bank*
**Financial Impact of the HIPC Initiative. First 22 Country Cases**
World Bank. Washington, D.C. 2001
web: www.worldbank.org

Eine Studie zum Fortschreiten der im Frühsommer 1999 verabschiedeten Erweiterung der multilateralen Entschuldungsinitiative HIPC. Von der Gruppe der Länder, die an der Initiative teilnehmen können, hatten bis dato 22 Länder den sogenannten „Decision Point" erreicht und damit den Zeitpunkt der ersten Schuldenreduzierungen. Untersucht wird die Höhe des eingesparten Schuldendienstes und Trends in den öffentlichen Ausgaben für den Sozialbereich. Ein weiterer Abschnitt beschäftigt sich mit der Finanzierung der Initiative durch die internationale Gebergemeinschaft. Nach Aussage der Veröffentlichung belegen die jetzigen Erfahrungen überzeugend, dass die erweiterte HIPC-Initiative ihrem erklärten Ziel des umfangreicheren, schnelleren Schuldenerlasses für eine größere Gruppe von Ländern gerecht wird. Die beteiligten Länder können laut der Studie einen Erlass von rund zwei Dritteln ihres externen Schuldenstands erwarten.

**Weitere Literatur**

*Siebert, Horst*
**Improving the World's Financial Architecture. The Role of the IMF**
Kieler Diskussionsbeiträge 351. Kiel 1999

*UNCTAD*
**Trade and Development Report 2001**
UNCTAD. Genf 2001

*UNDP*
**Human Development Report 2000**
UNDP. New York 2000

*Unmüßig, Barbara/ Walther, Miriam*
**Armutsbekämpfung mit dem IWF? Eine kritische Einschätzung der Kölner Schuldeninitiative**
WEED. Bonn 1999.

*World Bank*
**World Development Report 2000/01**
World Bank. Washington, D.C. 2001

## Kapitel 5: Reform des internationalen Systems der Entwicklungsfinanzierung und des globalen Finanzsystems

Jede Auseinandersetzung um Trends und Zukunft der Finanzierung von Entwicklung führt unweigerlich zu Fragen nach dem System der Entwicklungsfinanzierung[11] und dem internationalen Finanzsystem insgesamt.

Wie ist das existierende System verfasst, wo sind die Schwächen und Stärken und welche Veränderungen sind nötig?
Im Zuge der ökonomischen Globalisierung wächst die Bedeutung internationaler Institutionen zur Koordination und Regulierung dieser Prozesse. Entsprechend sind die Debatten um Zustand und Reform der internationalen Institutionen in vollem Gange. Existierende multilaterale Institutionen bekommen neue Aufgaben und neue Institutionen und Diskussionsforen werden geschaffen.[12]
Dabei geht es auch um den Einfluss der Entwicklungsländer in internationalen Gremien und Mechanismen. Aus Sicht der Entwicklungsländer ist es vordringlich, dass sich die Reformprozesse in einer Art und Weise entwickeln, die ihre Interessen berücksichtigen. Die vom Generalsekretär der UN vorbereitete Diskussionsgrundlage für die FfD-Konferenz befürwortet einen angemessenen Einfluss der Entwicklungsländer in allen Foren, in denen Entscheidungen getroffen und Maßnahmen vereinbart werden, die sich auf ihre Entwicklung auswirken. Die internationalen Strukturen sollten so reformiert werden, dass sie das Ziel eines gesteigerten und gerechter verteilten Wirtschaftswachstums befördern. In der Erklärung des UN-Millenniumsgipfels von 2000 hat die internationale Gemeinschaft dieses Ziel prinzipiell anerkannt. Dort heißt es „*...efforts must include policies and measures, at the global level, which correspond to the needs of developing countries and countries in transition and are formulated with their effective participation*".[13]
Bisher werden die wichtigen internationalen Entscheidungen jedoch zumeist ohne die tatsächliche Einflussnahme der Entwicklungsländer getroffen.

---

[11] Eine eindeutige Definition, was genau zu diesem System gehört, existiert nicht. Hier sind im wesentlichen die multilateralen Entwicklungsbanken, der IWF, die entwicklungspolitisch relevanten Institutionen des UN-Systems, die bilateralen Entwicklungsinstitutionen und die entwicklungspolitischen Institutionen der EU gemeint.
[12] Auf die umfangreich geführte Diskussion um *Global Governance* kann hier nicht eingegangen werden.
[13] Zitiert nach dem Report des UN-Generalsekretärs (United Nations 2000).

Die Beschäftigung mit den institutionellen Aspekten im Kontext der Finanzierung von Entwicklung bezieht sich zum einen auf die unmittelbaren Institutionen der Entwicklungsfinanzierung (multilaterale Entwicklungsbanken, IWF, entwicklungspolitisch relevante Institutionen des UN-Systems, bilaterale Entwicklungsagenturen, Institutionen auf EU-Ebene), zum anderen auf das internationale Finanzsystem insgesamt. Andere institutionelle Aspekte mit deutlichen Bezügen zur Frage der Finanzierung von Entwicklung sind die Verfasstheit des internationalen Handelssystems (unter anderem Welthandelsorganisation (WTO), Verhältnis von WTO und UN-System), regionale Kooperationsstrukturen und Fragen der internationalen Steuerkoordination – Themen, die in diesem Themendienst nur am Rande berücksichtigt werden.

## 5.1 Die internationalen Institutionen der Entwicklungsfinanzierung

Angesichts des gestiegenen Volumens privaten Kapitals auf den internationalen Kapitalmärkten und der abnehmenden öffentlichen Mittel für Entwicklung wird über die angemessene Rolle der multi- und bilateralen Entwicklungsinstitutionen in Relation zum privaten Kapital diskutiert wie auch über eine angemessene Aufgabenteilung zwischen den unterschiedlichen Institutionen.

**IWF und Weltbank**

Im Mittelpunkt der Debatte stehen momentan vor allem die Bretton-Woods-Institutionen, als die auf internationaler Ebene einflussreichsten Institutionen in Bezug auf die Finanzierung von Entwicklung. Die Weltbank ist die größte Bereitstellerin konzessionärer Kredite für Entwicklung. Sie vergibt Kredite an Regierungen zum einen für Entwicklungsprojekte und zum anderen für Struktur- und Sektoranpassungsprogramme. In kleinerem Umfang stellt sie Kredite und Garantien für Unternehmungen privater Firmen, die in Entwicklungsländern investieren wollen, zur Verfügung. Die in Washington ansässige Weltbank spielt darüber hinaus eine über ihre unmittelbare Finanzierungsfunktion hinausgehende zentrale Rolle in der Produktion von entwicklungsrelevantem Wissen. Ausgestattet mit einem riesigen Mitarbeiterstab und einer umfangreichen Forschungsabteilung produziert sie in großem Umfang Studien, Arbeitspapiere etc. und nimmt so maßgeblich auf die internationale entwicklungspolitische Debatte Einfluss. Der Internationale Währungsfonds (IWF) spielt seit Beginn der Schuldenkrise Anfang der 80er Jahre eine zentrale Rolle in der Entwicklungsfinanzierung. Ursprünglich etabliert, um seinen Mitgliedsländern Überbrückungskredite in Fällen kurzfristiger Liquiditätskrisen zur Verfügung zu stellen, vergibt der Fonds heute auch konzessionäre Kredite zur Entwicklungsfinanzierung an Entwicklungsländer. Im

Gegenzug für die Mittel müssen die Entwicklungsländer im Rahmen der sogenannten Strukturanpassungsprogramme wirtschaftspolitische Auflagen des IWF erfüllen. Der Internationale Währungsfonds spielt auch eine über seine eigene Finanzierungsfunktion hinausgehende Rolle in der Entwicklungsfinanzierung. Denn ohne die Existenz eines Abkommens mit dem IWF werden den Entwicklungsländern in der Regel auch keine Schuldenerleichterungen oder Neukredite von anderen Entwicklungsinstitutionen gewährt. Das bedeutet, dass die Entwicklungsländer an den unbeliebten Anpassungsprogrammen des IWF nicht vorbeikommen, wenn sie ihre Chancen auf externe Finanzierung nicht riskieren wollen.

Die Kritik an der Politik der Bretton-Woods-Institutionen ist nicht neu: Vor allem Entwicklungs- und Umweltgruppen, Betroffene in den Entwicklungsländern selbst und zum Teil Organisationen des UN-Systems protestieren bereits seit Anfang der 80er Jahre gegen die sozialen, ökonomischen und politischen Folgen der Projekte und – vor allem – der Anpassungsprogramme von Weltbank und IWF. Doch seit den Finanz- und Wirtschaftskrisen 1997-98 sind die beiden Institutionen mit Angriffen aus einem politisch breiteren Spektrum konfrontiert. Im Kontext der Finanzkrisen traf es vor allem den IWF, dem Versagen in der Prävention der Krisen sowie im anschließenden Krisenmanagement vorgeworfen wurde.

Das Vorgehen des IWF, aber auch die Arbeit der Weltbank stehen zurzeit vor allem in den USA unter wachsender Kritik, die heute – im Gegensatz zu früher – auch stark von eher rechten Kräften des politischen Spektrums geäußert wird (siehe z.B. Schwartz 1998, Vásquez 2000). Eine als Folge der Finanzkrisen 1998 vom US-Kongress eingesetzte Kommission unter dem Ökonomen Allan Meltzer sprach sich 2000 für ein radikales Schrumpfungsprogramm für den IWF und die Weltbank aus und für eine größere Rolle privaten Kapitals in der Entwicklungsfinanzierung. Den beiden Bretton-Woods-Institutionen wurde vorgeworfen, sich stetig neue Aufgabenbereiche anzueignen und ihre Gelder ineffizient einzusetzen. Unter der neuen US-amerikanischen Regierung von George W. Bush könnte die Forderung nach einer Beschneidung des IWF, die sich unter der Clinton-Administration nicht durchsetzte, wieder auf die politische Tagesordnung kommen. Auf offizieller europäischer Seite hingegen wird eher die Notwendigkeit einer Stärkung multilateraler Institutionen betont und auf die Bedeutung von IWF und Weltbank in diesem Zusammenhang verwiesen.

Die Reformdebatte zum IWF fragt unter anderem nach der Rolle, die er in der Prävention und dem Management von Finanzkrisen spielen sollte. Angesichts der Krisenanfälligkeit des internationalen Finanzsystems wird häufig ein Ausbau der Koordinierungs-, Regulierungs- und Überwachungsfunktion des IWF befürwortet. Des Weiteren gibt es Kontroversen darüber, welche Rolle der Fonds im Fall von Krisen übernehmen soll. Wird es auch in Zukunft große Hilfspakete des Fonds geben wie 1995 in Mexiko und zwei Jahre später in Asien? Oder kann der IWF diese Aufgabe auf Dauer gar nicht übernehmen? Welche Mechanismen sind notwendig, damit in Zukunft auch die privaten Gläubiger einen Teil der Verantwortung für Finanzkrisen mittragen?

Darüber hinaus steht die Finanzierungsfunktion des IWF in den Entwicklungsländern zur Debatte: Soll der Fonds auch zukünftig Kredite für die ärmeren Entwicklungsländer zur Verfügung stellen, bei denen es sich erfahrungsgemäß nicht um Liquiditäts-, sondern um Insolvenz- und strukturelle Krisen handelt? Mit welchen Auflagen sollten Kredite des IWF an die ärmeren Entwicklungsländer verknüpft sein? Und welche Aufgabenteilung soll zwischen IWF und Weltbank in den ärmsten Ländern bestehen? Sollten IWF-Kredite weiterhin dazu benutzt werden, auf ökonomische und gesellschaftliche Strukturveränderungen in den Entwicklungsländern hinzuwirken?

Ausgehend von der Kritik am IWF, er hätte sich mit seinen Konditionalitäten immer weiter in das Management der Entwicklungsprozesse der Entwicklungsländer gedrängt, bemüht dieser sich zurzeit selbst um eine „Refokussierung" seiner Auflagenpolitik. Die über die Jahre kontinuierlich gestiegene Zahl der Konditionalitäten soll wieder auf zentrale makroökonomische Kernbereiche wie Währungs-, Finanzmarkt- und Fiskalpolitik beschränkt werden. Für strukturelle Reformen soll nach Vorstellung des IWF (wieder) die Weltbank verantwortlich sein.

Auch bezüglich der Weltbank steht die Frage nach ihren Aufgaben im Zentrum der Diskussion. Ähnlich wie beim IWF hat sich die Zuständigkeit der Weltbank ebenfalls sukzessive erweitert. Viele werfen ihr davon ausgehend heute mangelnde Zielvorgaben und unklare Prioritäten vor. Während einige einen Rückbau der Bank befürworten (beispielsweise der Meltzer-Report), wollen andere (beispielsweise das BMZ) die weite Agenda der Bank beibehalten bzw. fordern eine noch weitere Stärkung der Weltbank für Aufgaben im Bereich (neuer) internationaler Aufgaben (Stichwort: „global public goods").

**Mehr Einfluss für die Entwicklungsländer?**

Für die Entwicklungsländer geht es vordringlich um eine Stärkung ihres Einflusses in den Entscheidungsgremien der Bretton-Woods-Institutionen. Denn die Stimmgewichtung in Weltbank und IWF ist entsprechend der wirtschaftlichen Stärke der Mitgliedsländer organisiert. Damit dominieren die Industrieländer die Entscheidungen in den beiden Institutionen. Die Länder Afrikas südlich der Sahara haben beispielsweise zusammen im IWF nur zwei Prozent der Stimmrechte. Vor allem die wirtschaftlich aufstrebenden Entwicklungsländer fordern heute zunehmend mehr Entscheidungsmacht in IWF und Weltbank. Der amtierende Präsident des IWF, Horst Köhler, hat zumindest Verständnis für diese Forderung bekundet. Doch der politische Wille zu einer Reform der Stimmverteilung in IWF und Weltbank ist bei den Industriestaaten nicht vorhanden.

Zum Teil drängen Entwicklungsländer auf eine Stärkung der Rolle der Vereinten Nationen und ihrer entwicklungspolitisch relevanten Unterorganisationen im Verhältnis zur Weltbank und zum IWF, da im UN-System anders als in den Bretton-Woods-Institutionen das Prinzip „ein Land – eine Stimme" gilt.

## 5.2 Die Rolle des internationalen Finanzsystems für die Entwicklungsfinanzierung

In Anbetracht des massiven Anwachsens der privaten Kapitalmärkte und angesichts der destabilisierenden Wirkungen, die diese entfalten können, wird nicht nur die Rolle der multilateralen Entwicklungsinstitutionen hinterfragt, sondern auch die Rolle der internationalen Finanzmärkte. Welche Koordinations-, Regulierungs- und Kontrollmechanismen werden im internationalen Finanzsystem gebraucht? In welchen institutionellen Strukturen sind diese Aufgaben anzusiedeln und welche ergänzenden politischen Maßnahmen sind auf nationaler Ebene notwendig? Im Nachklang der Finanz- und Wirtschaftskrisen 1997-98 und in Erwartung zukünftiger Krisen geht es darum, den destabilisierenden Tendenzen im aktuellen System entgegen zu steuern.

Aus Sicht der Entwicklungsländer ist es dringend notwendig, künftige große Finanzkrisen zu verhindern. Die Krisen der letzten Jahre gingen mit verheerenden wirtschaftlichen und sozialen Kosten für die betroffenen Länder einher. Die Weltbank spricht im Rückblick von einer „katastrophalen Lage", in die die Länder gerieten. Die Bruttoinlandsprodukte fielen in den betroffenen Ländern um 11 Prozent, 13 Millionen Arbeitsplätze gingen verloren und die Reallöhne fielen um bis zu 60 Prozent (UNDP 1999, World Bank 2001). Doch die Folgen waren auch für diejenigen Länder spürbar, die nicht direkt von den Krisen betroffen waren. Das globale Bruttosozialprodukt sank zwischen 1998 und 2000 um zwei Billionen US-Dollar. Länder in unmittelbarer Nachbarschaft zu den Krisenländern traf es besonders hart. In Laos brach das Bruttosozialprodukt in Folge der Krise des Haupthandelspartners Thailand um fast 30 Prozent ein (WEED 2000).

Auf offizieller Ebene, im akademischen Bereich und bei Nichtregierungsorganisationen und sozialen Bewegungen wird im Rahmen der Debatte um eine Reform des internationalen Finanzsystems über Chancen und Risiken des freien Kapitalverkehrs diskutiert, über Kapitalverkehrskontrollen und Steuern auf Kapitalgeschäfte, über Wechselkursregime, Transparenz- und Informationsstandards im Banken- und Finanzsektor, über die Rolle von Risikofonds und Derivatgeschäfte, über Steuerparadiese, Geldwäsche und über die Möglichkeiten, das auf ausländischen Konten lagernde Kapital der Entwicklungsländer zurückzuholen, über die Einbeziehung privater Gläubiger in Schuldenverhandlungen und über ein internationales Insolvenzverfahren. Im Hinblick auf die Entwicklungsländer wird verstärkt die Frage gestellt, ob und unter welchen Bedingungen eine vollständige Öffnung ihrer Märkte für ausländisches Kapital entwicklungspolitisch sinnvoll ist.

Diese Debatten sind eng verknüpft mit der Frage nach der Rolle privaten Kapitals in der Entwicklungsfinanzierung (Kapitel 6) und mit der Diskussion um internationale Steuern (Kapitel 8).

**Literatur zur Reform der Institutionen der Entwicklungsfinanzierung**

*Alexander, Nancy*
**Finance for Development. A Dialogue with the Bretton Woods Institutions**
Friedrich Ebert Foundation. New York 1999. 101 S.

Bericht einer Konferenz der Friedrich-Ebert-Stiftung in New York vom Oktober 1998. Vorangestellt ist eine Auseinandersetzung mit der Rolle von Weltbank und IWF seit ihrer Gründung 1944, mit den Finanz- und Wirtschaftskrisen der Jahre 1997-98 und mit unterschiedlichen Reformentwürfen für die beiden Institutionen.

*Bello, Walden*
**Jurassic Fund: Should Developing Countries Push to Decommission the IMF?**
In: Focus on the Global South (Hrsg.): Why reform of the WTO is the wrong agenda. Four essays on four institutions: WTO, UNCTAD, IMF and the World Bank. Bangkok 2000. S. 26-34

Der Mitarbeiter der thailändischen Nichtregierungsorganisation *Focus on the Global South* sieht es im Interesse der Entwicklungsländer, den Aufgabenbereich des IWF massiv zu beschneiden. Dieser verhalte sich völlig intransparent und sei niemandem wirklich rechenschaftspflichtig außer dem US-Schatzministerium. Der Autor empfiehlt, die Praxis der Strukturanpassung gänzlich abzuschaffen. Der Mitarbeiterstab des Fonds könnte (und sollte) dann von heute über 1000 auf 200 Personen abgebaut werden. Als dritter Schritt sollte eine globale Kommission („Global Commission on the Future of the IMF") etabliert werden, die über die Zukunft des Fonds (stark reformieren oder abschaffen) berät. Diese sollte zur Hälfte mit Vertretern von Nichtregierungsorganisationen besetzt werden. Sollte es den IWF auch in Zukunft weiterhin geben, dann sollte er in pluralistische und demokratische *global governance*-Strukturen eingebettet werden.

*Bird, Graham*
**The International Monetary Fund and developing countries: a review of the evidence and policy options**
In: International Organization, 40, 3, 1996. S. 477-511

Der Autor untersucht die direkte und indirekte Finanzierungsfunktion des IWF und seine Rolle in der Strukturanpassungspolitik und arbeitet damit zusammenhängende Probleme und Schwierigkeiten heraus. Im letzten Teil des Aufsatzes schlägt Bird eine Reform der Rolle des IWF in den ärmsten Ländern vor: IWF-Programme sollten stärker auf eine Steigerung des Wirtschaftswachstums ausgerichtet sein und in stärkerem Maße externe Faktoren berücksichtigen, da auch diese häufig zu Zahlungsbilanzschwierigkeiten beitragen. Des Weiteren sollte der IWF seine Kreditauszahlung weniger von eng gesetzten „performance"-Kriterien abhängig machen, sondern lediglich darauf achten, dass die wirtschaftspolitische Ausrichtung der Wirtschaftsprogramme insgesamt stimme. Die Regierungen sollten die Möglichkeit erhalten, dem IWF eigene Programme vorzulegen.

*Bundesministerium der Finanzen*
**Stärkung der internationalen Finanzarchitektur. Überlegungen zur Reform des IWF und der Finanzmärkte**
Bundesministerium der Finanzen. Berlin 2001. 22 S.

Im Rahmen der notwendigen Reform des internationalen Finanzsystems sollte der IWF gestärkt werden und als ein zentraler Akteur im System funktionieren. Nach Vorstellung des Ministeriums soll der IWF zusätzlich zu seiner starken Rolle in der Prävention und dem Management von Finanzkrisen auch weiterhin eine wichtige Funktion in der Bereitstellung von Mitteln der Entwicklungsfinanzierung in den ärmsten Entwicklungsländern einnehmen.

*Calomiris, Charles W.*
**The IMF's Imprudent Role as Lender of Last Resort**
Cato Journal 17, 3, 1998

Der Autor kritisiert das Vorgehen des IWF in Finanzkrisen. Die Forderung nach einem IWF als „lender of last resort" hält er für falsch, da der Fonds seiner Ansicht nach genau gegensätzlich vorgehe. So habe er bspw. in der Asienkrise nicht Kredite an grundsätzlich gesunde, aber kurzfristig illiquide Banken vergeben, sondern an solche, die insolvent gewesen seien.

*Chossudovsky, Michel*
**The globalisation of poverty. Impacts of IMF and World Bank reforms**
Zed Books. London 1996. 280 S.

Kritische Auseinandersetzung mit der Rolle der Bretton-Woods-Institutionen in den Entwicklungsländern und Transformationsländern, besonders mit der Politik der Strukturanpassung. Das Buch enthält Kapitel zu Bangladesch, Bolivien, Brasilien, Indien, Peru, Ruanda, Russland, Somalia und Vietnam.

*Culpeper, Roy/ Berry, Albert/ Stewart, Frances*
**Global Development Fifty Years After Bretton Woods**
Essays in Honour of Gerald K. Helleiner
The North-South Institute
Macmillan Press. Houndmills/ London 1997. 381 S.

Der Sammelband enthält neben Aufsätzen zum Schaffen von G. K. Helleiner Beiträge zur Bedeutung von Weltbank und IWF im internationalen System der Entwicklungsfinanzierung (G. Ranis, T. Killick), zum internationalen Handelssystem und Finanzsystem, zur Verschuldung der Entwicklungsländer (B. M. Hoekman, A. Maizels, A. Berry/ F. Stewart, P. Meller, J. Loxley) und zur Rolle privaten Kapitals in der Entwicklungsfinanzierung.

*Eccles, Stephen/ Gwin, Catherine*
**Supporting effective aid: A framework for future concessional funding of multilateral development banks**
Overseas Development Council (ODC)
Policy Essay No. 23
Johns Hopkins University Press. Washington, D.C. 1999. 99 S.

Die Studie plädiert für einen neuen und konsistenten Rahmen für die multilateralen Entwicklungsbanken (MDBs), der eine wirkungsvollere Verwendung von Entwicklungsfinanzierung gewährleistet. Vor dem Hintergrund politisch und ökonomisch veränderter internationaler Rahmenbedingungen (gestiegene private Kapitalströme, stärkere Rolle von privatwirtschaftlichen Akteuren und zivilgesellschaftlichen Organisationen im Entwicklungsprozess, schwächere staatliche Strukturen) und neuer theoretischer Erkenntnisse über die Wirkung von Entwicklungszusammenarbeit bestehe für die Entwicklungsbanken die Chance, aber auch die Notwendigkeit, ihre Geschäftsstrategien neu und effektiver auszurichten. Da nur eine relativ kleine Gruppe von Ländern von privaten Kapitalflüssen profitiere, sei öffentliche Entwicklungsfinanzierung für die meisten der armen Länder auch weiterhin erforderlich. Zusätzliche Finanzierungsbedürfnisse und eine stärkere Kooperation zwischen Nord und Süd ergäben sich durch die Notwendigkeit, Probleme von (potenziell) globaler Reichweite wie Malariabekämpfung, Drogenhandel und Umweltprobleme zu bearbeiten. Die Autoren fordern neben einer Erhöhung der öffentlichen Entwicklungsfinanzierung einen Ausbau der Rolle der multilateralen Entwicklungsbanken. Sie sollten ihre konzessionären Kredite auf Länder konzentrieren, in denen gute Rahmenbedingungen herrschten, wobei die Kriterien für die Vergabe international vereinbart, eindeutig und transparent sein sollten. Die MDBs sollten eine größere Rolle in der Finanzierung globaler Güter bekommen und hierfür von den Industrieländern finanziell stärker ausgestattet werden. Die Autoren argumentieren, dass nicht nur die Entwicklungsbanken die Verantwortung für die Effektivität ihrer Arbeit tragen, sondern nationales Verhalten in den Geber- sowie Nehmerländern mitverantwortlich sei. Mit einer Reform der multilateralen Institutionen des Systems der Entwicklungsfinanzierung sei es daher nicht getan, auch die Mitgliedstaaten der Entwicklungsbanken müssten ihre Praxis reformieren. Notwendig seien bessere Absprachen zwischen den unterschiedlichen Gebern, um die Kohärenz und Synergien von Strategien zu stärken.

*Felix, David*
**IMF: Case of a Dead Theory Walking**
In: Foreign Policy in Focus, 12, 5, 2000. S. 5ff

Der Autor argumentiert, dass der IWF von den Industriestaaten dazu benutzt wird, die Märkte der Entwicklungsländer zu öffnen und ihre Schulden einzutreiben. Dies gehe mit großen sozialen Kosten in den Entwicklungsländern einher und verstoße gegen die Grundsätze und Zielsetzungen der IWF-Statuten. Gründe für die aktuelle Krise des IWF seien Widerstände gegen dessen Anpassungsprogramme in den betroffenen Ländern, die hohen Kosten der IWF-Hilfsprogramme in Finanzkrisen und Hinweise, dass der Fonds seine Aufgaben schlecht erledige.

*Gerster, Richard*
**Der IWF und Nachhaltige Entwicklung. Institutionelle Voraussetzung und wirtschaftliche Implikationen**
In: Aussenwirtschaft (Zürich) 53, 3, 1998. S. 347-361

Der Beitrag betont die Notwendigkeit internationaler Regulierungsmechanismen im internationalen Wirtschafts- und Finanzsystem und nennt institutionelle Aspekte und ökonomische Implikationen einer Reform des IWF im Hinblick auf die Förderung nachhaltiger Entwicklung. Der IWF solle keine Entwicklungsinstitution werden, aber in seinem ureigenen Kompetenzbereich Rahmenbedingungen fördern, die nachhaltige Entwicklung befördern. Zu den von Gerster für notwendig erachteten Reformen gehören die Erneuerung des IWF-Mandats, eine Reform des Stimmrechts, eine Stärkung der Partizipation und die Ausstattung mit geeigneten Instrumentarien.

*Goldstein, Morris*
**IMF Structural Policy Conditionality: How much is too much?**
Policy Analyses in International Economics
Institute for International Economics. Washington, D.C. 2000. 116 S.

Eine Untersuchung der Strukturkonditionalitäten (im Unterschied zu Stabilisierungskonditionalitäten) der Strukturanpassungsprogramme des IWF mit Konzentration auf die IWF-Programme in Indonesien, Korea und Thailand. Die Veröffentlichung erörtert des Weiteren die zurzeit in der Diskussion stehenden Rollen des IWF im internationalen Finanzsystem (unter anderem Zahlungsbilanzhilfen, Krisenprävention, Beförderung von Reformen ökonomischer Strukturen) und die aktuelle Debatte um eine Refokussierung der wirtschaftspolitischen Auflagen des IWF.

*Griesgraber, Jo Marie/ Gunter, Bernhard G. (Hrsg.)*
**Development. New paradigms and principles for the twenty-first century**
Rethinking Bretton Woods (Vol. II)
Pluto Press. London 1996. 171 S.

Das Buch enthält Beiträge von S. K. Roxas, D. D. Bradlow/ C. Grossman, R. Culpeper, L. Jordan, T. Sato/ W. E. Smith und H. Henderson, die diese anlässlich einer Konferenz der US-amerikanischen Nichtregierungsorganisation *Center of Concern* 1994 verfasst haben. Die Autoren wollen Vorschläge zu einem gerechteren, nachhaltigen und partizipativen Entwicklungsparadigma machen. Die meisten Beiträge beschäftigen sich explizit mit den Institutionen des internationalen Systems der Entwicklungsfinanzierung, besonders mit Weltbank und IWF. [Weitere Konferenzbeiträge in Bd. III der Veröffentlichung unter dem Titel: The Worldbank. Lending on a global scale]

*Haq, Mahbub-ul/ Jolly, Richard/ Streeten, Paul/ Haq, Khadija (Hrsg.)*
**The UN and the Bretton Woods Institutions. New Challenges for the Twenty-First Century**
Macmillan Press. Houndmills/ London 1995. 269 S.

Der Sammelband enthält Beiträge zur Entstehungsgeschichte der Bretton-Woods-Institutionen und ihrer Rolle im internationalen Finanzsystem und in der Entwicklungsfinanzierung. Der dritte Teil beschäftigt sich mit Reformvorschlägen für IWF und Weltbank, im vierten Teil werden Prioritäten fürs 21. Jahrhundert benannt (unter anderem „gender", internationales Handelssystem, Armutsbekämpfung, Finanzmärkte). Zu Wort kommen unter anderem H. W. Singer, A. Shakow, A. Adedeji, C. Gwin, C. Massad, J. Williamson, F. Stewart, M. Williams und S. Griffith-Jones.

*Heinrich-Böll-Stiftung (Hrsg.)*
**A Makeover for the Bretton Woods Twins? A Transatlantic Critique of the Meltzer Report and Other Reform Proposals**
The Heinrich Böll Foundation Washington Office. Washington, D.C. 2000. 70 S.

Kritische Auseinandersetzung mit dem Bericht der Meltzer-Kommission zur Reform der Bretton-Woods-Institutionen. Beiträge unter anderem von E. Altvater, P. DeFazio, J. M. Griesgraber, M. Heider, B. Unmüßig/ M. Walther, H. Wieczorek-Zeul, A. Wood

*Helleiner, Gerald K.*
**A Conference on Finance and Development?**
In: United Nations (Hrsg.): International Finance and Developing Countries in a Year of Crisis. 1997 Discussions at the United Nations. United Nations. New York 1998

Zu einem Zeitpunkt, als die für 2002 geplante UN-Konferenz zur Entwicklungsfinanzierung in weiter Ferne schien, sprach sich Helleiner für eine solche aus, allerdings nur als Beginn eines umfassenderen Reformprozesses im internationalen System der Entwicklungsfinanzierung. Als eine Priorität des Reformprozesses solle die Stimmgewichtung in den Bretton-Woods-Institutionen adressiert werden, da diese Institutionen ungleich viel einflussreicher seien als die UN-Organisationen. Der Autor hält es für unverzichtbar, dass der Einfluss der Entwicklungsländer in IWF und Weltbank deutlich gestärkt wird.

*Helleiner, Gerald K.*
**Capital Account Regimes and the Developing Countries**
In: UNCTAD (Hrsg.): International Monetary and Financial Issues for the 1990s. Research papers for the Group of Twenty-Four. UNCTAD. Genf 1997. S. 1-25

Helleiner untersucht die Erfahrungen der Entwicklungsländer mit der Liberalisierung ihrer Kapitalmärkte und analysiert die Wirksamkeit unterschiedlicher Mechanismen direkter und indirekter Kapitalverkehrskontrollen. Er stützt sich dabei auf empirische Länderstudien, die er für die Gruppe der 24 durchgeführt hat. Sein Fazit: In einer Reihe von Ländern hätten Kapitalverkehrskontrollen, die auf Volumen und Zusammensetzung privater Kapitalströme Einfluss genommen haben, positive Wirkungen auf die makroökonomische Situation gehabt. Ausgehend von seiner Analyse spricht er sich dafür aus, dass der IWF zwar auch weiterhin eine aktive Rolle in der Überwachung der internationalen Finanzmärkte und in der Bereitstellung von Finanzmitteln in Liquiditätskrisen spielen sollte, jedoch sollte er davon Abstand nehmen, in allen Ländern auf eine Kapitalmarktliberalisierung zu drängen.

*Huffschmid, Jörg*
**Demokratisierung, Stabilisierung und Entwicklung. Ein Reformszenario für IWF und Weltbank**
In: Blätter für deutsche und internationale Politik, 11, 2000. S. 1345-1354

Im Zentrum des vom Bremer Professor für Politische Ökonomie dargelegten Alternativkonzepts für IWF und Weltbank stehen drei Forderungen: eine umfassende Demokratisierung der Institutionen, die

Stabilisierung der Finanz- und Währungsbeziehungen und eine nachhaltige Entwicklungspolitik. Eine demokratische Neuordnung der Stimmrechte in den Institutionen sollte nach Meinung Huffschmids nicht allein die Beitragsquote, also die Höhe der Mittel, die ein Mitgliedsland zur Verfügung stellte, zum Maßstab machen, sondern auch die Bevölkerungszahl sowie die Fortschritte bei der qualitativen Entwicklung eines Landes zugrunde legen. Dadurch würde es zu einer gleichmäßigeren Verteilung von Stimmen und Einfluss kommen und die gegenwärtige Dominanz der Industrieländer in den Bretton-Woods-Institutionen beendet werden. Die Stabilisierung der Währungsbeziehungen solle durch Zielzonen auf zwei unterschiedlichen Ebenen verfolgt werden. Auf der ersten Ebene sollen regionale Währungssysteme für Stabilität sorgen. Auf der zweiten, globalen Ebene wäre eine Zielzone für die vier Leitwährungen US-Dollar, Yen, Euro und Pfund Sterling zu verabreden. Die Funktion des IWF solle sich hierbei auf Wechselkursmanagement und Krisenprävention zwischen den vier Kernwährungen konzentrieren. Insgesamt sollten die Kompetenzen und Aufgaben des IWF erheblich reduziert und zentrale Funktionen auf die regionale Ebene verlagert werden.

*Jarchow, Hans-Joachim/ Rühmann, Peter*
**Monetäre Außenwirtschaft**
Band 2: Internationale Währungspolitik
4. Auflage. Göttingen 1997. 396 S. [1. Auflage 1993]

Die Autoren präsentieren (1993) die Idee eines „entwicklungspolitischen *links*" im IWF: Der Fonds solle seinen Mechanismus der Sonderziehungsrechte zur Aufbringung von zusätzlichen Finanzmitteln für entwicklungspolitische Zwecke nutzen.

*Kampffmeyer, Thomas*
**Eine größere Rolle für die regionalen Entwicklungsbanken**
In: Analysen und Stellungnahmen 3
Deutsches Institut für Entwicklungspolitik. Berlin 2000. 4 S.

Kampffmeyer entwirft ein Szenario für die zukünftige Rolle der regionalen Entwicklungsbanken, die mit einem Anteil von 43 Prozent an den Ausleihungen des multilateralen Entwicklungsbankensystems zu den wichtigsten Institutionen der Entwicklungsfinanzierung zählen. Ihre Bedeutung liegt für den Autor vor allem in der regionalen Spezialisierung. Er schlägt vor, bestehende Parallelstrukturen zwischen den regionalen Entwicklungsbanken und der Weltbank durch die Nutzung des Wettbewerbsprinzips für die Dynamisierung des Entwicklungsbankensystems fruchtbar zu machen. Des Weiteren sollte das Subsidiaritätsprinzip angewendet werden, das heißt Entwicklungsbanken sollten Projekte nur noch finanzieren, wenn dafür keine privaten Mittel zur Verfügung stehen. In Schwellenländern sollten die Banken für ihre Finanzierungs- und Beratungsleistungen die vollen Kosten in Rechnung stellen. Um sich in einem von mehr Wettbewerb geprägten multilateralen Entwicklungsbankensystem behaupten zu können, sollten die Regionalbanken ihre Kernkompetenzen auf jenen Feldern ausbauen, auf denen sie als Folge „regionaler Fühlungsnähe" über komparative Vorteile verfügten (bei regionaler Kooperation und Integration, im *Governance*-Bereich, in regionalen Krisen und Konflikten).

*Kapur, Devesh/ Lewis, John P./ Webb, Richard (Hrsg.)*
**The World Bank. Its first half century**
Vol. one: History. 1275 S.
Vol. two: Perspectives. 700 S.
Brookings Institution
Brookings Institution Press. Washington, D.C. 1997.

Umfangreiche Darstellung der Geschichte der Weltbank seit ihrer Etablierung im Jahre 1944. Das Werk wurde von der Weltbank selbst in Auftrag gegeben.

*Khor, Martin*
**Globalization and the South: Some Critical Issues**
UNCTAD Discussion Paper Nr. 147
UNCTAD. 2000. 62 S.
web: www.unctad.org

Der Autor fordert eine umfassende Reform des IWF. Dessen Politik und Regeln sollten so verändert werden, dass sie mit den Interessen der Entwicklungsländer im Einklang stünden. Die Entscheidungsprozesse in den internationalen Finanzinstitutionen müssten so reformiert werden, dass die Mitgliedsländer adäquate Mitspracherechte erhielten.

*Klingebiel, Stephan*
**Verläßliche Finanzierung als unverzichtbares Reformelement.**
**Perspektiven für die Entwicklungszusammenarbeit der Vereinten Nationen und das UNDP**
In: Vereinte Nationen, 1, 1999. S. 7-10

Klingebiel setzt sich mit der Rolle des Entwicklungsprogramms der Vereinten Nationen (UNDP) auseinander. Die Rahmenbedingungen der von den Vereinten Nationen gestalteten und ausgeführten Entwicklungszusammenarbeit hätten sich seit Beginn der 90er Jahre verändert. Schon zuvor sei die von der UN-Generalversammlung immer wieder bekräftigte zentrale Rolle des UNDP in Frage gestellt worden. Immer mehr operative Tätigkeiten hätten sich zur finanziell besser ausgestatteten Weltbank verlagert. Die „Gebermüdigkeit" ziehe weitere finanzielle Einschnitte mit sich. Die 1997 im Rahmen der UN verabschiedete „Agenda für Entwicklung" sei nicht der große Wurf, als der sie gedacht war. UN-Generalsekretär Kofi Annan habe aber, unter anderem mit der Einrichtung des „Exekutivausschusses für wirtschaftliche und soziale Angelegenheiten" und der „Gruppe für Entwicklung", Voraussetzungen für eine weitergehende Neuorientierung der UN geschaffen.

*„Meltzer-Commission"*
**International financial institutions reform**
Report of the International Financial Institution Advisory Commission
Washington, D. C. 2000
web: http://phantom-x.gsia.cmu.edu/IFIAC/Report.html
Minderheitenstellungnahme: web: www.iie.com/testimony/reform.htm

Die im Zusammenhang mit den Finanzkrisen 1997-98 vom US-Kongress eingesetzte Kommission unter dem Ökonomen Allan Meltzer sprach sich unter anderem für ein radikales Schrumpfungsprogramm für den IWF und die Weltbank aus und für eine größere Rolle privaten Kapitals in der Entwicklungsfinanzierung. Der Report forderte neben anderem, dass die Weltbank nur noch in Ländern aktiv sein solle, die keinen Zugang zu den privaten Kapitalmärkten hätten, und ihre Finanzmittel dann nur noch als nicht rückzahlbare Zuschüsse vergeben sollte. Der Report forderte darüber hinaus einen umfassenden Schuldenerlass.

*Messner, Dirk*
**Ein "Neues Bretton Woods". Ein Regelsystem für den Weltmarkt gehört auf die internationale Tagesordnung**
In: E+Z, 39, 12, 1998. S. 328 - 331

Mit der Globalisierung verbinden sich nach Einschätzung des Autors vielfältige Chancen, aber auch zahlreiche Gefahren. Deshalb brauche die Weltwirtschaft einen Ordnungsrahmen. Messner plädiert für einen Prozess, um diesen Ordnungsrahmen zu schaffen. Dies könne nur im Rahmen einer globalen Konferenz, eines „neuen Bretton Woods", oder einer Serie solcher Konferenzen geschehen. Die EU sollte hierzu die Initiative ergreifen. Ziel sei eine Weltordnungspolitik, die auf fünf Säulen ruhe: einer Welthandelsordnung, einer internationalen Wettbewerbsordnung, einer Weltwährungs- und Finanzordnung, einer Weltsozialordnung sowie einer Weltumweltpolitik.

*Ministry of Foreign Affairs Sweden/ Institute of Development Studies Sussex*
**A Foresight and Policy Study of the Multilateral Development Banks**
Ministry of Foreign Affairs Sweden. Stockholm 2000. 202 S.

Die Studie untersucht aktuelle Forderungen einer Reform der Multilateralen Entwicklungsbanken, mögliche Rollen der Banken und ihre Beziehungen zu bilateralen Entwicklungsorganisationen und den Institutionen des UN-Systems. Die Autoren sehen die Multilateralen Entwicklungsbanken als zentrale Akteure im internationalen System der Entwicklungsfinanzierung, da sie einmalig platziert seien, um zwischen den Einheiten Staat, Privatwirtschaft und Zivilgesellschaft zu vermitteln und Synergieeffekte herzustellen. Laut ihrer Einschätzung gibt es keine anderen Institutionen, die die drei Rollen übernehmen könnten, die die Multilateralen Entwicklungsbanken heute spielen: Mobilisierung finanzieller Ressourcen, Förderung von institutionellen und intellektuellen Kapazitäten und die Bereitstellung globaler und regionaler öffentlicher Güter.

*Mistry, Percy S.*
**Multilateral development banks. An assessment of their financial structures, policies and practices**
FONDAD. Den Haag 1995. 290 S.

Mistry untersucht die Finanzierungsfunktion und Mittlerrolle der multilateralen Entwicklungsbanken (Weltbank, regionale Entwicklungsbanken, Europäische Entwicklungsbank). Er geht ausführlich auf die Kapitalausstattung der Banken ein, auf die Mechanismen ihrer Ressourcenmobilisierung, auf Instrumente, die die Ausleihqualität garantieren sollen, und auf Management und Verwaltung ihrer Budgets.

*Reisen, Mirjam van*
**EU. Die Nord-Süd-Politik der Europäischen Union**
WEED. Bonn 1999. 73 S.

Kritische Auseinandersetzung mit der Entwicklungspolitik der Staaten der EU und mit den Wirkungen ihrer Handels- und Investitionspolitik auf die Entwicklungsländer. Die Autorin entwickelt Vorschläge für eine effektivere EU-Entwicklungspolitik (unter anderem stärkere Kohärenz, Reform der gemeinsamen europäischen Agrarpolitik).

*Rich, Bruce*
**Die Verpfändung der Erde. Die Weltbank, die ökologische Verarmung und die Entwicklungskrise**
Schmetterling Verlag. Stuttgart 1998. 453 S.

Bestandsaufnahme der Geschichte der Weltbank und Kritik an ihrer Arbeit aus Sicht eines Vertreters einer Nichtregierungsorganisation. Rich betont vor allem die negativen Umwelt- und Sozialwirkungen ihrer Projekte und Anpassungsprogramme. Er sieht die heutige Weltbank im Dilemma zwischen ihrer Rolle als Bank und ihrer Funktion als Entwicklungshilfeinstitution und *Think Tank* für Entwicklungsfragen.

*Schwartz, Anna J.*
**Time to Terminate the ESF and the IMF**
Cato Institute. Washington, D.C. 17, 3, 1998

Die Autorin spricht sich für die Abschaffung des IWF und des *Exchange Stabilization Fund* (ESF) des US-amerikanischen Finanzministeriums aus. Beide Einrichtungen hätten sich von ihrem ursprünglichen Auftrag entfernt, sie seien undemokratisch und nicht rechenschaftspflichtig. Sie seien überflüssig und würden Steuergelder verschwenden. Die internationalen Finanzmärkte wären, könnten sie ungehindert und unreguliert funktionieren, stabiler als heute mit der Einflussnahme des IWF. Der Stabilität des internationalen Finanzsystems wäre nach Ansicht von Schwartz ohne die beiden Institutionen mehr gedient. Sie fordert entsprechend keine Reform der Institutionen, sondern ihre Abschaffung.

*Stiglitz, Joseph E.*
**The World Bank at the Millenium**
In: The Economic Journal, 109, 1999. S. F 577-F 597

Stiglitz, zum Zeitpunkt der Veröffentlichung Chefökonom der Weltbank, gibt einen Überblick über die Entwicklung der Aktivitäten der Weltbank und nennt Aufgabenbereiche, auf die die Bank sich künftig konzentrieren sollte. Seiner Argumentation nach hat die Weltbank auch in Zukunft eine zentrale Rolle in der Entwicklungsfinanzierung zu spielen. Sie müsse vor allem die Herausforderung gemeinsamer Aktionen und Kooperationen auf globaler Ebene adressieren, um so zur Bereitstellung globaler öffentlicher Güter beizutragen.

*Twele, Cord*
**Die Entwicklungspolitik der Weltbank-Gruppe vor dem Hintergrund der Schuldenkrise der „Dritten Welt" seit Beginn der achtziger Jahre**
Peter Lang. Frankfurt a. M. 1995. 246 S.

Der Autor untersucht die Rolle der Weltbank in der Entwicklungsfinanzierung und in der Verschuldung und im Schuldenmanagement der Entwicklungsländer. Twele beschreibt die Entstehung, die Organisation und die Arbeitsweise der Weltbank. Er erläutert die Funktionsweise der Weltbankförderung für Staaten (über IBRD, IDA) und die Weltbank-Instrumente für die Unterstützung des Privatsektors (durch die IFC). Des Weiteren diskutiert er die historische Entwicklung der Wachstums- und Entwicklungsstrategien der Weltbank.

*UNCTAD (Hrsg.)*
**The International Monetary and Financial System: Developing Country Perspectives**
Proceedings of a conference sponsored by the Group of 24 in Catagena, Columbia
UNCTAD. Genf 1994

Der Band enthält Beiträge zur Reform des internationalen Finanzsystems aus Entwicklungsländerperspektive. Angesprochen werden unter anderem Aspekte der Entwicklungsfinanzierung in den ärmsten Entwicklungsländern, Strukturanpassungsprogramme, das Management privater Kapitalströme, die Rolle der Weltbank und der regionalen Entwicklungsbanken sowie die Zusammenarbeit von Weltbank und IWF.

*Vásquez, Ian*
**Foreign Aid and Economic Development**
In: Handbook for Congress
Cato Institute. Washington, D.C. 2000. S. 661-672

Der Mitarbeiter des konservativen US-amerikanischen Cato-Institutes empfiehlt dem US-Kongress, aus der Weltbank und den regionalen Entwicklungsbanken auszutreten. Gleichfalls empfiehlt er die Abschaffung (bzw. Privatisierung) der US-Entwicklungsbehörde USAID, der Exportkreditversicherung Export-Import Bank und anderer öffentlicher Einrichtungen. Des Weiteren sollten den Entwicklungsländern alle Schulden erlassen werden, allerdings unter der Bedingung, dass sie zukünftig keine neuen Kredite mehr erhalten werden. Öffentliche Unterstützung für Kleinkreditprogramme und Nichtregierungsorganisationen sollte ebenfalls gestrichen werden.

*Verband Entwicklungspolitik Deutscher Nichtregierungsorganisationen (VENRO)*
**Der internationale Währungsfonds – neuer Akteur der Entwicklungsfinanzierung?**
Dokumentation des Studientages vom 13. Januar 1998
VENRO Arbeitspapier Nr. 2
VENRO. Bonn 1998. 40 S.

Die Veröffentlichung enthält Beiträge zur Rolle des IWF in der Entwicklungsfinanzierung und in der Entschuldungsinitiative HIPC (vor ihrer Erweiterung 1999). Neben Vertretern von deutschen Nichtregierungsorganisationen und aus der Wissenschaft äußert sich auch ein Vertreter des Bundesfinanzministeriums zur Finanzierungsfunktion des IWF und seinen Strukturanpassungsprogrammen aus Sicht der (damaligen) Bundesregierung. Autoren: W. Eberlei, B. Gurtner, W. Laux, T. Siebold und B. Unmüßig. Einführung von V. Kasch.

*Watkins, Kevin*
**Der Internationale Währungsfonds. Falsche Diagnose – Falsche Medizin**
Oxfam Deutschland. Berlin 2000. 49 S.

Watkins, Mitarbeiter von Oxfam, unternimmt eine kritische Bewertung der Aktivitäten des IWF in den armen Entwicklungsländern. Die vom Fonds verordneten Strukturanpassungsprogramme seien, was ihre eigenen Ziele anbelange, gescheitert und hätten darüber hinaus die soziale Situation in den Ländern noch weiter verschärft. Verursacht sei dies vor allem durch Diagnose und Auflagen des IWF, der die komplexen und unterschiedlichen Problemstellungen der ärmsten Länder immer mit einem sehr ähnlichen und reduzierten Ansatz meint lösen zu können. Watkins hält eine Reform des Fonds entsprechend für überfällig: Dessen Aufgaben in den ärmsten Ländern sollten begrenzt, dabei aber klarer definiert werden. Der Fonds sollte zudem stärker im Interesse der Schuldnerländer aktiv sein. Der Autor fordert, den IWF in stärkerem Maße transparent und rechenschaftspflichtig zu machen und seine Entscheidungsstrukturen zu demokratisieren. Die IWF-Programme in den ärmsten Ländern sollten so reformiert werden, dass sie ein stärkeres Wachstum, eine verbesserte Einkommensverteilung und Investitionen in soziale Grunddienste befördern. Der IWF solle seine Rolle als einzige Entscheidungsinstanz für die Gewährung von Schuldenerlassen verlieren; im Rahmen von Finanzkrisen hätten die sozialen Belange und die ökonomische Gesundung der betroffenen Länder im Vordergrund der Fondsaktivitäten zu stehen, und nicht die Interessen ausländischer Anleger. Spezielle Kapitel der Publikation beschäftigen sich mit Sambia, der Situation in den asiatischen Ländern und in Brasilien nach den Finanzkrisen 1997-98.

*Watkins, Kevin*
**Kehren neue Besen gut? IWF-Reform nur gegen US-Politik möglich**
In: Informationsbrief Weltwirtschaft & Entwicklung, 3/ 4, 2000

Es sei notwendig, die Politik des IWF radikal zu verändern und die Institution zu demokratisieren. Dass der IWF seit 20 Jahren an der für die Ökonomien und Menschen der armen Länder schädlichen Strukturanpassungspolitik festgehalten habe, liegt nach Watkins daran, dass er damit genau die Politik umsetze, die die G7-Staaten wollen. Doch zöge man den IWF ganz aus den ärmsten Ländern ab, würden die Industrieländer andere Mechanismen finden, um ihre Interessen durchzusetzen. Eine Ausrichtung des Fonds auf Armutsbekämpfung würde unter anderem bedeuten, dass dieser seine harten Sparauflagen aufgeben müsste, da diese für Entwicklung notwendige Investitionen verhinderten. Zukünftige Reformprogramme müssten zudem viel stärker auf länderspezifische Faktoren abgestimmt sein.

*WEED*
**Stückwerk oder konsequente Reform?**
WEED-Stellungnahme zum Papier des Bundesfinanzministeriums „Stärkung der internationalen Finanzarchitektur – Überlegungen zur Reform des IWF und der Finanzmärkte"
WEED. Bonn/ Berlin 2001. 12 S.

Kritische Auseinandersetzung mit den Reformvorschlägen für das internationale Finanzsystem, die das Bundesministerium der Finanzen im Frühjahr 2001 formuliert hat.

*Wood, Angela*
**Structural Adjustment for the IMF. Options for Reforming the IMF's Governance Structures**
Bretton Woods Reform Project. London 2001. 24 S.

Die Autorin gibt einen Überblick über die Debatten einer Reform der Stimmrechtsverteilung beim IWF. Ihrer Bewertung nach müssten Reformen auf drei Ebenen ansetzen: Repräsentation und Einfluss im Exekutivrat und im *International Finance and Monetary Committee* des Fonds, Transparenz und Rechenschaftspflicht des Exekutivrats und Transparenz und Rechenschaftspflicht von IWF-Mitarbeitern und - Management. Sie untersucht verschiedene mögliche Berechnungsformeln für eine reformierte und demokratisierte Stimmrechtsverteilung im IWF und nennt eine Reihe konkreter Reformvorschläge (z.B. Einrichtung einer Ombudsstelle).

*You, Jong-Il*
**The Bretton Woods Institutions: Evolution, Reform and Change**
In: Nayyar, Deepak (Hrsg.): Governing Globalization: Issues and Institutions
Clarendon Press. Oxford 2001

Die Finanzkrisen in den Ländern mittleren Einkommens und die hartnäckige Entwicklungskrise der ärmeren Entwicklungsländer sind nach Ansicht des Autors Zeichen für die Notwendigkeit einer radikalen Reform der Bretton-Woods-Institutionen als ein wichtiger Teil der Schaffung von *global governance*-Strukturen für das 21. Jahrhundert. Die Reformen müssten auf zwei Ebenen ansetzen: auf der internen institutionellen Ebene und auf der Ebene der Aufgaben und Zuständigkeiten der beiden Institutionen. In Bezug auf die notwendigen internen Erneuerungen plädiert er für eine Reform der Stimmrechtsverteilung, um den Einfluss der Entwicklungsländer zu stärken, für verbesserte Transparenz und Rechenschaftspflicht, eine starke Begrenzung der Konditionalitäten und eine Dezentralisierung von Forschung und Entscheidungsfindung. In Bezug auf die Reform der Aufgaben spricht sich der Autor unter anderem dafür aus, dass der IWF zur Stärkung der nationalen Finanzsysteme beitragen sollte. Des Weiteren sollte er sich für Mechanismen zur Begrenzung kurzfristiger Kapitalbewegungen einsetzen, die makroökonomische Politik seiner Mitgliedsländer koordinieren und Wechselkurse stabilisieren.


**Weitere Literatur**

*Caufield, Catherine*
**Masters of Illusion. The World Bank and the poverty of nations.**
A Marian Wood Book
Henry Holt and Company. New York 1996


*Eichengreen, Barry*
**Globalizing Capital. A History of the International Monetary System**
Princeton University Press. Princeton 1996

*English, Philip E./ Mule, Harris M.*
**The African Development Bank**
The Multilateral Development Banks, vol. 1
The North-South Institute
Lynne Rienner Publishers. Boulder 1995


*George, Susan/ Sabelli, Fabrizio*
**Kredit und Dogma. Ideologie und Macht der Weltbank**
Transnational Institute
Konkret Literatur Verlag. Hamburg 1995


*Goldberg, Jörg*
**IWF und Weltbank unter Bush**
In: Blätter für deutsche und internationale Politik, 6, 2001


*Hardy, Chandra*
**The Caribbean Development Bank**
The Multilateral Development Banks, vol. 3
The North-South Institute
Lynne Rienner Publishers. Boulder 1995


*Harris, Laurence*
**Will the real IMF please stand up: what does the Fund do and what should it do?**
In: Michie, Jonathan/ Smith, John Grieve: Global Instability. The political economy of world economic governance
Contemporary Political Economy
Routledge. London, New York 1999


*Hveem, Helge*
**A new „Bretton Woods" for development?**
Papers of EADI Conference. Bonn 1999


*Kaiser, Karl/ Daniels, Joseph P./ Kirton, John J. (Hrsg.)*
**Shaping a New International Financial System. Challenges of Governance in a Globalizing World**
Ashgate Publishing Company. 2000


*Kappagoda, Nihal*
**The Asian Development Bank**
The Multilateral Development Banks, vol. 2
The North-South Institute
Lynne Rienner Publishers. Boulder 1995

*Martens, Jens/ Paul, James A.*
**The Coffers are not Empty: Financing for Sustainable Development and the Role of the United Nations**
In: Metzger, Martina/ Reichenstein, Birgit (Hrsg.): Challenges for International Organizations in the 21$^{st}$ Century: Essays in Honour of Klaus Hüfner. London 2000


*Overseas Development Institute*
**The UN's Role in Grant-Financed Development**
Overseas Development Institute. London 1997


*Palley, Thomas I.*
**International finance and global deflation: there is an alternative**
In: Michie, Jonathan/ Smith, John Grieve: Global Instability. The political economy of world economic governance
Contemporary Political Economy
Routledge. London, New York 1999


*Siebert, Horst*
**Improving the World's Financial Architecture. The Role of the IMF**
Kieler Diskussionsbeiträge 351, Kiel 1999.


*Stiglitz, Joseph*
**Globalization and the Logic of International Collective Action: Re-Examining the Bretton Woods Institutions**
In: Nayyar, Deepak (Hrsg.): Governing Globalization: Issues and Institutions.
Clarendon Press. Oxford 2001


*Tussi, Diana*
**The Inter-American Development Bank**
The Multilateral Development Banks, vol. 4
The North-South Institute
Lynne Rienner Publishers. Boulder 1995


*Woods, Ngaire*
**Governance in International Organizations: The Case for Reform in the Bretton Woods Institutions**
In: International Monetary and financial Issues for the 1990s, vol. IX
United Nations. New York, Genf 1998

# Literatur zur Reform des internationalen Finanzsystems

*Akyüz, Yilmaz/ Cornford, Andrew*
**Capital Flows to Developing Countries and the Reform of the International Financial System**
UNCTAD Discussion Paper No. 143
UNCTAD. Genf 1999. 45 S.

Die Autoren begrüßen die Diskussion um eine Reform der internationalen Finanzarchitektur, da die Entwicklungen der letzten Jahre (besonders der starke Anstieg privater Kapitalströme) problematische Auswirkungen auf die Ökonomien der Entwicklungsländer mit sich gebracht hätten. Aufgrund ihrer starken Auslandsverschuldung und ihrer Abhängigkeit von externer Entwicklungsfinanzierung seien Währungsinstabilitäten und Finanzkrisen für Entwicklungsländer besonders gefährlich. Die Autoren untersuchen die Entwicklung des internationalen Finanzsystems seit Ende des zweiten Weltkriegs und die Veränderungen an den internationalen Kapitalmärkten. Im Anschluss analysieren sie unterschiedliche Reformvorschläge zur Bekämpfung von Finanzmarktinstabilitäten. Angesichts eines von ihnen konstatierten Fehlens von effektiven Maßnahmen auf internationaler Ebene und einer einseitigen und von Eigeninteressen geleiteten Dominanz der Industrieländer in der Reformdebatte, betonen die Autoren die Notwendigkeit einer eigenständigen Kapitalmarkt- und Wechselkurspolitik in den Entwicklungsländern. Sie halten darüber hinaus gezielte Kapitalverkehrskontrollen und einen international vereinbarten Mechanismus zur Aussetzung des Schuldendienstes in Krisensituationen für notwendige Reformschritte.

*Bello Walden/ Bullard, Nicola/ Malhotra, Kamal (Hrsg.)*
**Global Finance. New Thinking on Regulating Speculative Capital Markets**
Zed Books. London 2000. 244 S.

Der Sammelband enthält Beiträge einer Konferenz, die Nichtregierungsorganisationen aus dem Süden 1999 in Bangkok veranstalteten. Ausgehend von einer sehr grundsätzlichen Kritik am neoliberalen Washington-Konsens beschäftigen sich die Beiträge und Vorschläge mit der Reform des internationalen Finanzsystems. Die Autoren sind nicht gegen schrittweise Reformen wie strengere Bankenaufsicht und eine Stabilisierung der Wechselkurse, sie sind jedoch skeptisch gegenüber der Bereitschaft des Nordens, sich auf eine wirksame und gerechte Weltwirtschaftspolitik einzulassen, in deren Zentrum eine Veränderung der globalen Verteilungsverhältnisse stehen müsste. Die in den Beiträgen skizzierten Elemente einer Reform zielen auf eine verstärkte regionale währungs- und wirtschaftspolitische Zusammenarbeit und auf die regionale Blockbildung ergänzende und schützende Kapitalverkehrskontrollen.

*Bergsten, Fred C.*
**Reviving the Asian Monetary Fund**
International Economics Policy Brief 98-8
Washington, D.C. 1998

Der Autor plädiert für die Einrichtung eines „asiatisch-pazifischen Währungsfonds" zur Etablierung paralleler Strukturen zum IWF auf regionaler Ebene. Denn zur Vermeidung von Finanzkrisen bedürfe es wirksamer Frühwarnsysteme, und dies sei eine Funktion, die von einem regionalen Akteur besser wahrgenommen werden könnte. Der regionale Fonds könnte darüber hinaus in Krisen Finanzmittel zusätzlich zu den Hilfspaketen des IWF zur Verfügung stellen, so dass insgesamt genügend Mittel für die Überwindung der Krisen aufgebracht werden könnten. Der Autor hält die Idee aber nur für machbar und sinnvoll, wenn die Gruppe der beteiligten Länder über die ursprünglich von der japanischen Regierung präsentierte Idee eines „asiatischen Fonds" hinausginge. Stattdessen sollten Möglichkeiten gefunden werden, die USA zu beteiligen.

*Bofinger, Peter*
**Währungspolitik in „emerging market economies"**
In: Hengsbach, Friedhelm/ Emunds, Bernhard: Finanzströme in Entwicklungsländer – in welcher Form zu wessen Vorteil? Nell-Breuning-Institut. Frankfurt a. M. 2000. S. 108-116

Der Wirtschaftsprofessor Bofinger (Universität Würzburg) sieht es mit Skepsis, dass die Frage von Kapitalverkehrskontrollen eine so große Rolle in der Debatte um eine Reform des internationalen Finanzsystems spielt. Vor allem Kapitaleinfuhrkontrollen seien überflüssig, wenn die Zentralbank eines „emerging market"-Landes eine konsistente Währungspolitik befolge, da es dann gar nicht erst zu einem massiven Kapitalzufluss kommen würde. Im Falle von Kapitalausfuhren seien die Zentralbanken aber relativ machtlos. Um die Erwartung einer Zahlungsbilanzkrise zu durchkreuzen und den massiven Abzug des Kapitals zu verhindern, seien die Länder auf die Unterstützung der großen Industrieländer angewiesen. Daher sollte das Wechselkursziel eines Entwicklungslandes, das nach Ausweis eines (reformierten) IWF eine solide Wirtschaftspolitik und konsistente Zins- und Wechselkurspolitik verfolge, unbegrenzt garantiert werden. Vorübergehend könnten Kontrollen auf Währungsausfuhren sinnvoll sein.

*Bullard, Nicola*
**Regulation or Barbarism**
In: Focus on Trade, 30, 1998
web: www.focusweb.org/focus/pd/apec/fot/fot30.htm

Die Mitarbeiterin der thailändischen Nichtregierungsorganisation *Focus on the Global South* macht die Liberalisierung der internationalen Kapitalmärkte wesentlich für den ökonomischen Kollaps der asiatischen Länder 1997-98 verantwortlich. Notwendig sei aber nicht nur eine Re-Regulierung der Kapitalmärkte, sondern eine Reform des ganzen internationalen Finanz- und Wirtschaftssystems. Das Problem sei ein Demokratie- und Transparenzdefizit auf allen Ebenen: auf der nationalstaatlichen Ebene zwischen Eliten und Bevölkerung, und in den Institutionen des internationalen Wirtschafts- und Finanzsystems. Eine Verbesserung der Überwachung und Transparenz der internationalen Märkte würde noch nicht zu einer Verbesserung der Situation der heutigen Globalisierungsverlierer führen. Lösungen seien vor allem auf der regionalen Ebene zu suchen, die Menschen müssten wieder in die Lage versetzt werden, ihre Volkswirtschaften im Interesse ihrer eigenen Bevölkerung zu gestalten. Notwendig sei eine radikale Steigerung der politischen und ökonomischen Partizipation aller Bevölkerungsgruppen (unter anderem über Land-, Lohn- und Arbeitsmarktreformen) und eine Umverteilung von Nord nach Süd.

*Dieter, Heribert*
**Die globalen Währungs- und Finanzmärkte nach der Asienkrise:**
Reformbedarf und politische Hemmnisse.
INEF-Report, Heft 41
INEF. Duisburg 1999. 70 S.

Der Autor thematisiert die Ursachen der Asienkrise auf nationaler und internationaler Ebene. Er geht der Frage nach, ob interne oder externe Gründe zur Krise geführt haben. Zentrale Ursachen für Ausbruch und Verschärfung der Krise sind seiner Argumentation nach u. a. in der Abschaffung von Kapitalverkehrskontrollen und der Deregulierung der Finanzsysteme zu sehen, in den unzureichend vorbereiteten Finanzsystemen der betroffenen Länder, in fehlenden regionalen Institutionen, die gemeinsame Krisenbewältigungsstrategien hätten entwickeln können, im pro-zyklischen Verhalten der *Rating*-Agenturen, in der Marktmacht spekulativer Anleger und in der Politik des IWF. Dieter macht den

IWF dafür verantwortlich, einseitig die ausländischen Investoren begünstigt und die Krise noch verschärft zu haben. Eine weitere Deregulierung hält er für die Entwicklungs- und Schwellenländer für nicht geeignet. Stattdessen sollte über Re-Regulierungsmechanismen auf den internationalen Finanzmärkten nachgedacht werden. Er analysiert unterschiedliche Vorschläge zur Reform des internationalen Währungssystems und der nationalen sowie internationalen Finanzmärkte und untersucht die politischen Hemmnisse für Reformen.

*Dornbusch, Rudi*
**Cross-Border Payment Taxes and Alternative Capital Account Regimes**
In: Helleiner, G. K. (Hrsg.): Capital Account Regimes and the Developing Countries. Macmillan. London 1998. 231 S.

Dornbusch, Professor am Massachusetts Institute of Technology, diskutiert Steuern auf Kapitalverkehr und Kapitalverkehrsbeschränkungen als Maßnahmen des Managements von internationalen Kapitalströmen. Er argumentiert, dass Kapitalverkehrskontrollen nicht die beste Lösung seien, vor allem nicht, wenn damit eine falsche Währungskurspolitik unterstützt würde, dass aber auch eine zweitbeste Lösung besser sei, als gar nichts zu unternehmen. Er nennt Kapitalverkehrskontrollen, wie in Chile praktiziert, und eine Steuer auf Kapitalverkehr („cross-border payments tax") als sinnvolle Maßnahmen, auch wenn im Fall der letzteren diese Steuer nicht international, sondern nur auf nationaler Ebene etabliert werden würde.

*Eatwell, John/ Taylor, Lance*
**Towards an Effective Regulation of International Capital Markets**
In: Internationale Politik und Gesellschaft 3, 1999. S. 279-286

Die Autoren befürworten eine Regulierung und eventuell sogar eine Restriktion von globalen Kapitalströmen. Das Politikziel der vollständigen Liberalisierung der Kapitalmärkte solle aufgegeben werden, da es negative Wachstumswirkungen habe. Sie treten für die Etablierung einer Weltwährungsbehörde (*World Financial Authority*) ein, die eine Regulierung auf internationaler Ebene koordiniert und mit Durchsetzungskompetenzen ausgestattet sein sollte. Innerhalb dieses Rahmens solle der Internationale Währungsfonds die Aufgabe eines (quasi) *lender of last resort* erfüllen.

*Eichengreen, Barry*
**Towards A New International Financial Architecture. A Practical Post-Asian Agenda**
Institute for International Economics. Washington, D.C. 1999. 204 S.

Eichengreen macht Reformvorschläge für das internationale Finanzsystem. Dabei geht es ihm nicht um eine radikale Umstrukturierung des internationalen Systems, sondern um Verbesserungsmöglichkeiten innerhalb der existierenden Strukturen. Er geht davon aus, dass die positiven Wirkungen liberalisierter Finanzmärkte überwiegen, und dass es sich bei den Liberalisierungsprozessen größtenteils um nicht wieder zu verändernde Entwicklungen handele. Jedoch gingen von liberalisierten Finanzmärkten auch Gefahren aus, die vor allem aus unzureichenden und ungleich verteilten Zugängen zu Informationen entstehen und zu irrationalen Entscheidungen der Anleger führen würden. Entsprechend seien aus Eichengreens Perspektive „finanzielle Sicherungsnetze" nötig (die der IWF bereitstellen sollte), auch auf die Gefahr hin, dass diese mit *moral hazard*-Problemen einhergingen. Lösungsstrategien müssten danach suchen, bestehende Informationsasymmetrien zu überwinden, müssten dabei aber existierende politische Interessen und Dynamiken berücksichtigen.

*Felix, David*
**Repairing the Global Financial Architecture: Painting over Cracks vs. Strengthening the Foundations**
Special Report, 1999
Foreign Policy, In Focus, 1999
web: www.foreignpolicy-infocus.org

Ein Überblick über die unterschiedlichen Vorschläge in der aktuellen Debatte um eine Reform des internationalen Finanzsystems.

*Felix, David*
**IMF Bailouts and Global Financial Flows**
in: Foreign Policy, In Focus, 3, 5, 1998
web: www.foreignpolicy-infocus.org

Felix, emeritierter Professor der Washington University, St. Louis, kritisiert, dass sich der IWF von seinem eigentlichen Mandat entfernt habe und zu einem Instrument der Interessen der Industrieländer geworden sei, indem er eine Öffnung der Märkte der Entwicklungsländer erzwinge und ihre Schulden eintreibe. Die vom IWF betriebene Liberalisierung der Kapitalmärkte fuße auf irrigen theoretischen Annahmen mit dem Preis, dass Währungsvolatilitäten und Finanzkrisen zunähmen. Statt auf einen Abbau aller Kapitalverkehrskontrollen zu drängen, sollte der IWF von Art. VI seiner Statuten Gebrauch machen, der Hilfskredite in Situationen untersagt, in denen mit umfangreichem oder anhaltendem Kapitalabfluss („large or sustained outflow of capital") zu rechnen ist, und der Kapitalverkehrskontrollen ausdrücklich erlaubt. Der Autor befürwortet die Einführung der Tobin Tax und die Einbeziehung von privaten Gläubigern in die Lösung von Finanzkrisen.

*Filc, Wolfgang*
**Mehr Wirtschaftswachstum durch gestaltete Finanzmärkte: Nationaler Verhaltenskodex und internationale Kooperation**
In: Internationale Politik und Gesellschaft 1, 1998. S. 22-38

Ursache von erratischen Wechselkursschwankungen und von zu hohen Zinsen seien die ungeregelten globalen Finanzmärkte. Diese hätten negative Wirkungen auf das Wirtschaftswachstum. Um die Märkte wieder in den Dienst der Wohlstandsmehrung zu stellen, müssten sich Finanz-, Lohn- und die Geldpolitik zu einer Art „nationalem Stabilitätspakt" zusammenfinden. Auf der internationalen Ebene müssten Regierungen und Notenbanken ihr Verhalten abstimmen und so die Erwartungen der Finanzmärkte kanalisieren.

*Frenkel, Michael/ Menkhoff, Lukas*
**Stabile Weltfinanzen? Die Debatte um eine neue internationale Finanzarchitektur.**
Springer. Berlin, Heidelberg 2000. 141 S.

Ziel der Publikation ist, einen systematischen Überblick über die unterschiedlichen Vorschläge in der aktuellen Debatte um eine Reform des internationalen Finanz- und Währungssystems zu geben. So wird unter anderem untersucht, ob eher Fragen der mikro- oder der makroökonomischen *governance* angegangen werden müssten und wie die Chancen einer möglichen Umsetzung einzuschätzen sind. Nach Ansicht der Autoren sind viele der Vorschläge partiell geblieben, seien zu einseitig oder beruhten auf zu optimistischen Annahmen, was ihre mögliche Umsetzung anbelange.

*Fritz, Thomas/ Hahn, Mattis/ Hersel, Philipp*
**Kapital auf der Flucht: Offshore-Zentren und Steueroasen. Über Steuerflucht, Finanzkrisen und Geldwäsche. Einblicke in die Praxis und mögliche Gegenmaßnahmen**
Blue 21/ Stiftung Umverteilen. Berlin 2000. 24 S.

Die Autoren beleuchten die aktuellen Diskussionen und Vereinbarungen zur Eindämmung der Negativfolgen von Steueroasen (Geldwäsche, Finanzsysteminstabilität, Steuerwettbewerb, Steuerflucht) auf offizieller Ebene. Obwohl die Entwicklungsländer in besonderem Maße von schädlichem Steuerwettbewerb und Finanzkrisen betroffen seien, würden die Aktivitäten von den Industriestaaten initiiert sowie vorangetrieben und entsprächen eher den Interessen der Industrieländer. Die Autoren untersuchen die mit Steueroasen einhergehenden Praktiken und machen Vorschläge für den Umgang mit Offshore-Zentren, die über die auf offizieller Ebene diskutierten Ansätze hinausgehen.

*Green, Duncan*
**Capital Punishment: Making International Finance Work for the World's Poor**
CAFOD Policy Paper
CAFOD. London 1999
web: www.cafod.org.uk

Der Mitarbeiter der britischen Nichtregierungsorganisation CAFOD kritisiert die stattgefundenen Prozesse der Liberalisierung der Finanzmärkte als (häufig) nicht im Interesse der armen Bevölkerung der Entwicklungsländer. Green bezieht sich in seiner Kritik vor allem auf Instabilität und Krisenanfälligkeit des aktuellen internationalen Finanzsystems. Er thematisiert die Ursachen der Finanzkrisen der späten 90er Jahre und die Rolle des IWF nach Ausbruch der Krisen. Green gibt Empfehlungen zur Umgestaltung des internationalen Finanzsystems ab (dezentralisierte Entscheidungsstrukturen, Etablierung einer „Krisenagentur", die sich aus IWF, Weltbank und UN-Vertretern zusammensetzt, stärkere Regulierung der Kapitalmärkte, stärkerer Pluralismus und Partizipationsmöglichkeiten) und zur Reform des IWF (u. a. Demokratisierung der Entscheidungsstrukturen, Steigerung von Rechenschaftspflicht und Transparenz, Rückführung seiner Aufgaben auf sein ursprüngliches Mandat).

*Griffith-Jones, Stephany*
**Global Capital Flows. Should they be Regulated?**
Macmillan Press. Houndmills 1998. 206 S.

Eine Untersuchung quantitativer und qualitativer Aspekte der stark zugenommenen privaten Kapitalflüsse, unter besonderer Berücksichtigung der Finanzströme in Entwicklungsländer und Transformationsländer. Nach Argumentation der Autorin entstehen die größten Kosten der neuen Entwicklung durch die Volatilität der Ströme. Sie analysiert existierende Regulierungsmechanismen und hält diese für nicht ausreichend. Sie entwickelt und präsentiert weitergehende Vorschläge zur Regulierung des internationalen Finanzsystems auf der nationalen sowie internationalen Ebene, unter anderem eine Steuer auf Kapitalverkehr, und untersucht theoretische Beiträge zu finanzieller Volatiliät, unter anderem von Keynes, Stiglitz und Weiss und Kindleberger. Das Vorwort zu diesem Buch verfasste James Tobin.

*Hengsbach, Friedhelm/ Emunds, Bernhard (Hrsg.)*
**Finanzströme in Entwicklungsländer – in welcher Form zu wessen Vorteil?**
Nell-Breuning-Institut. Frankfurt a. M. 2000. 142 S.

Der Konferenzreader enthält Beiträge einer interdisziplinären Konferenz, die 1999 in Frankfurt a. M. stattfand. Diese setzen sich mit den Chancen und Risiken der Integration der Entwicklungsländer in die internationalen Finanzmärkte auseinander und mit der Frage einer Reform des internationalen Finanzsystems, die den Interessen der Entwicklungsländer gerecht wird. Trotz des zum Teil unterschiedlichen theoretischen Hintergrunds der an der Konferenz teilnehmenden Ökonomen und Ökonominnen herrschte ein Konsens darüber, dass eine Reform notwendig sei, bestehende Regulierungsinstrumente weiterentwickelt und neue eingeführt werden müssten. Autoren: H. Herr, A. Hauskrecht, R. Schweickert, R. Stöttner, E. Dietsche/ T. Plümper, H.-M. Trautwein, B. Reszat, J. Huffschmid, H. Dieter, P. Bofinger, K. Raffer und R. H. Schmidt.

*Herr, Hansjörg*
**Finanzströme und Verschuldung**
In: Hauchler, Ingomar/ Messner, Dirk/ Nuscheler, Franz (Hrsg.): Globale Trends 2000
SEF. Frankfurt a. M. 1999. S. 219-244

Der Beitrag gibt einleitend einen Überblick über die Entwicklung des Weltwährungssystems, von einem System stabiler Wechselkurse zu einem System erratisch schwankender Wechselkurse. Im zweiten Teil zeichnet er die Verschuldungsentwicklung der Entwicklungsländer nach, von der Schuldenkrise Lateinamerikas über die Mexikokrise bis hin zur Asienkrise 1997-98. Herr entwirft drei mögliche Entwicklungsszenarien der Weltwirtschaft: 1. Intensivierter Währungswettbewerb und weltwirtschaftliche Instabilität; 2. Ad-Hoc-Kooperation und Begrenzung der weltwirtschaftlichen Instabilitäten und 3. die Schaffung eines kooperativen Weltwährungssystems. In dieser dritten Variante würden die wichtigsten weltwirtschaftlichen Blöcke eng kooperieren, und der Kapitalverkehr wäre reguliert. Die Wechselkurse zwischen den Weltwährungen wären stabilisiert (über Wechselkurszielzonen oder fixierte Kurse), und die Industrieländer würden ein Leistungsbilanzdefizit für ihre Länder akzeptieren.

*Huffschmid, Jörg*
**Demokratisierung, Stabilisierung und Entwicklung. Ein Reformszenario für IWF und Weltbank**
In: Blätter für deutsche und internationale Politik, 11, 2000. S. 1345-1354

Um Währungssystem und Finanzmärkte im Sinne einer nachhaltigen Entwicklung zu stabilisieren, plädiert Huffschmid für die Vereinbarung von festen Wechselkursen zwischen einzelnen Leitwährungen mit tolerierten Abweichungen (sog. Zielzonen), für die Besteuerung von Devisentransaktionen mit mindestens einem Prozent und u.U. auch gemeinsam vereinbarten Kapitalverkehrsbeschränkungen. Die Stabilisierung der Währungsbeziehungen solle durch Zielzonen auf zwei unterschiedlichen Ebenen verfolgt werden. Auf der ersten Ebene sollten regionale Währungssysteme für Stabilität sorgen. Auf der zweiten, globalen Ebene wäre eine Zielzone für die vier Leitwährungen US-Dollar, Yen, Euro und Pfund Sterling zu verabreden. Die Funktion des IWF solle sich hierbei auf Wechselkursmanagement und Krisenprävention zwischen den vier Kernwährungen konzentrieren.

*Huffschmid, Jörg*
**Politische Ökonomie der Finanzmärkte**
VSA-Verlag. Hamburg 1999. 246 S.

Der Autor vertritt die These, dass Finanzmärkte wie andere Märkte auch nur dann ihre produktive und wohlstandsfördernde Wirkung entfalten, wenn Fehlentwicklungen erkannt und politisch korrigiert werden. Die ersten vier Kapitel des Buches widmen sich der systematischen Darstellung der Aufgaben, die den Finanzmärkten zur Förderung von Wachstum, Innovation und Entwicklung traditionell zukommen, und dem Wandel ihrer Aufgaben. Huffschmid argumentiert, dass sie ihre klassische Aufgabe als Instrument der Investitionsfinanzierung sukzessive verloren hätten und zunehmend eine „Kasinofunktion" übernehmen würden. Damit aber werde die Allokation der Finanzmittel nicht nur behindert, sondern zunehmend konterkariert. Im letzten Kapitel nennt der Autor notwendige Reformmaßnahmen, unter anderem: Verteuerung unerwünschter Finanztransaktionen, (Wieder)Einführung von Wechselkurszielzonen und Kapitalverkehrskontrollen.

*Jochimsen, Reimut*
**Anforderungen an eine Weltfinanzordnung. Grenzen nationaler Alleingänge und Effizienz internationaler Instrumente**
In: Nuscheler, Franz (Hrsg.): Entwicklung und Frieden im 21. Jahrhundert. Zur Wirkungsgeschichte des Brandt-Berichts. Eine Welt – Texte der Stiftung Entwicklung und Frieden. Dietz. Bonn 2000. S. 348-374

Der Autor stellt Reformvorschläge für das internationale Finanzsystem vor (Tobin-Steuer, Renationalisierung der Finanzmärkte, Maßnahmen zur Wechselkursstabilisierung, Verbesserung der Finanzmarktaufsicht). Zwar sei die Kritik am gegenwärtigen Zustand extrem volatiler Finanzmärkte berechtigt, doch die meisten Reformvorschläge seien entweder ordnungspolitisch fragwürdig oder nicht wirklich weiterführend, konkret oder praktikabel. Vielfach würden die Vorschläge nur dazu dienen, von den „schwierigen Reformaufgaben zu Hause" abzulenken. Jochimsen plädiert für eine „nüchterne Verstärkung" des Finanzsystems anstelle eines kompletten „Neubaus" seiner Architektur.

*Köhler, Claus*
**Spekulation contra Entwicklungspolitik. Eine Analyse der ostasiatischen Währungskrise.**
In: Internationale Politik und Gesellschaft 2, 1998. S. 191-204

Gefordert wird eine neue Weltwährungsordnung, die den Möglichkeiten für Währungsspekulationen auf den internationalen Finanzmärkten Einhalt gebietet. Für die Wirtschaftskrisen in Asien macht Köhler die spekulativen Attacken ausländischer Anleger verantwortlich. Die Wirtschaftspolitik der Länder hingegen habe sich an solide entwicklungspolitische Grundsätze gehalten und sei daher nicht Ursache der Finanzkrisen gewesen.

*Khor, Martin*
**Globalization and the South: Some Critical Issues**
Third World Network. Penang, Malaysia, 1998. 110 S.

Der Mitarbeiter der NGO *Third World Network* in Malaysia beschreibt die Prozesse der Handels-, der Finanzmarkt- und der Investitionsliberalisierung und fragt nach den Wirkungen dieser Prozesse für die Entwicklungsländer. Als wichtigsten Aspekt der Globalisierung nennt er die „Globalisierung nationaler Politikprozesse", vorangetrieben vor allem durch IWF, Weltbank und die Welthandelsorganisation (WTO). Zwar sieht der Autor auch einige Vorteile in den Liberalisierungsprozessen. Insgesamt aber müsste die Öffnung vom Grad der Entwicklung abhängig gemacht werden, und die Entwicklungsländer müssten eigenständig über ihre Entwicklungsstrategien entscheiden können: beispielsweise gewisse Wirtschaftssektoren abschotten, Kapitalverkehrskontrollen einführen. In Bezug auf das internationale Finanzsystem befürwortet er zudem eine weltweit verbesserte Transparenz der Akteure (vor allem von *hedge funds*), Maßnahmen zur Verhinderung von spekulativen Anlagen und eine Tobin-Steuer. Die Entwicklungsländer müssen nach Ansicht des Autors aber international geschlossen auftreten, wenn sie Autonomie zurückgewinnen wollen.

*Lütz, Susanne*
**Globalisierung und die politische Regulierung von Finanzmärkten.**
In: Prokla, 118, 2000. S. 61-81

Die Autorin gibt einen Überblick über formelle und informelle Mechanismen der Regulierung von Finanzmärkten in den letzten drei Jahrzehnten. Nach ihrer Ansicht sind weitere Reformen dennoch unerlässlich, um den neuen Anforderungen im Zuge liberalisierter internationaler Finanzmärkte gerecht zu werden.

*Mayobre, Eduardo (Hrsg.)*
**G-24: the developing countries in the international financial system**
Lynne Rienner Publishers. Boulder, 1999. 331 S.

Die *Gruppe der 24* existiert seit 1972. Rund 25 Jahre nach ihrer Etablierung beschäftigten sich die beteiligten Länder auf einem Ministertreffen mit der veränderten Rolle und Position der Entwicklungsländer im internationalen Finanzsystem. Der Sammelband vereint Beiträge aus unterschiedlichen Entwicklungsländern zum Ölpreisboom und der anschließenden Verschuldungskrise der 70er Jahre und zu den Finanzkrisen in Ost- und Südostasien am Ende der 90er Jahre, auch in ihren Auswirkungen auf Entwicklungsländer in anderen Regionen. Im dritten Teil des Buches werden aktuelle und zukünftige Herausforderungen für die Entwicklungsländer benannt, die sich besonders aus der Liberalisierung der internationalen Kapitalmärkte ergeben. Neben Gefahren der Volatilität privater Kapitalströme geht es auch um die Bedeutung ökonomischer Globalisierungsprozesse für die Arbeitsmärkte in den Entwicklungsländern. Autoren: F. Suárez Dávila, A. Ali Mohammed, A. Sid Ahmed, F. García Palacios, A. Nasution, Y. Chul Park, L. Enrique Berrizbeitia, A. Solimano, A. Buira, J. Guzmán Calafell, V. E. Tokman, A. E. Calcagno/ E. Calcagno.

*Mistry, Percy S.*
**The Challenges of Financial Globalisation**
In: Teunissen, Jan Joost (Hrsg.): The policy challenges of global financial integration. FONDAD. Den Haag 1998. 123 S.

Nach Einschätzung des Autors ist es eine dringende Aufgabe, Antworten auf die zunehmend komplexer werdenden Herausforderungen der Integration der internationalen Finanzmärkte zu finden. Ansatzpunkte sieht er auf nationaler, auf regionaler und auf internationaler Ebene. Als prioritäre Handlungsfelder für kleine Länder nennt er die Herausbildung regionaler Finanzmärkte. In den größeren Ländern gehe es vor allem um die Rationalisierung der fragmentierten Märkte und Akteure, um die Notwendigkeit, existierende Informationsmängel und Asymmetrien in den Finanzmärkten zu adressieren, um eine Stärkung der Finanzmarktregulierung wie auch der Kapazitäten der Zentralbanken.

*Nunnenkamp, Peter*
**Globalisierung und internationales Finanzsystem**
In: Das Parlament, B 37-38, 2000. S. 3-11

Es werden die Auswirkungen der Liberalisierung der Finanzmärkte auf die Entwicklungsländer diskutiert und Vorschläge zur Prävention von Finanzkrisen gemacht. Der Autor hält die Warnungen vor der destabilisierenden Wirkung kurzfristiger Anlagen für die Finanzmärkte der Entwicklungsländer für überzogen. Die weitaus üblicheren privaten Finanzströme in Entwicklungsländer seien ausländische Direktinvestitionen. Diese seien mit einer Reihe entwicklungspolitisch positiver Wirkungen verbunden und weniger schwankungsintensiv und krisenanfällig als andere Formen des Kapitalimports.

*Osterhaus, Anja/ Mosebach, Kai/ Wahl, Peter/ Waldow, Peter*
**Kapital braucht Kontrolle. Die internationalen Finanzmärkte:**
**Funktionsweisen - Hintergründe - Alternativen**
Kairos Europa e. V. Heidelberg 2000. 64 S.

Die Autoren der Nichtregierungsorganisationen *Kairos Europa* und *WEED* beschreiben zunächst die Entstehung und das Funktionieren der internationalen Finanzmärkte, die Entstehung von Finanzkrisen und den Einfluss der Krisen auf Politik, Arbeitsmärkte und Sozialsysteme in den betroffenen Ländern. Im zweiten Teil der Broschüre werden zum einen die Reformvorschläge diskutiert, die in der offiziellen Diskussion sind (Verbesserung der Transparenz und Bankenregulierung, Kategorisierung von Offshore-Finanzzentren, Verhaltenskodex für Hedge Fonds) und zum anderen weitergehende Maßnahmen (u. a. Besteuerung von Devisentransaktionen, Besteuerung von Spekulationsgewinnen, selektiver Einsatz von Kapitalverkehrskontrollen, Abschaffung von Offshore-Finanzzentren, eine Einbeziehung privater Gläubiger ins Krisenmanagement und eine Reform von Weltbank und IWF).

*Teunissen, Jan Joost (Hrsg.)*
**Reforming the International Financial System**
FONDAD. Den Haag 2000. 224 S.

Der Band versammelt Beiträge hochrangiger Finanz- und Entwicklungsexperten aus dem Norden und dem Süden zur Reform des internationalen Finanzsystems. Unter anderem werden Möglichkeiten der Einbeziehung privater Akteure in die Vermeidung und das Management von Finanzkrisen diskutiert, Maßnahmen zur Regulierung und Überwachung privater Kapitalströme und eine Reform des IWF. Zu den Autoren gehören Yilmaz Akyüz (UNCTAD), Amar Bhattacharya (Weltbank), Jack Boorman und Mark Allen (IWF), Howard Brown (Kanadisches Finanzministerium), Ariel Buira (vormals mexikanische Zentralbank), Stephany Griffith-Jones (IDS), Louis Kasekende (Bank of Uganda), Guillermo Le Fort (chilenische Zentralbank), Aziz Ali Mohammed (G 24), Jose Antonio Ocampo (UN-ECLAC), Yung Chul Park (Korea Exchange Bank), Wouter Raab (niederländisches Finanzministerium), Maria Ramos (südafrikanisches Finanzministerium), Yunjong Wang (KIEP) und William White (BIZ).

*UNCTAD*
**Trade and Development Report 2001**
UNCTAD. Genf 2001. 187 S.

Die Welthandels- und Entwicklungskonferenz befürwortet in ihrem Bericht 2001 die Einführung von Wechselkurszielzonen für die Leitwährungen US-Dollar, Yen und Euro. Diese Maßnahmen müssten mit der Bereitschaft der wichtigsten Länder einhergehen, diese Zonen durch koordinierte Interventionen am Markt und durch wirtschaftspolitische Koordinationsmechanismen zu verteidigen. UNCTAD schlägt des Weiteren die Einrichtung einer unabhängigen Schiedsinstanz für das Management und die Überwachung von ordnungsgemäßen Umschuldungsprozessen vor.

*United Nations*
**Towards a New International Financial Architecture**
Report of the Task Force of the Executive Committee on Economic and Social Affairs of the United Nations
United Nations. New York 1998. 25 S.

Nach Auffassung der Berichterstatter ist eine fundamentale Reform des internationalen Finanzsystems dringend geboten, da die Globalisierungstrends auf den internationalen Finanzmärkten nicht mit der Entwicklung eines entsprechenden Regulierungsrahmens einhergegangen seien. Reformen müssten parallel in folgenden Bereichen ansetzen: verbesserte Koordination makroökonomischer Politik auf globaler Ebene, eine Reform des IWF, damit dieser in zukünftigen Krisen adäquate Finanzmittel zur Verfügung stellen kann, verbesserte Informationen und Überwachungen der Finanz- und Bankensysteme auf nationaler und internationaler Ebene, ein Erhalt der Autonomie der Entwicklungsländer in Bezug auf ihre Kapitalmarktpolitik, die Möglichkeit eines temporären Aussetzens des Schuldendienstes in Krisensituationen und die Etablierung eines Netzwerkes von Organisationen auf regionaler und subregionaler Ebene, die sich um das Management monetär- und finanzmarktpolitischer Fragen kümmern. Die Reform des internationalen Finanzsystems sollte auf breiten internationalen Diskussionen aufbauen, in denen die Entwicklungsländer adäquat repräsentiert sind.

*Wyplosz, Charles*
**Financial Instability and its costs**
In: Forum for Environment & Development: Global financial challenges. Towards a responsible financial architecture for the developing countries
Oslo 1999

Der Autor nennt nationale wie internationale Ursachen und Konsequenzen von Instabilitäten auf den internationalen Finanzmärkten und gibt einen Überblick über existierende Institutionen und Mechanismen der Regulierung. Er argumentiert, dass die Instabilitäten im internationalen Finanzsystem, die im schlechtesten Fall zu Finanzkrisen führen, die Folgen von Formen des Marktversagens sind, deren Ursachen noch nicht ganz geklärt seien. Seine fünf Empfehlungen lauten: 1. Die Liberalisierung der Kapitalmärkte sollte vorsichtiger vorangetrieben werden. 2. Das Krisenmanagement der internationalen Finanzinstitutionen, besonders des IWF, sollte reformiert werden. Die riesigen finanziellen Hilfspakete, verbunden mit restriktiven makroökonomischen und umfassenden strukturellen Auflagen, hätten sich nicht bewährt. 3. Die Konditionalitäten der Hilfprogramme sollten von *ex post-* zu *ex ante-*Auflagen umgewandelt werden. 4. Temporäre Einstellungen des Schuldendienstes sollten in akuten Krisensituationen möglich sein. 5. Das Monopol des IWF sollte aufgelöst und durch regionale Währungsfonds ergänzt werden.

**Weitere Literatur**

*Altvater, Elmar*
**Die neue internationale Finanzarchitektur. Zur Regulation und Reform der internationalen Finanzmärkte**
In: Widerspruch. Beiträge zur sozialistischen Politik, 40, 21, 1, 2001

*Blecker, Robert A.*
**Taming Global Finance**
Economic Policy Institute. Washington, D.C. 1999

*Feldstein, Martin*
**A Self-Help Guide for Emerging Markets. Fighting the Asian Flu**
In: Foreign Affairs, 78, 2, 1999

*Financial Stability Forum*
**Report of the working group on capital flows**
Basel, 2000

*Frankel, Jeffrey A.*
**The International Financial Architecture**
Brookings Policy Brief 51, 1999
Brookings Institution. Washington, D.C. 1999

*Huffschmid, Jörg*
**Kapitalverkehrskontrollen: Die Realität hinter der Rhetorik**
In: Informationsbrief Weltwirtschaft & Entwicklung, Sonderdienst 9/ 98
WEED. 1998

*Kreditanstalt für Wiederaufbau (KfW)*
**Internationale Finanzmärkte – Aspekte der aktuellen Reformdiskussion**
KfW. Frankfurt a. Main 2000

*Ocampo, Jose Antonio*
**Reforming the International Financial Architecture: Consensus and Divergence**
In: Nayyar, Deepak (Hrsg.): Governing Globalization: Issues and Institutions
Clarendon Press. Oxford 2001

*Phillips, Nicola*
**Rethinking Regionalism? Governance after Financial Crisis**
Paper presented at the CSGR 3$^{rd}$ Annual Conference
University of Warwick. 1999


*Solomon, Robert*
**Money on the Move. The Revolution in International Finance since 1980**
Princeton University Press. Princeton 1999


*UNDP*
**Human Development Report**
UNDP. New York 1999


*UNDP*
**Social Implications of the Asian Financial Crisis**
Korea Development Institute. Seoul 1998


*WEED*
**Schuldenreport 2000**
WEED. Bonn 2000.


*World Bank*
**World Development Report 2000/01**
World Bank. Washington, D.C. 2001

# Kapitel 6: Privates Kapital und Entwicklungsfinanzierung

In der heutigen Debatte um die Finanzierung von Entwicklung spielt privates Kapital als Quelle externer Finanzierung eine zentrale Rolle. Besonders die Geber verweisen immer wieder auf private Kapitalflüsse (Direkt- und Portfolioinvestitionen, Bankkredite und Anleihen) als Ausweg aus der Finanzierungslücke der Länder des Südens und des Ostens. Auch die multilateralen Institutionen des internationalen Systems der Entwicklungsfinanzierung wie die Weltbank, der IWF und m. E. die entwicklungspolitisch relevanten Organisationen des UN-Systems propagieren privates Kapital als Quelle der dringend benötigten externen Finanzierung.

Noch geht aber nur ein relativ kleiner Teil der weltweiten privaten Kapitalströme in die Entwicklungsländer: Sie hatten im Jahr 2000 lediglich einen Anteil von 7,6 Prozent an den weltweiten privaten Kapitalflüssen (1997:14,4 Prozent). Der Anteil der Entwicklungsländer an den weltweit getätigten ausländischen Direktinvestitionen (*Foreign Direct Investment* = *FDI*) lag 2000 bei 15,9 Prozent (1997:36,5 Prozent).[14] Für die kurzfristigen wie langfristigen Investitionen in Entwicklungsländer gilt, dass sie sich auf eine nur kleine Zahl von Ländern konzentrieren. Von den ausländischen Direktinvestitionen in Entwicklungsländer verteilen sich 85 Prozent auf nur 20 Länder mittleren Einkommens. Der Anteil der 47 ärmsten und hochverschuldeten Länder an den weltweiten FDI machte 2000 nur 2,5 Prozent aus. Zurzeit haben nur 25 Entwicklungsländer Zugang zu privaten Märkten für Schuldverschreibungen, zu Krediten bei Handelsbanken und Portfoliokapital. 94 Prozent Portfolioinvestitionen konzentrieren sich auf 20 Länder.[15]

Angesichts der so massiven Zunahme privater Kapitalströme, so argumentieren viele, sollten die Entwicklungsländer sich um einen größeren Teil vom „Kuchen" bemühen. Entsprechend beschäftigt sich ein großer Teil der themenrelevanten Literatur mit der Frage, wie die Entwicklungsländer ihren Anteil an den Finanzströmen ausbauen können. Welche Faktoren bewegen ausländische Unternehmen, in Entwicklungsländern zu investieren? Welche Maßnahmen sind nötig, um Investoren ins Land zu holen?

IWF und Weltbank setzen sowohl in ihrer Ausleihpolitik als auch in ihren Politikempfehlungen und Beiträgen zur entwicklungspolitischen Debatte

---

[14] World Development Finance 2001.
[15] UNDP: Human Development Report 1999. UNDP. New York, 1999 und UNCTAD *World Investment Report 2000,* zitiert nach Falk, Rainer: Fusionitis statt Entwicklung. Transnationale Konzerne – Die neuen Entwicklungshelfer? W&E SD 1/ 2001. Bonn 2001.

auf eine sehr weitgehende Liberalisierung der Finanz- und Kapitalmärkte der Entwicklungsländer und auf die Förderung eines investitionsfreundlichen institutionellen Umfelds. So befördern sie beispielsweise über die Auflagen ihrer Strukturanpassungsprogramme die Öffnung der Kapitalmärkte und die Liberalisierung der Finanzmärkte der Entwicklungsländer. Über die Sektorprogramme und Projektkredite der Weltbank wird die Schaffung eines förderlichen institutionellen Rahmens vorangetrieben. Die Weltbank vergibt darüber hinaus neben ihrem eigentlichen Kreditgeschäft, bei dem sie Geld an Regierungen ausleiht, auch Kredite und Garantien an private Unternehmen für Direktinvestitionen in Entwicklungsländer.

Darüber hinaus verlassen sich auch die bilateralen Geber zunehmend auf eine Kooperation mit der Privatwirtschaft (Stichwort der *Public-Private-Partnership*, kurz PPP), in der Hoffnung, private Investoren auf diesem Weg zu einem ökonomischen Engagement in den Entwicklungsländern zu bewegen. Das BMZ misst „Entwicklungspartnerschaften mit der Wirtschaft" außerordentliche Bedeutung zu, will einen möglichst großen Teil der bilateralen Entwicklungshilfeprojekte in Kooperation mit privaten Unternehmen durchführen und hat daher bereits einen eigenen PPP-Arbeitsbereich eingerichtet.

Doch der Entwicklungsbeitrag ausländischen Kapitals ist nicht unumstritten. Besonders die Finanzkrisen der letzten Jahre haben Zweifel verstärkt, ob privates Kapital eine gute Alternative zu öffentlicher Entwicklungsfinanzierung darstellt. Denn die umfassende Öffnung der Finanzmärkte der Entwicklungsländer ging mit harten ökonomischen und sozialen Kosten einher, als die Investoren ihre kurzfristigen Anlagen plötzlich und in großem Umfang wieder abzogen und die betroffenen Volkswirtschaften so in heftige Finanz- und Wirtschaftskrisen stürzten. Heute wird sehr viel stärker nach den Risiken der Liberalisierung der Kapitalmärkte gefragt und über Maßnahmen nachgedacht, kurzfristige, stark volatile Kapitalströme zu begrenzen.[16] Der IWF befürwortet zwar noch immer eine umfassende Kapitalmarktöffnung. Er betont heute aber stärker die Notwendigkeit, erst funktionierende institutionelle Strukturen wie beispielsweise Bankenaufsichtsbehörden zu schaffen und die Liberalisierung schrittweise umzusetzen.

Eine häufige und kontrovers diskutierte Frage in der aktuellen Literatur ist die nach den Wachstumseffekten liberalisierter Finanz- und Kapitalmärkte (siehe z.B. Agosin/ Mayer 2000, Fischer (Hrsg.) 1994, Grunberg (Hrsg.) 1998). Nahezu völlig unerforscht sind die Zusammenhänge

---

[16] Für Beiträge zur Kontroverse über Finanzmarktliberalisierung siehe auch Kapitel 5 (5.2), zum Zusammenhang von einheimischer Finanzsektorentwicklung und der Öffnung der Finanzmärkte nach außen siehe Kapitel 7.

zwischen der Öffnung der Kapitalmärkte und der Entwicklung der Armut (siehe Bretton Woods Project/ Oxfam 2001). Zum Teil wird nach den unterschiedlichen Arten privater Kapitalströme differenziert und nach den jeweiligen entwicklungspolitischen Wirkungen verschiedener Arten von Investitionen gefragt. So gelten spätestens seit den Finanzkrisen der 90er Jahre längerfristig orientierte ausländische Direktinvestitionen im Vergleich zu kurzfristigen Portfolioinvestitionen und Anleihen als die verlässlichere Quelle externen Kapitals. Die Argumente für ausländische Direktinvestitionen beziehen sich außer auf ihre vermeintlich größere Stabilität vor allem auf ihren Beitrag zu Industrialisierung, zum Know-How und der Beschäftigungssituation in den Gastländern. So wird oft erwartet, dass FDI Effizienz- und Beschäftigungsgewinne mit sich bringen und Technologietransfer und den Zugang zu Exportmärkten erleichtern. Um FDI ins Land zu holen, wird den Entwicklungsländern unter anderem der Abbau von Zugangsbeschränkungen für bestimmte Sektoren, Steueranreize, großzügige Regelungen für die Rückführungsmöglichkeiten von Gewinnen ins Herkunftsland und der Aufbau eines entsprechenden institutionellen Rahmens empfohlen.

Doch auch die entwicklungspolitischen Wirkungen von (langfristigen) ausländischen Direktinvestitionen sind keineswegs unumstritten: Gegenargumente lauten unter anderem, dass die erhofften positiven Effekte in der Realität oft nicht eintreffen: So ist zwar das Volumen von FDI stark angewachsen (zwischen 1996 und 1999 weltweit jährlich um 31,9 Prozent). Doch hierbei handelt es sich zunehmend stärker um Unternehmensfusionen und – besonders in den Entwicklungsländern – um Unternehmensübernahmen. Damit gehen in der Regel aber keine Investitionen in neue Anlagen und neue Beschäftigungsmöglichkeiten einher (siehe Stallings/ Peres 2000). Zum Teil wird bezweifelt, dass FDIs wirklich stabiler sind als beispielsweise Aktienbeteiligungen. Des Weiteren wird befürchtet, dass ausländische Investitionstätigkeit einheimische Investitionen verhindert (siehe Agosin/ Mayer 2000). Auch das Entwicklungsprogramm der Vereinten Nationen (UNDP) konnte in seinem jährlichen Bericht zur menschlichen Entwicklung (1999) keinen systematischen Zusammenhang zwischen FDI, Wachstum und menschlicher Entwicklung feststellen.

Es wird debattiert, welche Institutionen und Regulierungsmechanismen auf nationaler und auf internationaler Ebene notwendig sind, um zu garantieren, dass private Investitionen in den Ländern des Südens die Entwicklungsinteressen dieser Länder befördern. Sind verbindliche internationale Standards für das Verhalten ausländischer Unternehmen in den Entwicklungsländern notwendig? Oder sollte eher auf die freiwillige Befolgung von Verhaltensprinzipien durch die Firmen gesetzt werden, wie es beispielsweise der *Global Compact* der UN tut?[17]

Auch das Konzept der *Public-Private-Partnership* wird kontrovers diskutiert: So wird – neben einer Reihe von positiven Wirkungen – unter anderem die Gefahr gesehen, dass gerade die entwicklungspolitisch prioritären Bereiche der Armutsbekämpfung und sozialen Grundversorgung zu kurz kommen, da sie für Unternehmen nicht profitabel seien. Das PPP-Konzept könnte darüber hinaus direkte unerwünschte entwicklungspolitische Nebenwirkungen haben, wenn beispielsweise Lieferbindungen bestehen oder es aufgrund von Subventionierung zu Wettbewerbsverzerrungen kommt (siehe z.B. Friends of the Earth US 2000, U. Hoering 1998, Bruno/ Karliner 2000).

## Literatur zur Rolle privaten Kapitals in der Entwicklungsfinanzierung

*Agosin, Manuel/ Mayer, Ricardo*
**Foreign Investment in Developing Countries: Does it Crowd in Domestic Investment?**
UNCTAD Discussion Paper 146
UNCTAD. Genf 2000. 22 S.

Die Autoren (Mitarbeiter von UNCTAD) beleuchten die Effekte von ausländischen Direktinvestitionen (FDI) auf die inländische Investitionstätigkeit. Sie kommen zu dem Ergebnis, dass in Lateinamerika FDI einheimische Investitionen in der Tendenz verdrängt haben, während sie in Ostasien solche Investitionen angezogen haben. In Afrika und den anderen Teilen Asiens sei der Effekt neutral gewesen. Sie gelangen zu der Einschätzung, dass ein Verdrängungseffekt in Situationen stattfindet, wo das Investitionsregime sehr liberal und der einheimische Sektor wenig entwickelt ist.

---

[17] Die Idee des *Global Compact* war 1999 vom Generalsekretär der Vereinten Nationen, Kofi Annan, präsentiert und später gemeinsam mit 50 Unternehmensvertretern auf den Weg gebracht worden. Es handelt sich bei der Initiative um einen freiwilligen Verhaltenskodex für Unternehmen zur Beachtung von sozialen, arbeitnehmerrechtlichen und ökologischen Belangen. Konkrete Beschwerdeverfahren oder Überwachungsmechanismen existieren nicht.

*Bhinda, Nils/ Griffith-Jones, Stephany u. a.*
**Private Capital Flows to Africa. Perception and Reality**
FONDAD. Den Haag 1999. 178 S.

Untersucht werden quantitative und qualitative Aspekte privater Kapitalströme nach Afrika. Zwar entspräche der Anteil der weltweiten Privatkapitalströme nach Afrika südlich der Sahara nur dem Anteil Singapurs, doch gemessen an den Bruttoinlandsprodukten der afrikanischen Länder spiele das private Kapital dennoch eine große Rolle. Die Autoren weisen darauf hin, dass entgegen der üblichen Wahrnehmung in den 90er Jahren Aktienbeteiligungen der am stärksten wachsende private Kapitalstrom nach Afrika waren. Sie befragten 150 Investoren, warum sie in Afrika investieren bzw. warum nicht. Zu den Ergebnissen gehört unter anderem, dass die Privatwirtschaft die Strukturanpassung, deren Zweck es eigentlich ist, privates Kapital anzulocken, nicht einhellig begrüßt. So werden die Programme zum Teil dafür verantwortlich gemacht, die auch für Investoren wichtigen Bereiche Infrastruktur und Bildung vernachlässigt zu haben. Die Befragung ergab außerdem, dass Investoren stabile, aber nicht notwendigerweise demokratische politische Verhältnisse schätzen, und dass Korruption nicht per se als Problem angesehen werde, sondern nur wenn es sich um „nicht verlässliche Korruption" handele. Die Datenlage zu privaten Kapitalflüssen in Afrika ist sehr schlecht. Nach Einschätzung der Autoren ist daran auch die Liberalisierung der Kapitalmärkte schuld, in deren Zuge die Länder auch die Kapazitäten zur Überwachung der Finanzströme abgebaut hätten. Damit fehlt den afrikanischen Staaten aber auch die Grundlage für eine durchdachte Investitionspolitik, die aus Sicht der Autoren dringend notwendig sei, wenn der entwicklungspolitische Nutzen der privaten Investitionen maximiert und die Risiken minimiert werden sollen.

*Botchwey, Kwesi*
**Financing for Development: Current Trends and Issues for the Future**
Paper prepared for:
UNCTAD X. High-level Round Table on Trade and Development:
Directions for the 21$^{st}$ Century
UNCTAD. New York 2000. 22 S.

Der Harvard-Professor diskutiert Fragen der Entwicklungsfinanzierung, aktuelle Trends sowie deren zukünftige Gestaltung. Im ersten Teil des Papiers gibt er einen Überblick über die Entwicklung ausländischer privater Kapitalströme in Entwicklungsländer: über die Höhe, die unterschiedlichen Arten von privaten Kapitalströmen und ihre geographische Verteilung. Angesichts sinkender ODA-Mittel betont Botchwey die Bedeutung von ausländischen Direktinvestitionen (FDI) für die Entwicklung der Länder des Südens; nach seiner Einschätzung hängt die Zukunft der Entwicklungsländer wesentlich davon ab, ob es ihnen gelingt, FDI ins Land zu holen. Er befürwortet eine Schuldenreduzierung, zum einen im Hinblick auf die Attraktivität für ausländische Investoren, zum anderen, um durch den eingesparten Schuldendienst zusätzliche Mittel für Entwicklungsfinanzierung zur Verfügung zu haben.

*Bretton Woods Project/ Oxfam*
**Go with the flows? Capital account liberalisation and poverty**
London 2001. 54 S.
web: www.brettonwoodsproject.org

Bei der Veröffentlichung handelt es sich um eine Auseinandersetzung mit dem Zusammenhang von Kapitalmarktliberalisierung und Armut. Im ersten Teil untersucht A. Wood die befördernden Faktoren der Kapitalmarktliberalisierung in den Entwicklungsländern und die Zusammenhänge zwischen Handel, Kapitalmarktliberalisierung und Handelsbilanz sowie die Wirkungen der Liberalisierung auf die Situation der Armut. Im zweiten Teil der Veröffentlichung diskutiert A. Cobham die Armutswirkungen liberalisierter Kapitalmärkte unter Einbeziehung vorhandener empirischer Untersuchungen. Cobham kommt zu einer weniger positiven Einschätzung der zu erwartenden Vorteile freier Kapitalmärkte für Wachstum und Armutsbekämpfung in Entwicklungsländern als von der Theorie häufig angenommen wird. Kommentare von L. A. Kasekende (Ugandische Zentralbank), F. S. Sta. Ana III (Action for Economic Reforms, Philippinen), A. Kraay (Weltbank), W. larralde (Gruppe der 24), M. Allen (IWF) und K. Malhotra (UNDP). Die Broschüre bezieht sich in Teilen auf ein Seminar zum Thema, das im Januar 2001 unter dem Titel *Capital Account Liberalisation and Poverty* stattfand.

*Brookings Institution*
**Open Doors: Foreign Participation in Financial Systems in Developing Countries**
Brookings Institution. Washington, D.C. 2001. 514 S.

Beiträge und Mitschriften einer Konferenz, die vom IWF, der Weltbank und der Brookings Institution im April 2001 organisiert wurde (*Financial Markets and Development Conference*). Die Veranstaltung beschäftigte sich mit den Effekten der Öffnung von Finanzsektoren für ausländisches Kapital (besonders Banken) auf den einheimischen Finanzsektor: Positive Wirkungen auf Wettbewerb und Stabilität? Oder existentielle Bedrohung für einheimische Akteure und Gefahr von Instabilität und

Finanzkrisen? Diskussionsbeiträge von D. Mathieson/ J. Roldos (IWF) und M. Pomerleano/ G. Vojta (Weltbank und Financial Service Forum) zur Rolle ausländischer Banken im Finanzsektor der Länder mittleren Einkommens; R. A. Singh (Securities Commission in Malaysia) zu einer Untersuchung von 17 Ländern mittleren Einkommens und Fragen des Tempos und der Sequenzierung von Finanzmarktliberalisierung. Die Publikation enthält darüber hinaus Beiträge von E. Graham (Institute for International Economics), P. Sauve (OECD) und K. Steinfatt (OAS), H. Skipper (Georgia State University), B. Steil (U.S. Council on Foreign Affairs) und P. Turner (Bank für internationalen Zahlungsausgleich).

*Bruno, Kenny/ Karliner, Joshua*
**Tangled up in Blue: Corporate Partnerships at the United Nations**
TRAC-Transnational Resource & Action Center. 2000
web: www.corpwatch.org/trac/globalization/un/tangled.html

Kritische Auseinandersetzung mit dem Vorstoß des UN-Generalsekretärs Annan (besonders mit dem sogenannten *Global Compact*), dass alle UN-Organisationen Partnerschaften mit dem Privatsektor anstreben sollten. Nach Einschätzung der Autoren ist der Einfluss privater Unternehmen in den Vereinten Nationen schon jetzt zu groß; die Mission und Integrität der UN würden durch eine noch weitere Intensivierung gefährdet. Der *Global Compact* sei problematisch unter anderem in der Auswahl der Firmen (beispielsweise Shell), in der Art von „Partnerschaft", die angestrebt wird, und in seinen (fehlenden) Überwachungs- und Durchsetzungsmechanismen. Den Firmen liefere der *Global Compact* eine willkommene PR-Gelegenheit, da sie sich im Rahmen der Initiative mit dem UN-Logo schmücken könnten, ohne dass es für sie notwendig wäre, ihre Geschäftspraxis zu ändern.

*Chen, Zhaohui/ Khan, Mohsin, S.*
**Patterns of Capital Flows to Emerging Markets: A Theoretical Perspective**
IMF Working Paper WP/ 97/ 13
IMF. Washington, D.C. 1997. 32 S.

Die Autoren befassen sich in diesem IWF-Arbeitspapier mit den Gründen für das Muster (Zusammensetzung, geographische und interregionale Verteilung) ausländischer Kapitalflüsse in Länder mittleren Einkommens. Sie halten vor allem den Grad der Entwicklung der Finanzsektoren und das Wachstumspotential in den jeweiligen Empfängerländern für ausschlaggebende Faktoren.

*Eatwell, John*
**International Financial Liberalization. The Impact on World Development**
Discussion Paper No. 12
Office of Development Studies (ODS)
United Nations Development Programme (UNDP). New York 1997. 72 S.

Der Autor untersucht die Liberalisierung der Kapital- und Finanzmärkte in den letzten zwanzig Jahren im Hinblick auf ihre Auswirkungen auf das weltweite Wirtschaftswachstum. Seinen Ergebnissen nach hatten die Maßnahmen nicht die erhofften positiven Wachstumsfolgen. Die Liberalisierungsschritte seien mit zunehmender Volatilität einhergegangen, die sich negativ auf das ökonomische Wachstum ausgewirkt hätten.

*Fischer, Bernhard (Hrsg.)*
**Investment and Financing in Developing Countries**
Nomos Verlag. Baden-Baden 1994. 236 S.

Die Beiträge des Sammelbands beschäftigen sich mit dem Zusammenhang von Wachstum, Investitionen und Finanzmarktentwicklung in Entwicklungsländern. Der Schwerpunkt liegt auf der Funktion ausländischen Privatkapitals in den Entwicklungsprozessen der Entwicklungsländer. Unter anderem diskutiert R. Shams die Rolle von Investitionen und Finanzmärkten in den neuen Theorien des ökonomischen Wachstums. M. Atkin konzentriert sich auf die Chancen und Gefahren im Zusammenhang mit Aktienmärkten in Entwicklungsländern. B. Fischer fragt nach den notwendigen Voraussetzungen einer Öffnung der Finanzmärkte in den Entwicklungsländern. P. Nunnenkamp untersucht die ausländischen Kapitalflüsse nach Lateinamerika und P. Dittus die Situation in Osteuropa. Der Band enthält des Weiteren Beiträge von J. v. Stockhausen und B. Fischer zu Mikrokrediten und zwei Aufsätze von M. J. Fry und H. Reisen.

*Fischer, Bernhard/ Reisen, Helmut*
**Liberalising Capital Flows in Developing Countries: Pitfalls, Prerequisites and Perspectives.**
Development Centre Studies
OECD. Paris 1993. 155 S.

Das Buch versteht sich als politische Handlungsanweisung für Regierungen, die eine Liberalisierung ihrer Kapitalmärkte anstreben; es liefert Argumente für eine Liberalisierung, macht Aussagen zur Art und zum zeitlichen Ablauf des Abbaus von Kapitalverkehrskontrollen und zum Ablauf des Öffnungsprozesses insgesamt.

*Foerster, Andreas/ Wolff, Peter*
**Öffentlich-private Partnerschaft in der Zusammenarbeit mit dynamischen Entwicklungsländern. Anpassungserfordernisse für das Instrumentarium der deutschen Entwicklungszusammenarbeit**
Deutsches Institut für Entwicklungspolitik (DIE)
DIE. Berlin 1997. 56 S.

Überlegungen zum Konzept der Public-Private Partnerships (PPP) im Auftrag des BMZ und Grundlage der Informationsbroschüre des BMZ: *Gemeinsam Entwicklung gestalten. Partnerschaften zwischen privater und öffentlicher EZ. BMZ. Bonn 1998*. Die Autoren gehen davon aus, dass durch die Zusammenarbeit Synergieeffekte ausgenutzt werden könnten, dass sich durch die Kostenteilung die Effizienz des Mitteleinsatzes erhöhe und die Zusammenarbeit zu einer größeren Nachhaltigkeit von Vorhaben führe. Sie argumentieren, dass der Entwicklungszusammenarbeit heute vor allem die Aufgabe zukomme, die adäquaten Rahmenbedingungen für privates Engagement zu schaffen und eine Katalysatorfunktion für privates Kapital zu übernehmen.

*French, Hilary F.*
**Investing in the Future: Harnessing Private Capital Flows for Environmentally Sustainable Development**
World Watch Paper No. 9
World Watch Institute. Washington, D.C. 1998. 68 S.

Die Autorin betont mögliche negative Wirkungen privater Kapitalflüsse auf die Umwelt in den Entwicklungsländern und nennt Strategien, diesen vorzubeugen: unter anderem Umweltstandards für die Aktivitäten bilateraler Exportförderinstrumente und der Privatsektorförderung der Weltbank, Umweltrichtlinien für die Kreditvergabe privater Banken und die Aufgabe umweltschädlicher Subventionen.

*Friends of the Earth US*
**Dubious Development: How the World Bank's Private Arm Is Failing the Poor and the Environment**
Friends of the Earth. Washington, D.C. 2000. 23 S.

Die US-amerikanische Umweltorganisation *Friends of the Earth* unternimmt eine kritische Bewertung der Weltbank-Förderung des Privatsektors. Anhand einer Reihe von Beispielen von Krediten an private Firmen über die Weltbankabteilungen IFC und MIGA wird argumentiert, dass der Hauptteil dieser öffentlichen Förderung weder entwicklungspolitisch sinnvoll noch umweltverträglich sei. Ein sehr großer Teil der Kredite und Garantien gehe an große international agierende Konzerne und in Sektoren, die oft mit großen Umweltproblemen einhergehen und kaum Wirkung auf die Schaffung neuer Arbeitsplätze im Gastland hätten. Die Informationspraxis der Weltbank sei in der Privatsektorförderung noch weniger offen als im traditionellen Bereich der Weltbankausleihungen.

*Gastanaga, Victor M./ Nugent, Jeffrey B./ Pashamova, Bistra*
**Host Country Reforms and FDI Inflows: How Much Difference do they Make?**
In: World Development, 26, 7, 1998. S. 1299-1314

Der Aufsatz nimmt die Daten von 49 der ärmsten Entwicklungsländer im Zeitraum 1970 bis 1995 zur Grundlage einer Untersuchung des Effekts unterschiedlicher institutioneller Faktoren und Förderinstrumente auf ausländische Investitionen.

*Green, Duncan/ Melamed, Claire*
**A Human Development Approach to Globalisation**
CAFOD/ Christian Aid. London 2000. 59 S.

Die Ausgangsthese der Autoren ist, dass Globalisierung gestaltet werden kann. Angesichts der weltweit bestehenden Armut reiche es aber nicht aus, nur auf Marktliberalisierung verbunden mit der Stärkung „menschlichen Kapitals" durch verbesserte Bildungs- und Gesundheitsversorgung zu setzen. Für eine Globalisierung im Sinne menschlicher Entwicklung seien umfassendere Reformen im internationalen Finanz- und Handelssystem, in den internationalen Institutionen (hier vor allem: WTO) und im Bereich ausländischer Direktinvestition dringend notwendig. Sie sprechen sich im Hinblick auf ausländische Investitionen unter anderem für internationale Richtlinien für ausländische Unternehmen in Entwicklungsländern aus. Darüber hinaus sollte eine internationale Überwachungsbehörde etabliert werden, die deren Einhaltung überprüfen und gegebenenfalls Sanktionen verhängen soll. Länder sollten Regulierungen für ausländische Investoren entsprechend eigener Zielsetzungen umsetzen dürfen, und den Entwicklungsländern müsse es möglich sein, Auflagen zum Ziel der Armutsbekämpfung zu erlassen. Die Industrieländer sollten sich für die Entwicklung einer internationalen Wettbewerbsvereinbarung einsetzen, die allerdings die besondere Lage der Entwicklungsländer beachten müsse.

*Grunberg, Isabelle (Hrsg.)*
**Perspectives on International Financial Liberalization**
ODS Discussion Paper No. 15
UNDP. New York 1998. 68 S.

Die Veröffentlichung des Büros für Entwicklungsstudien (ODS) beim Entwicklungsprogramm der Vereinten Nationen (UNDP) enthält Beiträge zur kontrovers geführten Debatte um die Entwicklungswirkungen ausländischen Privatkapitals in den Ländern des Südens. Die Beiträge sind Reaktionen auf das ODS-Diskussionspapier Nr. 12 von John Eatwell (1997), in dem er eine skeptische Bilanz der Entwicklungswirkungen liberalisierter Finanzmärkte zog. M. R. Agosin nimmt zur Frage Stellung, wie Länder sich vor volatilen, kurzfristigen Kapitalimporten und -exporten schützen können. M. Mobius sieht eine Liberalisierung der Kapitalmärkte deutlich im Sinne der Entwicklungsländer, Helleiner warnt vor einer zu positiven Einschätzung der Wirkungen liberalisierter Finanzmärkte. A. Shah und S. Thomas betonen die Bedeutung von Institutionen in der Entwicklung einheimischer Finanzmärkte. Neben den thematischen Aufsätzen werden Länderuntersuchungen präsentiert (M. El Hedi Lahouel zu Marokko und Tunesien, S. S. Tarapore zu Indien) und Regionalstudien (L. Kasekende zu Afrika), vor allem aber Beiträge zur Region Ost-Asien (A. Depaulis zu China, A. H. Amsden/ Y. Euh zu Korea und L. Lim zu Südostasien).

*Hanson, Gordon H.*
**Should Countries Promote Foreign Investment?**
G-24 Discussion Paper Series No. 9
United Nations. New York 2001. 38 S.
web: www.unctad.org

Der Autor will die Frage beantworten, ob politische Förderinstrumente wie Steuererleichterungen zum Anreiz von ausländischen Direktinvestitionen (FDI) aus Perspektive der Entwicklungsländer sinnvoll sind. Er untersucht entsprechende empirische Literatur und kann insgesamt nur wenig Evidenzen einer positiven Wirkung von FDI auf die Ökonomien der Gastländer finden. Solange es aber so unsicher sei, dass Entwicklungsländer überhaupt von ausländischen Direktinvestitionen profitierten, sollten sie von einer Subventionierung von FDI absehen.

*Helleiner, Gerald K. (Hrsg.)*
**Capital Account Regimes and the Developing Countries**
Macmillan. London 1998. 231 S.

In diesem Sammelband werden die Erfahrungen der Entwicklungsländer mit der Öffnung ihrer Kapital- und Finanzmärkte für ausländisches Kapital diskutiert. Neben Fallstudien zu Chile und Kolumbien (G. Le Fort V./ C. Budnevich), Korea, Thailand, Malaysia und Indonesien (Y. C. Park/ C.-Y. Song), Kenia, Republik Südafrika, Uganda, Simbabwe und Tansania (L. Kasekende/ D. Kitabire/ M. Martin), steht ein Beitrag zur generellen Finanzierungsfunktion des IWF in Finanzkrisen (J. Williamson), eine Diskussion zur Wirksamkeit der Besteuerung von internationalen Finanztransaktionen und alternativer Kapitalmarktregime (R. Dornbusch) und ein Beitrag zur Kapitalmarktliberalisierungspolitik des IWF nach den Finanzkrisen 1997 (Aziz Ali Mohammed).

*Jun, Kwang W./ Brewer, Thomas L.*
**The Role of Foreign Private Capital Flows in Sustainable Development**
In: Finance for Sustainable Development: The Road Ahead
Proceedings of the Fourth Group Meeting on Financial Issues of Agenda 21, Santiago de Chile 1997
United Nations. New York 1997. 503 S.

Die Autoren untersuchen das Zusammenspiel zwischen ausländischen Direktinvestitionen (FDI) und nachhaltiger Entwicklung in den Gastländern. Sie wollen einen analytischen Rahmen zur Bewertung der Rolle von FDI in diesem Kontext entwickeln und politische Empfehlungen zur Stärkung der positiven Wirkungen abgeben. Sie untersuchen vor dem Ziel der nachhaltigen Entwicklung förderliche wie nachteilige Auswirkungen von FDI. Sie präsentieren vergleichende empirische Studien und schlussfolgern, dass die Wirkungen von FDI im Zusammenhang mit nachhaltiger Entwicklung sowohl von den nationalen politischen Bedingungen abhängen als auch vom Verhalten der ausländischen Investoren.

*Kasekende, Louis/ Kitabire, Damoni/ Martin, Matthew*
**Capital Inflows and Macroeconomic Policy in Sub-Saharan Africa**
In: UNCTAD: International Monetary and Financial Issues for the 1990s. Research papers for the Group of Twenty-Four. UNCTAD. Genf 1997. S. 59-85

Die Autoren konstatieren, dass die meisten Studien zur Liberalisierung der Kapitalmärkte in Entwicklungsländern die Region Sub-Sahara-Afrika ausgespart haben. Doch obwohl der Anteil der Region an den privaten Kapitalströmen insgesamt nur minimal ausfällt, sei ihr Anteil in Relation zu den Bruttosozialprodukten der afrikanischen Länder zum Teil beachtlich groß. Die Autoren untersuchen Ausmaß, Zusammensetzung, Ursachen, Nachhaltigkeit, makroökonomische Effekte und politische Implikationen der privaten Kapitalströme in den Ländern Kenia, Sambia, Simbabwe, Südafrika, Tansania und Uganda. Sie kommen zu der Einschätzung, dass die Entwicklung wenig nachhaltig sei und eine große Gefahr von Volatilität und Umkehrbarkeit herrsche. Der größte Teil der zuströmenden Finanzmittel sei für Konsum und Importe verwendet worden, anstatt in Investitionen oder den Aufbau von Finanzreserven zu fließen. Darüber hinaus seien die Gelder prozyklisch geflossen. Die Autoren nennen Maßnahmen, um den negativen Wirkungen privater Kapitalflüsse zu begegnen (u. a. Verbesserung der Überwachungsmechanismen und Verlangsamung der Kapitalmarktliberalisierung).

*Kaul, Inge*
**Towards a paradigm of embedded financial liberalization. Interlocking the wheels of private and public finance**
SEF. Bonn 1999. 11 S.

Kaul ist der Ansicht, dass öffentlich-private Kooperation zum Ziel der nachhaltigen menschlichen Entwicklung (*„sustainable human development"*) möglich und relativ einfach zu erreichen ist. Doch dafür sei es notwendig, die bisher in unterschiedlichen Foren geführten Debatten um eine Reform der internationalen Finanzarchitektur, um das Mikrokreditwesen, um neue Gesundheits-, Renten- und Arbeitslosenversicherungssysteme, um Finanzierungsmechanismen im Bildungsbereich, um *e-commerce* und die Verantwortung internationaler Konzerne zusammenzubringen. Sie spricht sich dafür aus, alle diese Elemente nach Überprüfung ihrer Kompatibilität mit dem Ziel nachhaltiger menschlicher Entwicklung in einem neuen Rahmen zusammenzufügen.

*Kell, Georg/ Ruggie, John G.*
**Global Markets and Social Legitimacy: the Case for the Global Compact**
Beitrag zur Konferenz „Governing the Public Domain: Beyond the Era of the Washington Consensus
York University. Toronto 1999. S. 101-120

Die Autoren stellen die Funktionsweise des *Global Compact*-Konzepts dar, das der UN-Generalsekretär 1999 vorgestellt hat, und geben einen Überblick über die Kritik, die vor allem von NGOs am Konzept geübt wird. Nach ihrer Einschätzung ist der *Global Compact* ein wichtiger und positiver Schritt hin zu einer Humanisierung der Globalisierung. Die ökonomischen Globalisierungsprozesse müssten in einen Rahmen gemeinsamer Werte und vereinbarter und institutionalisierter Praktiken eingebettet werden, und der *Global Compact* sei ein – wenn auch nur begrenzter – Schritt in diese Richtung.

*Knight, Malcolm*
**Developing Countries and the Globalization of Financial Markets**
In: World Development, 26, 7, 1998. S. 1185-1200

Knight, Mitarbeiter des Internationalen Währungsfonds (IWF), gibt einen Überblick über Reformen im Finanzsektorbereich der Entwicklungsländer, die aus Sicht des IWF notwendig sind, damit die Liberalisierung der Kapitalmärkte nicht mit negativen Wachstumswirkungen für die Länder einhergeht. Der Autor vertritt die Auffassung, dass der ungehinderte globale Kapitalverkehr aus entwicklungspolitischer Sicht sinnvoll ist und möglichen Gefahren mit Reformen auf nationaler Ebene der Entwicklungsländer (verbesserte Bankenaufsicht etc.) beizukommen sei.

*Lachmann, Werner*
**Entwicklungspolitik. Band 4: Entwicklungshilfe**
R. Oldenbourg Verlag. München 1999. 284 S.

Der Volkswirtschaftsprofessor Lachmann geht im vierten Band seines Lehrbuchs zur Entwicklungspolitik auf die Rolle von ausländischen Direktinvestitionen und von kommerziellen Krediten von privaten Banken im Entwicklungsprozess ein. Er stellt Argumente für und gegen ausländische Investitionen aus entwicklungspolitischer Sicht vor.

*Lall, Sanjaya*
**TNCs: The New Custodians of Development?**
In: Culpeper, Roy/ Berry, Albert/ Stewart, Frances: Global Development Fifty Years After Bretton Woods. Essays in Honour of Gerald K. Helleiner. The North-South Institute. Macmillan Press. Houndmills/ London 1997. 381 S.

Untersucht wird die Rolle transnationaler Unternehmen (TNCs) im Entwicklungsprozess der Entwicklungsländer unter Bezugnahme auf theoretische und empirische Befunde. Deren Aktivitäten und Bedeutung für die Entwicklungsfinanzierung wird nach Einschätzung des Autors heute längst nicht mehr so kontrovers diskutiert wie noch vor ein paar Jahren. Er sieht jedoch die Gefahr, dass nun ein zu positiver Eindruck vom Wirken der TNCs die Oberhand gewonnen habe und die Bedeutung staatlichen Handelns gegen Marktversagen zu wenig beachtet werde. Er betont daher die Notwendigkeit der Stärkung staatlicher Institutionen, damit diese zu der „richtigen" Investitionspolitik in der Lage sind.

*Lensink, Robert/ White, Howard*
**Does the revival of international private capital flows mean the end of aid? An analysis of developing countries' access to private capital.**
In: World Development, 26, 7, 1998. S. 1221-1234

Die Autoren analysieren die Aussichten von Entwicklungsländern, private Kapitalflüsse anzuziehen. Sie untersuchen die geographische Verteilung privater Finanzflüsse und fragen nach den Ursachen für diese Verteilung. Sie stellen fest, dass sich die privaten Kapitalflüsse auf eine kleine Zahl von Entwicklungsländern konzentrieren. Länder mit sehr niedrigen Pro-Kopf-Einkommen und einer hohen Auslandsverschuldung hätten den Untersuchungen zufolge am wenigsten Chancen auf Zugang zu privatem Kapital. Das bedeute, dass die meisten Entwicklungsländer (40 der 69 untersuchten Entwicklungsländer in den Berechnungen der Autoren) auch in Zukunft auf konzessionäre Entwicklungshilfe angewiesen sein werden.

*Mar, Ana*
**Foreign Direct Investment Flows in Low-Income Countries: A Review of the Evidence**
Overseas Development Institute Briefing Paper
ODI. Washington, D.C. 1997
web: www.odi.org.uk

Das Arbeitspapier untersucht die Entwicklung ausländischer Direktinvestitionen (FDI) in Entwicklungsländer: Über die letzten 25 Jahre haben sich die Investitionen vor allem auf die drei Länder China, Nigeria und Indien konzentriert (in den 90ern auch Vietnam, Ghana und Bangladesh); ausschlaggebende Faktoren seien vor allem die Größe des Absatzmarktes, die Produktionskosten und die Verfügbarkeit natürlicher Ressourcen gewesen. Für die meisten der ärmeren Entwicklungsländer sei es jedoch wenig aussichtsreich, auf FDI als Antwort auf ihren Finanzierungsbedarf zu setzen.

*Moran, Theodore H.*
**Foreign Direct Investment and Development: the New Policy Agenda for Developing Countries and Economies in Transition**
Institute for International Economics. Washington, D.C. 1998. 191 S.

Zunächst werden anhand von theoretischen Modellen und empirischen Studien die Vorteile, Gefahren und Herausforderungen ausländischer Direktinvestitionen in Entwicklungsländern und Transformationsländern untersucht. Der zweite bis vierte Teil des Buches diskutiert mögliche staatliche Maßnahmen und institutionelle Rahmen für ausländische Direktinvestitionen (u. a. Investitionsförderung, *domestic-content-*, *export-performance-*, *joint-venture-* und Umweltschutz-Auflagen). Der Autor schlussfolgert, dass die direkten sowie die indirekten Vorteile gut konstruierter FDI-Projekte größer seien als oft vermutet. Doch die Voraussetzungen dafür seien umfangreich und kompliziert und verlangten deutlich breitere und proaktivere politische Maßnahmen und Strategien, als sie in Entwicklungs- und Transformationsländern bisher üblich seien.

*Nowotny, Ewald*
**Der Machtfaktor multinationaler Unternehmen und ihre Funktion im globalen Wettbewerb**
In: Jochimsen, Reimut (Hrsg.): Globaler Wettbewerb und weltwirtschaftliche Ordnungspolitik. Eine Welt - Texte der Stiftung Entwicklung und Frieden, Bd 10. Dietz. Bonn 2000. S. 253-288

Die wirtschaftlichen und monetären Globalisierungsprozesse haben – so die These des Beitrags – zu einem deutlichen Wandel in der Rolle und Macht multinationaler Unternehmen geführt. Nowotny zeichnet die Entwicklung von (traditionellen) multinationalen Unternehmen zu *global players* nach, analysiert die Ökonomie der *global players* in einem national ungebundenen „Spielraum" und fragt nach der Beziehung zwischen ihnen und globalen Ordnungssystemen.

*Nunnenkamp, Peter*
**Foreign Direct Investment in Developing Countries – What Economists (Don't) Know and What Policymakers Should (Not) Do**
Kiel 2001. 18 S.

Ökonomen wissen laut Aussage des Autors erstaunlich wenig über die ökonomischen Effekte von ausländischen Direktinvestitionen (FDI). Anders als oft behauptet, stimme es nicht, dass sich FDI nur auf einige wenige und größere Entwicklungsländer konzentriere. Wenn FDI in Beziehung zur Wirtschaftskraft der betroffenen Länder gesetzt werde, stünden auch kleinere und weniger entwickelte Länder gut da. Nunnenkamp hält politische Anreizmaßnahmen, die FDI ins Land holen sollen, für sinnlos, solange die makroökonomischen Grunddaten im Gastland nicht in Ordnung sind. Heutige ausländische Anleger spekulierten weniger auf die Absatzmärkte im Gastland, sondern seien eher auf den internationalen Markt ausgerichtet und wählten entsprechend ein Gastland vor allem aufgrund internationaler Wettbewerbsvorteile. Die Entwicklungsländer sollten sich nicht zu viel von FDI versprechen, da Kapitalbildung in erster Linie eine einheimische Herausforderung bleibe. Der Zusammenhang zwischen FDI und Wirtschaftswachstum sei noch immer äußerst unklar und bedürfe weiterer Analysen.

*Nunnenkamp, Peter*
**Ausländische Direktinvestitionen und gesamtwirtschaftliches Wachstum in Entwicklungs- und Schwellenländern**
In: Siebert, Horst (Hrsg.): Die Weltwirtschaft. Vierteljahresschrift des Instituts für Weltwirtschaft an der Universität Kiel, 2, 2000. S. 187-206

Nunnenkamp kommt anhand von Korrelationsuntersuchungen zu dem Ergebnis, dass der Zusammenhang zwischen dem Zustrom von ausländischen Direktinvestitionen und dem Einkommenswachstum in den Entwicklungsländern weniger eindeutig sei, als vielfach angenommen. Es hänge von zeitlichen und regionalen Faktoren ab, ob überhaupt ein signifikanter Zusammenhang zwischen beiden Variablen bestehe, und ob Direktinvestitionen dem Einkommenswachstum vorangehen oder eher folgen.

*OECD*
**Die OECD-Leitsätze für multinationale Unternehmen. Neufassung 2000**
OECD. Paris 2000. 57 S.

Die im Juni 2000 von den Regierungen der OECD-Mitgliedsstaaten verabschiedeten Leitsätze sind Empfehlungen für ein verantwortungsvolles und geltendem Recht entsprechendes Verhalten von Unternehmen bei Auslandsaktivitäten. Die Beachtung der Prinzipien beruht auf Freiwilligkeit. Die Empfehlungen – entstanden in Kooperation mit der Privatwirtschaft – sprechen unter anderem die Arbeitnehmerrechte, Umweltbelange, Korruption und Verbraucherschutz an.

*OECD*
**Foreign Direct Investment and Economic Development. Lessons from Six Emerging Economies**
OECD. Paris 2000
web: www.oecd.org

Die OECD-Broschüre untersucht die politischen Maßnahmen der Öffnung für ausländische Direktinvestitionen (FDI) in sechs wirtschaftlich aufstrebenden Entwicklungsländern (Argentinien, Brasilien, Chile, Indonesien, Malaysia, Philippinen), ausgehend von der Annahme, dass FDIs die Entwicklungsziele der Länder befördern.

*Paul, James A./ Garred, Jason*
**Unternehmen in der Pflicht. Internationale Ansätze zur (Selbst-) Regulierung der Wirtschaft**
Arbeitspapier zum Prozess „Finanzierung für Entwicklung" der Vereinten Nationen
Global Policy Forum/ Heinrich Böll Stiftung/ WEED. Bonn 2001. 16 S.

Das Arbeitspapier entstand im Zusammenhang eines NGO-Workshops zu „Corporate Investments: Towards Accountable Development" im November 2000. Es will Hintergrundinformationen und politische Empfehlungen für die Regierungsverhandlungen zur UN-Konferenz 2002 liefern, besonders zum Themenfeld „Ausländische Direktinvestitionen – Verbesserung der Entwicklungswirkung von Investitionen Transnationaler Unternehmen". Das Papier gibt einen Überblick und eine Bewertung existierender freiwilliger Kodizes und rechtlich-regulativer Ansätze.

*Paul, James A.*
**Der Weg zum Global Compact. Zur Annäherung von UNO und multinationalen Unternehmen**
In: Brühl, Tanja; Debiel, Tobias; Hamm, Brigitte; Hummel, Hartwig, Martens Jens (Hg.): Die Privatisierung der Weltpolitik – Entstaatlichung und Kommerzialisierung im Globalisierungsprozess
J. H. W. Dietz. Bonn 2001. S. 104-129

Kritische Bewertung des *Global Compact*- Konzepts des UN-Generalsekretärs Kofi Annan, mit dem die Vereinten Nationen versuchen, von Ressourcen und der Expertise multinationaler Unternehmen zu profitieren. Paul ist um die Legitimität der Vereinten Nationen besorgt, die durch den Global Compact schweren Schaden nehmen könnte; er favorisiert ein Gegenmodell („citizen compact"), bei dem Bürger auf UN-Ebene Möglichkeiten zur Kontrolle von Unternehmen bekämen.

*Pearce, David/ Steele, Paul*
**Private Finance of Sustainable Development**
ODS Discussion Paper No. 9
UNDP. New York 1997. 54 S.

Die Autoren untersuchen die Funktion privaten Kapitals im Hinblick auf das Ziel der nachhaltigen Entwicklung. Sie gehen davon aus, dass sich das Nachhaltigkeitsziel nur über zusätzliche finanzielle Ressourcen finanzieren lässt und private Kapitalströme hier eine wichtige Rolle spielen könnten. Entsprechend fragen sie nach Mechanismen, um den (positiven) Beitrag privater Akteure zu erhöhen. Pearce und Steele sind der Ansicht, dass gerade in den Entwicklungsländern der Privatsektor eine deutlich stärkere Rolle im Hinblick auf nachhaltige Entwicklung spielen könnte, vor allem in der Wasserversorgung, in der Abfallwirtschaft, bei erneuerbaren Energien, Wiederaufforstung und im Recycling-Bereich. Um die private Wirtschaft davon zu überzeugen, dass ein so geartetes Engagement profitabel sei, brauche es nach Argumentation der Autoren lokale, nationale und internationale Finanzinstitutionen, die unterstützend und als Katalysator für privates Kapital wirkten.

*Peltzer, Roger/ Schmitt, Wolfgang*
**Intelligentes Zusammenwirken. Möglichkeiten und Grenzen der Kooperation zwischen öffentlicher Entwicklungszusammenarbeit und privatwirtschaftlichem Engagement.**
In: epd – Entwicklungspolitik 2/ 3, 1999. S. 23-26

In ihrem Beitrag zur Debatte um PPP sprechen sich die Autoren dafür aus, deutlich zwischen den Aufgaben von „weicher" und „harter" Entwicklungszusammenarbeit zu trennen. Erstere habe den Zweck, den Partnerländern dabei zu helfen, ihre originären Staatsfunktionen besser zu erfüllen, letztere habe die Förderung privatwirtschaftlich rentabler Projekte in Entwicklungsländern zum Ziel. Daraus leiten sich aus Sicht der Autoren institutionelle Konsequenzen für die bundesdeutsche bilaterale Entwicklungshilfe ab. Das BMZ solle im Rahmen öffentlich-privater Partnerschaften das Synergiepotenzial zwischen „harter" und „weicher" Entwicklungshilfe besser ausschöpfen und gezielt den Dialog mit der Privatwirtschaft suchen, um Verhaltensstandards für ausgewählte Bereiche zu erarbeiten und öffentliche und private Tätigkeit besser aufeinander abzustimmen.

*Peltzer, Roger*
**Ausländische Direktinvestitionen können die unternehmerische Initiative vor Ort nicht ersetzen. Überlegungen zur Förderung der Privatwirtschaft in Schwarzafrika**
In: Nord-Süd aktuell, 3, 1997. S. 489-492

Der Entwicklungsbeitrag ausländischer Direktinvestitionen mag im Einzelfall positiv sein, eine Förderung des privaten Sektors müsse aber zunächst auf die Stärkung der einheimischen Unternehmerschaft setzen. Solange es kein Geflecht unternehmerischer Tätigkeit aus kleinen und mittleren bis großen Betrieben im Gastland gäbe, würden von ausländischen Investitionen nur wenige Entwicklungsimpulse ausgehen. Denn nur dann existierten die vorwärts- und rückwärts gerichteten ökonomischen Integrationseffekte, die eine selbsttragende Entwicklung ermöglichen. Darüber hinaus würden auch Entwicklungsländer für ausländische Investoren in der Regel in dem Maße interessant, wie dort ein gewisses Maß an Kaufkraft und Entwicklung des einheimischen Gewerbes vorhanden sei. Der Autor fragt, was sich daraus für die Politik von internationalen Finanzierungsinstitutionen wie der DEG und der IFC der Weltbank ergeben würde.

*Rodrik, Dani*
**The New Global Economy and Developing Countries: Making Openness Work**
Overseas Development Council. Washington, D.C.1999. 168 S.

Ausgehend von eigenen Analysen sowie Untersuchungen anderer wird argumentiert, dass für die Entwicklungsländer die Öffnung ihrer Waren- und Kapitalmärkte alleine noch keine verlässliche Maßnahme für wirtschaftliche Entwicklung sei. Die Strategie der Liberalisierung gehe sowohl mit Chancen auf Entwicklung einher als auch mit Gefahren. Liberalisierung alleine sei noch nicht erfolgversprechend, sondern müsse Teil einer breiter angelegten Entwicklungsstrategie sein: Notwendig sei eine aktive Investitions- und Industriepolitik sowie die Existenz von Institutionen, die eine friedliche Bearbeitung von Konflikten zulassen. Rodrik stellt die oft behauptete Kausalität in Frage, wonach Wirtschaftswachstum eine Folge der Marktöffnung sei. Er argumentiert, dass der Zusammenhang genau andersherum wirke, das heißt Wachstum erst zu Offenheit führe. Offene Volkswirtschaften profitierten vor allem vom Austausch von Ideen und Institutionen, die positiven Wirkungen von Kapital- und Warenimporten seien weniger eindeutig. So führten beispielsweise ausländische Direktinvestitionen häufig zu einer Abnahme der einheimischen Investitionstätigkeit. Rodrik betont die unterschiedlichen Erfahrungen verschiedener Länder und die Notwendigkeit, Entwicklungsstrategien speziell auf die jeweiligen Ländersituationen abzustimmen. Ein „magisches Rezept" für wirtschaftliche Entwicklung existiert seiner Analyse nach nicht.

*Singh, Ajit*
**Should Africa promote stock market capitalism?**
In: Journal of International Development, 11, 1999. S. 343-365

Der Beitrag hinterfragt die Vor- und Nachteile der Einrichtung bzw. Förderung von Aktienmärkten in den afrikanischen Entwicklungsländern. Ausgehend von empirischen und theoretischen Untersuchungen kommt Singh zu der Einschätzung, dass es für die meisten der Länder auf ihrer jetzigen ökonomischen Entwicklungsstufe eine sehr teure und überflüssige Strategie wäre. Für einige Länder wäre das Vorgehen wahrscheinlich sogar mit schädlichen Wirkungen verbunden. Stattdessen sollten die Länder die geringen zur Verfügung stehenden menschlichen, finanziellen und institutionellen Ressourcen besser für die Stärkung ihrer Bankensysteme verwenden.

*Soto, Marcelo*
**Capital Flows and Growth in Developing Countries: Recent Empirical Evidence. Produced as part of the research programme on capital movements and development**
Technical Papers No. 160
OECD. Paris 2000. 41 S.
web: www.oecd.org/dev/publication/tp1a.htm

Der Autor untersucht die Wachstumseffekte verschiedener Arten privater Kapitalflüsse in 44 Entwicklungsländern in der Zeitspanne 1986-1997. Er kommt zu dem Ergebnis, dass ausländische Direktinvestitionen und Portfolio-Beteiligungen einen deutlichen positiven Zusammenhang mit Wirtschaftswachstum haben: Es besteht kein eindeutiger Zusammenhang zwischen *Portfolio bond*-Entwicklungen und Wachstum. In Volkswirtschaften mit schwachen und wenig kapitalisierten Bankensystemen besteht ein negativer Zusammenhang zwischen ausländischen Kapitalflüssen und Wachstum. Er zieht den Schluss, dass Entwicklungsländer mittleren Einkommens sich um Kapitalbeteiligungen ausländischer Investoren bemühen sollten; Entwicklungsländer mit schwachen Finanzsystemen sollten von der Verschuldung bei privaten Gläubigern Abstand nehmen.

*Stallings, Barbara/ Peres, Wilson*
**Growth, Employment and Equity: The Impact of the Economic Reforms in Latin America and the Caribbean**
ECLAC. Washington, D.C. 2000

Anhand empirischer Untersuchungen von neun lateinamerikanischen Ländern schließen die Autoren, dass dort ausländische Direktinvestitionen nicht zur Herausbildung von „backward and forward linkages" geführt hätten, dass als Folge der Investitionen also keine einheimischen Firmen durch Zulieferungs- oder Weiterverarbeitungsaktivitäten profitiert hätten. Bei den Investoren habe es sich in der Regel um große multinationale Konzerne gehandelt, existierende Zulieferstrukturen seien durch die Konkurrenz von importierten *inputs* zerstört worden, und die erhofften Beschäftigungsmöglichkeiten hätten sich nicht realisiert.

*Stöttner, Rainer*
**Globalisierung der Finanzmärkte – Fluch oder Segen für Entwicklungs- und Schwellenländer?**
In: Hengsbach, Friedhelm/ Emunds, Bernhard: Finanzströme in Entwicklungsländer – in welcher Form zu wessen Vorteil? Nell-Breuning-Institut. Frankfurt a. M. 2000. S. 44-67

Der Autor verweist zwar auf die potentiell destabilisierende Wirkung international liberalisierter Finanzmärkte, geht aber davon aus, dass ausländische Kapitalzuflüsse insgesamt eine überwiegend positive Wirkung für die Ökonomien der Entwicklungsländer haben. Dem Kapitalmangel der Entwicklungsländer könne besonders gut über Aktienemissionen Abhilfe geschaffen werden. Die Erträge, welche die Aktien dieser Länder böten, dürften aber nur geringfügig positiv mit den Erträgen der Industrieländer-Aktien korreliert sein. Dies sei eine zentrale Voraussetzung, aber eine, die nicht durch politische Maßnahmen zu beeinflussen sei.

*UNCTAD*
**FDI in Least Developed Countries at a Glance**
UNCTAD. Genf 2001. 150 S.

Der Bericht untersucht die Entwicklung ausländischer Direktinvestitionen (FDI) in den 49 Ländern, die nach UN-Kriterien zur Gruppe der am wenigsten entwickelten Länder (LDCs) gehören. Betont wird die wichtige Rolle, die FDI angesichts der in den LDCs vorherrschenden Entwicklungsprobleme und des Kapitalmangels spielen können. Der Bericht verzeichnet eine Steigerung von FDI in die LDC-Länder, die aber noch stärker ausfallen könnte. Dafür sind weitere Anstrengungen notwendig, auf Seiten der LDCs und auf Seiten der internationalen Gemeinschaft.

*UNCTAD*
**Foreign Direct Investment in Africa. Performance and Potential**
UNCTAD. Genf 1999. 77 S.

Ausländische Direktinvestitionen (FDI) können, so die Annahme, wichtige positive Effekte auf die ökonomische Entwicklung und auf die Einbindung Afrikas in die Weltwirtschaft haben. Obwohl die Länder umfassende Maßnahmen umgesetzt hätten, um FDI ins Land zu holen, sei die Entwicklung hinter den Erwartungen zurückgeblieben. Nach Auffassung des Berichts sind die tatsächlichen Bedingungen für ausländische Investitionen in den meisten Ländern Afrikas besser als gemeinhin angenommen.

*United Nations*
**Global Compact**
web: www.unglobalcompact.org

Der *Global Compact* wurde vom UN-Generalsekretär zusammen mit 50 Unternehmensvertretern unter anderem als Instrument zur Förderung von Unternehmensverantwortung in einer zunehmend globalisierten Weltwirtschaft aus der Taufe gehoben. Er stützt sich auf Grundprinzipien, die die Bereiche Menschenrechte, Arbeitsnormen und Umweltschutz betreffen. Als Prinzipienerklärung bzw. Referenzrahmen enthält der Pakt keine Regeln für bestimmte Situationen, konkrete Beschwerdeverfahren oder Überwachungsmechanismen.

*Utting, Peter*
**UN-Business Partnerships: Whose Agenda Counts?**
UNRISD. Genf 2001. 18 S.
web: www.unrisd.org

Der Autor argumentiert, dass sich die Beziehung zwischen UN-System und der Privatwirtschaft in den letzten Jahren stark verändert habe, was in der Vielzahl von „Partnerschaften" zwischen UN-Organisationen und privaten Akteuren deutlich werde. Er beschreibt die Entwicklung, identifiziert die dahinter stehenden Kräfte und Argumente und äußert Zweifel hinsichtlich der Motive einiger Akteure, eine „Partnerschaft" zwischen UN und Wirtschaft voranzutreiben. Utting bezweifelt auch, dass diese Bemühungen den Zielen der Vereinten Nationen – Förderung der Entwicklung und Menschenrechte auf der ganzen Welt und für alle – förderlich seien. Er plädiert dafür, dass sich die UNO, wenn es ihr ernst mit dem Ziel sei, die soziale und ökologische Verantwortung der Privatwirtschaft zu fördern, den internationalen Kampagnen für Rechenschaftspflicht und Transparenz der Wirtschaft anschließen sollte.

*Wegener, Ralf*
**Eine schwierige Partnerschaft. PPP muss Teil eines entwicklungspolitischen Gesamtkonzeptes werden**
In: E+Z, 41, 4, 2000. S. 102-104

Nach Bewertung des Autors habe das seit etwa vier Jahren vom BMZ verfolgte Ziel einer intensiveren Zusammenarbeit mit der Privatwirtschaft zwar in einzelnen Projekten zu ersten Erfolgen geführt, ermangele aber insgesamt einer konsistenten Strategie. Die 1999 eingerichtete „PPP-Fazilität" sei zu sehr auf Einzelprojekte ausgerichtet. Die öffentlich-private Partnerschaft zwischen Entwicklungspolitik und Wirtschaft könne aber nur dann dazu beitragen, entwicklungspolitische Ziele zu verwirklichen, wenn sie in die vom BMZ definierten Kooperationsschwerpunkte im jeweiligen Partnerland eingegliedert werde.

*Weitz, Almud/ Lebohang, Lijane*
**External Resource Flows to Developing Countries**
Overseas Development Studies. Working Paper Series No. 3
ODS/ UNDP. New York 1998. 58 S.

Das ODS-Arbeitspapier nimmt eine Analyse privater und (weniger umfangreich) öffentlicher Finanzströme in Entwicklungsländer vor, mit einer speziellen Konzentration auf die Länder Afrikas südlich der Sahara. Unter Einbeziehung statistischer Daten aus einer Reihe unterschiedlicher Quellen diskutiert das Papier aktuelle Trends in Volumen und Zusammensetzung sowie Entwicklungspotential und Risiken privater Finanzflüsse.

*Wieczorek-Zeul, Heidemarie*
**Entwicklungszusammenarbeit und Privatwirtschaft. Strategische Partnerschaft für eine nachhaltige Entwicklung**
In: E+Z, 41, 2, 2000. S. 36-37

Nach Auffassung der Bundesministerin für wirtschaftliche Zusammenarbeit und Entwicklung dürfe die Entwicklungspolitik nicht länger glauben, sie könne das Problem der Armut in der Welt alleine lösen, schon gar nicht angesichts eingeschränkter öffentlicher Mittel. Knappe Budgets würden auch in den Partnerländern zu privatwirtschaftlichen Lösungen zwingen, wo bisher die Öffentliche Hand tätig gewesen sei. Solche Lösungen seien da möglich, wo bei privaten Unternehmen das Verständnis dafür wachse, dass eine global nachhaltige Entwicklung auch in ihrem Interesse liege. Ziel einer Kooperation mit der Privatwirtschaft könne jedoch nicht die Exportförderung im Geberland sein. Es gehe stattdessen um einen privatwirtschaftlichen Beitrag zur sozialen und wirtschaftlichen Entwicklung der Partnerländer.

*Woodward, David*
**Drowning by numbers. The IMF, the World Bank and North-South Financial Flows**
Bretton Woods Project. London 1998. 55 S.
web: www.brettonwoodsproject.org

Woodward analysiert die Förderung ausländischer privater Investitionen in Entwicklungsländern durch die Weltbank und den IWF. Er identifiziert ein neues Paradigma in der Politik der Bretton-Woods-Institutionen, das von der Effizienz liberalisierter Kapitalbewegungen auf internationaler Ebene ausgeht. IWF und Weltbank würden private Investitionen durch ihre Strukturanpassungsprogramme, durch Weltbankkredite und -garantien an private Unternehmen, durch die Förderung von Kapitalmarktliberalisierung, durch die Entschuldungsinitiative HIPC und durch Einflussnahme auf intellektueller Ebene (in Forschung, Konferenzen etc.) befördern. Der Autor warnt davor, zu stark auf private Kapitalströme als Ersatz für öffentliche Entwicklungshilfe zu setzen. Damit einhergehende Gefahren und Probleme sind nach seiner Argumentation, dass diese Finanzierung sehr teuer ist, sie selten in die ärmsten Entwicklungsländer fließt, mit starker Volatilität einhergeht und die wirtschaftspolitische Autonomie von Regierungen beschneidet. Woodward empfiehlt unter anderem die teilweise Aufrechterhaltung von Kapitalverkehrskontrollen und – für die ärmsten Entwicklungsländer – ein Verzicht auf ausländische Beteiligungen.

**Weitere Literatur**

*Bennell, Paul*
**Foreign Direct Investment in Africa. Rhetoric and reality**
In: SAIS Review, 17, 2, 1997

*Europäisches Parlament*
**Resolution on EU Standards for European enterprises active in developing countries with regard to the development of a European code of conduct**
Brüssel 1999

*Findakly, Hani/ Berg, Robert*
**Promoting Financial Partnerships for Social Development**
Beitrag bei der Konferenz: "A New Paradigm of Financing Development and Development Cooperation"
Stockholm 1997

*Gentry, Bradford S.*
**Private Investment and the Environment**
ODS Discussion Paper No. 11
UNDP. New York 1997


*Ginaris, Nicholas V.*
**Globalization. A Financial Approach**
Praeger. Westport, Connecticut/ London 2001


*Jeffcott, Bob/ Yanz, Lynda*
**Voluntary Codes of Conduct: Do they Strengthen or Undermine Government Regulation and Worker Organizing?**
Workers in the Global Economy Project. Washington, D.C. 1999


*Kaul, Inge/ Weitz, Almud*
**Money matters: Private Finance for Development**
Overseas Development Studies. Working Paper Series No. 1
ODS/ UNDP. New York 1997


*Levine, Ross/ Zervos, Sara*
**Stock Markets, Banks and Economic Growth**
In: American Economic Review, 88, 1998


*Mayobre, Eduardo (Hrsg.)*
**G-24: the developing countries in the international financial system**
Lynne Rienner Publishers. Boulder 1999


*Richardson, Richard W./ Haralz, Jonas H*
**Moving to the Market: The World Bank in Transition**
Policy Essay. No. 17.
John Hopkins University Press. 1995.


*South Centre*
**The UN, Big Business and Global Public Policy**
In: South Letter, 3, 34, 1999


*Tesner, Sandrine*
**The United Nations and Business: A Partnership Recovered**
St. Martins Press. New York 2000

*Torentino, Paz Estrella*
**Transnational rules for transnational corporations: what next?**
In: Michie, Jonathan/ Smith, John Grieve: Global Instability. The political economy of world economic governance
Contemporary Political Economy
Routledge. London, New York 1999

*UNCTAD*
**World Investment Report**
jährlich
UNCTAD. Genf

*Weitz, Almud/ Lebohang, Lijane*
**Private Finance for Development: Annotated Bibliography**
Overseas Development Studies. Working Paper Series No. 2
ODS/ UNDP, New York 1998. 58 S.

*Weller, Christian E.*
**Banking on Multinationals. Increased Competition from large foreign lenders threatens domestic banks, raises financial instability**
EPI Issue Brief Nr. 142
Economic Policy Institute. Washington, D.C. 2000.

**Weitere Literatur zu PPP:**

*Budäus, Dietrich/ Eichhorn, Peter (Hrsg.)*
**Public Private Partnership. Neue Formen der öffentlichen Aufgabenerfüllung**
Baden-Baden 1997

*Hoering, Uwe*
**Nicht alles, was neu ist, ist auch innovativ - und oft nicht einmal wirklich neu. Weitere, nicht-konstruktive Anmerkungen zum PPP-Konzept**
In: Peripherie 20, 77/ 78, 2000

*Ogley, Roderick*
**The UN and the Global Commons**
In: International Development Studies 26, 4, 1995

*Roggencamp, Sibylle*
**Public Private Partnership. Entstehung und Funktionsweise kooperativer Arrangements zwischen öffentlichem Sektor und Privatwirtschaft**
Frankfurt/ M. 1999.

# Kapitel 7: Einheimische Ressourcen

In den Debatten um die Finanzierung von Entwicklung wird häufig auf die Eigenverantwortung der Entwicklungsländer hingewiesen. Die Mobilisierung einheimischer Ressourcen soll intensiviert und die zur Verfügung stehenden Finanzmittel effizienter verwendet werden. Auf der offiziellen Agenda der UN-Konferenz zur Entwicklungsfinanzierung steht das Thema gleich an erster Stelle. Und die Weltbank begrüßt in ihren Stellungnahmen zum FfD-Prozess ausdrücklich die Zentralität, die dem Thema im Rahmen der UN-Konferenz zugedacht wird.

Dabei sind es vor allem die Geber, die stärkere Anstrengungen seitens der Entwicklungsländer fordern, zusätzliche einheimische Ressourcen zu mobilisieren. Entsprechend wird zum Teil vermutet, dass es sich hierbei (auch) um einen Versuch der Industrieländer handelt, aus der Not sinkender Entwicklungsgelder eine Tugend machen und von den eigenen Versäumnissen ablenken zu wollen (siehe Martens 2000). Bereits jetzt bringen die Entwicklungsländer den weitaus größten Teil der Mittel für Entwicklungsfinanzierung aus eigener Kraft auf. Der Anteil der ODA am Bruttosozialprodukt aller Entwicklungsländer lag 1998 nur noch bei 0,7 Prozent, während es 1990 noch 1,2 Prozent gewesen waren. In Sub-Sahara-Afrika ist der Anteil im Durchschnitt von 9,9 Prozent 1992 auf 4,1 Prozent 1998 gesunken, in einigen Ländern liegt er allerdings deutlich höher (Weltbank 2001).

**Vorschläge zur Generierung zusätzlicher einheimischer Finanzmittel für Entwicklung:**

### Umstrukturierung der öffentlichen Ausgaben

Zum Teil wird darauf verwiesen, dass sich innerhalb der öffentlichen Ausgaben der meisten Entwicklungsländer Möglichkeiten für Umstrukturierungen und effizientere Verwendung der Ausgaben finden lassen. Die dahinter stehende Annahme ist, dass es in den öffentlichen Etats der Entwicklungsländer Posten gibt, die aus entwicklungspolitischer Perspektive wenig sinnvoll sind wie beispielsweise Militärausgaben und umweltschädliche Subventionen, so dass durch eine Umstrukturierung der öffentlichen Haushalte dringend benötigte Ressourcen für Entwicklung frei würden. So sanken die Ausgaben für Militär in den Entwicklungsländern insgesamt von 4,9 Prozent des Bruttoinlandprodukts 1990 auf 2,4 Prozent 1995, liegen damit aber in einigen Ländern noch immer höher als die Ausgaben für Bildung und Gesundheit zusammen (World Bank 2001).

Auch die von der Weltbank und dem IWF verfolgte Privatisierungspolitik zielt auf eine Umstrukturierung der öffentlichen Haushalte. Die Struktur- und Sektoranpassungsprogramme der beiden internationalen Finanzinstitutionen setzen nunmehr seit rund zwanzig Jahren auf eine Übernahme einstmals öffentlicher Dienstleistungen in den Entwicklungsländern durch private Anbieter. Es wird mit Effizienzgewinnen argumentiert und damit, dass die finanzknappen Regierungen auf diesem Weg Ausgaben einsparen würden, die dann gegebenenfalls für andere Aufgaben zur Verfügung stehen könnten. Diese Politik ist nicht unumstritten. So wird beispielsweise im Hinblick auf Privatisierungen im Bildungssystem befürchtet, dass dadurch ein Zwei-Klassensystem entstehen bzw. festgeschrieben werden könnte: Die privaten, gewinnorientierten Unternehmen bieten hochklassige Leistungen für die zahlungskräftigen Schichten an, während alle anderen auf die qualitativ schlechteren öffentlichen Angebote angewiesen bleiben.

**Steuersystem**

Im Hinblick auf Möglichkeiten der Mobilisierung zusätzlicher einheimischer Finanzmittel wird außerdem oft auf die Notwendigkeit eines funktionierenden Steuersystems und einer effizienten Steuerverwaltung hingewiesen. Denn das Steueraufkommen (in Prozent des Bruttoinlandprodukts) liegt in den meisten Entwicklungsländern noch deutlich niedriger als in den Industrieländern. Die Gruppe derjenigen, die überhaupt Steuern zahlen, ist in der Regel klein. Besonders direkte Steuern wie Einkommens- oder Unternehmenssteuern sind gering angesetzt und werden aufgrund schwacher Steuerverwaltungen nur lückenhaft erhoben. Das Steueraufkommen ist in der Regel deutlich regressiver als in den entwickelten Ländern.

**Finanzmarktentwicklung und Spartätigkeit**

Des Weiteren wird die Notwendigkeit funktionierender einheimischer Finanzsektoren betont, damit inländische Investoren überhaupt die Möglichkeit zur Aufnahme von Finanzmitteln haben. Eine Vielzahl von empirischen Studien beschäftigt sich mit dem Zusammenhang von nationalen Finanzmärkten und ökonomischer Entwicklung. Die Wirkungen einer Liberalisierung der nationalen Finanzsektoren in den Entwicklungsländern und die Öffnung der Sektoren für ausländische Banken werden kontrovers diskutiert; Maßnahmen, die in den meisten Entwicklungsländern bereits vollzogen sind, die über die jüngsten Finanzkrisen aber in Kritik geraten sind (siehe Weller 2000, World Bank 2001).

Im Hinblick auf die stärkere Mobilisierung einheimischen Kapitals wird auf eine Ankurbelung der Sparbereitschaft der einheimischen Bevölkerung gehofft. Allerdings ist die Sparquote in einer Reihe von

Entwicklungsländern – besonders in Ostasien – bereits heute deutlich höher als in den Industrieländern. Damit erzielen die Entwicklungsländer im Gesamtdurchschnitt eine höhere Sparquote als die Länder im Norden (UNDP 1999).

Eine Reihe von Untersuchungen beschäftigt sich mit der Frage nach den Ursachen der relativ großen Abweichungen in der Spartätigkeit unterschiedlicher Länder. Viel deutet darauf hin, dass die Bereitschaft und Fähigkeit zum Sparen von der Höhe des Einkommens abhängt, und Länder mit weit verbreiteter Armut entsprechend nur niedrige Sparquoten aufweisen. Jedoch gibt es eine Reihe von erfolgreichen Initiativen von Sparvereinen und Kreditgenossenschaften im informellen Sektor, die zeigen, dass eine Sparmittelmobilisierung auch im kleinen Maßstab und auf lokaler Ebene möglich ist.[18]

**Und gegenläufige Entwicklungen...**

Auch der Blick auf die nationalen Möglichkeiten der Mobilisierung von Mitteln für die Finanzierung von Entwicklung hat eine internationale Seite. Und eine Reihe von Publikationen verweisen darauf, dass die Entwicklungsländer im Zuge der Globalisierung mit einer Reihe von Dynamiken konfrontiert sind, die dem Ziel der einheimischen Finanzmittelmobilisierung entgegenlaufen: Das Entwicklungsprogramm der Vereinten Nationen (UNDP) nennt vier Faktoren: die Liberalisierung des Handels, die weltweite Streuung der Steuerbemessungsgrundlage, den Steuerwettbewerb und die Zunahme der Schattenwirtschaft.

Die Liberalisierung des Außenhandels der Entwicklungsländer bedeutet unter anderem, dass Zölle abgebaut und Handelssteuern gesenkt werden. Doch damit verlieren die Entwicklungsländer einen bedeutenden Teil ihrer Staatseinnahmen, die sich bis zu einem Drittel aus diesen Einnahmen zusammensetzen (UNDP 1999). Die UNDP-Mitarbeiterin Isabelle Grunberg (1998) sieht die Entwicklungsländer durch die Öffnung ihrer Märkte folglich mit einem Dilemma konfrontiert: Die Staatseinnahmen sinken genau zu einem Zeitpunkt, an dem zusätzliche öffentliche Ausgaben notwendig wären, um die durch die Liberalisierung entstehenden Anpassungskosten zu finanzieren.

Im Zuge der Globalisierung von Unternehmensaktivitäten ist es für Staaten außerdem schwerer geworden, Steuern von Unternehmen einzuziehen. Denn international agierende Firmen können über interne Verrechnungspreise ihre Gewinne in denjenigen Ländern anfallen

---

[18] Als bekanntestes Beispiel gilt die "Grameen Bank" in Bangladesch. Über die Erfahrungen mit Mikrokrediten gibt es mittlerweile eine Fülle von Literatur, auf die in diesem Themendienst nicht eingegangen werden kann.

lassen, in denen es für sie steuerlich am günstigsten ist (siehe z.B. Tanzi 1997, Wachtel 1997). Und Unternehmen können drohen, an einen anderen Standort oder in ein sogenanntes „Steuerparadies" (auch Offshore-Zentrum) auszuweichen. Damit kommt es zwischen allen Ländern zu einem Wettbewerb um ausländische Investoren, in dessen Folge sich die Länder gegenseitig bei der Senkung ihrer Unternehmens- und Kapitalertragssteuern unterbieten. Eine Reihe von Entwicklungsländern hat sogar Sonderproduktionszonen eingerichtet, in denen ausländische Unternehmen gar keine oder kaum Steuern zahlen müssen. In allen OECD-Ländern mit Ausnahme der Schweiz und der Türkei wurde die Steuerbelastung für die oberste Steuerklasse von durchschnittlich 52 (1985) auf 42 Prozent (1990) abgesenkt (UNDP 1999).

Die Schattenwirtschaft (Steuerhinterziehungen, internationaler Drogenhandel) stieg ebenfalls an und den existierenden Steueroasen wird vorgeworfen, die Praxis der Steuerflucht und der Geldwäsche zu befördern. Die Rufe mehren sich, die Steuerparadiese dazu zu verpflichten, Informationen über ihre Kunden zur Verfügung zu stellen, oder aber die Einrichtungen ganz zu schließen. Nach Angaben von Oxfam entgehen den Entwicklungsländern jährlich 50 Milliarden US-Dollar durch Offshore-Finanzzentren, das ist sechs mal so viel, wie pro Jahr zur Finanzierung einer weltweiten Grundbildung erforderlich wäre (siehe Oxfam 2000 und Fritz/ Hahn/ Hersel 2000).

Zum Teil wird die unter anderen von den Bretton-Woods-Institutionen über ihre Anpassungsprogramme vorangetriebene Handelsliberalisierung und exportorientierte Wachstumsstrategie für den Verfall der Weltmarktpreise von Rohstoffen verantwortlich gemacht. Da eine Vielzahl von Entwicklungsländern mehr oder weniger zeitgleich die Exporte von Rohstoffen intensivierten, gab es auf den internationalen Märkten ein Überangebot dieser Produkte, mit der Folge stark fallender Preise. Nach den Angaben des Entwicklungsprogramms der Vereinten Nationen (UNDP) lagen die Rohstoffpreise 1999 auf dem niedrigsten Niveau seit 150 Jahren (UNDP 1999).

## Literatur zur Mobilisierung einheimischer Finanzmittel

*Arestis, Philip/ Demetriades, Panicos*
**Financial Development and Economic Growth: Assessing the Evidence**
In: The Economic Journal 107,1997. S: 783-799

Ein Beitrag zur Debatte um die Vor- und Nachteile einer Liberalisierung der Finanzmärkte der Entwicklungsländer. Die Autoren untersuchen vorhandene empirische Untersuchungen zum Zusammenhang von Finanzsektorentwicklung und Wirtschaftswachstum. Sie verweisen auf methodische Probleme und kommen entsprechend selbst zu keiner eindeutigen Aussage. Sie zeigen weiteren Forschungsbedarf im Hinblick auf den Zusammenhang von Entwicklung und Liberalisierung der Aktienmärkte (bzw. der davon ausgehenden Volatilität) und dem Wirtschaftswachstum auf.

*Berthelemy, Jean-Claude/ Quenan, Carlos (Hrsg.)*
**New approaches to financing development in Africa**
OECD. Paris 1996. 87 S.

Die Beiträge dieses von der OECD herausgegeben Sammelbands widmen sich unterschiedlichen Aspekten der Finanzsektorentwicklung in Sub-Sahara-Afrika. Behandelt werden unter anderem die Charakteristika der afrikanischen Finanzsysteme (Z. Diabre), die Ursachen der Spartätigkeit in der Region (A. T. Dakouré), partizipative Spar- und Kreditmechanismen (H. Schneider), die Entwicklung dezentralisierter Spar- und Kreditsysteme (Y. Yard), die Finanzierung von kleinen und mittelständischen Unternehmen in Afrika (C. Quenan) und die Entwicklung von afrikanischen Aktienmärkten (F. Wohrer). Die Autoren wollen die Frage beantworten, wie die Länder in Sub-Sahara-Afrika die Erfahrungen der Entwicklungsländer mittleren Einkommens nutzen können.

*Berthélemy, Jean-Claude/ Varoudakis, Aristomene*
**Financial Development Policy and Growth**
Development Centre Studies
Long-Term Growth Series
OECD. Paris, 1996. 146 S.

Synthese von Studien, die im Rahmen des OECD-Programms *Financial Systems, Allocation of Resources and Growth* durchgeführt wurden. Die Autoren argumentieren ausgehend von theoretischem sowie empirischem Material, dass Investitionen von der Dynamik und Effizienz des Finanzsektors abhängig seien. Die Entwicklung des Finanzsektors und der übrigen ökonomischen Sektoren beeinflussten sich gegenseitig. Die Autoren betonen die Notwendigkeit einer politischen Strategie für den Finanzsektor und entwickeln politische Handlungsanweisungen, besonders mit Blick auf die Situation der Länder Afrikas. Ein moderner Finanzsektor sei auch für die ärmsten Entwicklungsländer notwendige Voraussetzung langfristig orientierter Entwicklungsstrategien. Des Weiteren sei er für die Mobilisierung einheimischer Finanzmittel sowie für den Erfolg von Handelsliberalisierung und anderen Strukturreformen unverzichtbar. Bei einem unzureichend entwickelten Finanzsektor könnten die erhofften positiven Wachstumswirkungen von Anpassungsprogrammen ausbleiben. Zugrunde liegende Länderstudien: Argentinien, Taiwan, Kenia, Senegal und Tunesien.

*Brownbridge, Martin/ Kirkpatrick, Colin*
**Financial Regulation in Developing Countries**
In: The Journal of Development Studies, 37, 1, 2000. S. 1-24

Der Artikel untersucht den Fortgang der Finanzmarktreformen in den ärmsten Entwicklungsländern (Least Developed Countries). Zwar hätten die Länder bereits weitgehende Reformen umgesetzt, jedoch würden die Bankenkrisen in den 90er Jahren darauf hindeuten, dass im Bereich der Bankenaufsicht noch viel zu tun sei. Es fehle unter anderem an Regulierungsmechanismen, gut ausgebildeten Mitarbeitern, einer effizienten und von staatlicher Einflussnahme unabhängigen Administration und dem notwendigen rechtlichen Rahmen.

*Chatterji, Subhrendu*
**The Domestic Architecture of Financial Sectors in Developing Countries. An Overview Through the Eyes of a Financial Sector Diagnostic Framework**
Background note to a presentation at the ODI
Consulting Base. London 2001

Der Autor entwickelt ein analytisches Modell zur Beurteilung des Entwicklungsgrades und der Effizienz von Finanzsektoren.

*Clunies-Ross, Anthony.*
**Resources for Social Development: Additional and Innovative Measures**
DESA Discussion Paper No. 11
Department of Economic and Social Affairs
United Nations. New York, 2000. 29 S.
web: www.un.org/esa

Das Papier zeigt eine Reihe von Maßnahmen auf, um Finanzmittel für soziale Entwicklungsziele zu generieren; ein Teil davon bezieht sich auf nationale Steuersysteme. So wird unter anderem vorgeschlagen, Steuersysteme transparenter zu machen, um Korruption und Steuerumgehung zu verhindern, sowie eine Besteuerung von Landbesitz einzuführen. International solle unter anderem über eine Begrenzung von Steueranreizen für ausländische Investoren und über die Einrichtung einer internationalen, für intergouvernementale Steuerkooperation verantwortlichen Behörde nachgedacht werden. Vorangestellt ist ein Überblick über Faktoren, die die öffentlichen Budgets einschränken (bspw. internationale Kriminalität).

*Cox, Winston*
**Getting the Domestic Financial Architecture Right**
Overseas Development Institute. London 2001. 126 S.

Cox argumentiert, dass die Debatte um nationale Finanzsysteme Teil der Diskussionen um die richtige Architektur des internationalen Finanzsystems sein muss. Er analysiert die Finanzsektorreformen in Entwicklungsländern und befürwortet eine weitere Stärkung der Regulierungs- und Überwachungsfunktionen auf nationaler Ebene, um Krisen zu vermeiden. Nach der Untersuchung des Zusammenhangs der Entwicklung des Finanzsektors und des Wirtschaftswachstum sowie der Strukturen der Finanzsysteme in Entwicklungsländern gibt er Hinweise auf notwendige Regulierungsmechanismen.

*Demetriades, Panicos/ Devereux, Michael*
**Investment and „Financial Repression". Theory and Evidence from 63 LDCs**
Keele University Economics Working Paper 92, 16, 1992

Die Autoren stellen ausgehend von den Erfahrungen von 63 der ärmeren Entwicklungsländer zwischen 1961 und 1990 fest, dass – anders als in der Theorie oft angenommen – liberalisierte Finanzmärkte („*domestic financial liberalisation*") nicht unbedingt zu einem Anstieg der Spar- und Investitionsraten führten. Häufig sei stattdessen ein Sinken der Investitionstätigkeit zu verzeichnen, also ein negativer Effekt von Finanzmarktliberalisierung (auf nationaler Ebene) auf das Wirtschaftswachstum.

*Fanelli, José M./ Medhora, Rohinton (Hrsg.)*
**Financial Reform in Developing Countries**
Macmillan Press. Houndmills/ London, 1998. 366 S.

Der Sammelband enthält Länderstudien und thematische Kapitel zur Erfahrung mit der Liberalisierung von Finanzmärkten in Entwicklungsländern. Hat Liberalisierung zu mehr Wettbewerb geführt? In vielen der präsentierten Länder sei das nicht der Fall. Haben die Maßnahmen zur Herausbildung neuer Institutionen, Akteure und Märkte geführt? Zum Teil. Haben die Maßnahmen zu einer stärkeren Mobilisierung einheimischer Finanzmittel geführt? Die Antwort sei nicht klar. Sind die

Märkte heute stabiler als früher oder haben die Reformen ganz im Gegenteil zu mehr Volatilität geführt? Generalisierte Antworten seien hier ebenfalls nicht möglich. Präsentiert sind Länderstudien aus Argentinien, Indien, Nigeria, Türkei und Uruguay.

*Fritz, Thomas/ Hahn, Mattis/ Hersel, Philipp*
**Kapital auf der Flucht: Offshore-Zentren und Steueroasen. Über Steuerflucht, Finanzkrisen und Geldwäsche. Einblicke in die Praxis und mögliche Gegenmaßnahmen**
Blue 21/ Stiftung Umverteilen. Berlin 2000

Die Autoren beleuchten die aktuellen Diskussionen und Vereinbarungen auf offizieller Ebene zur Eindämmung der Negativfolgen von Steueroasen (Geldwäsche, Finanzsysteminstabilität, Steuerwettbewerb, Steuerflucht). Obwohl die Entwicklungsländer im besonderen Maße von schädlichem Steuerwettbewerb und Finanzkrisen betroffen seien, würden die Aktivitäten von den Industriestaaten initiiert sowie vorangetrieben und entsprächen eher den Interessen der entwickelten Länder. Die Autoren untersuchen die mit Steueroasen einhergehenden Praktiken und machen Vorschläge für den Umgang mit Offshore-Zentren, die über die auf offizieller Ebene diskutierten hinausgehen.

*Fry, Maxwell*
**In Favour of Financial Liberalisation**
In: The Economic Journal, 107, 442, 1997. S. 754-770

Ein Beitrag zur Debatte um die Vor- und Nachteile einer Liberalisierung der Finanzmärkte der Entwicklungsländer mit einer Konzentration auf die Rolle von Geschäftsbanken. Der Autor untersucht entsprechende Literatur und argumentiert, dass McKinnon und Shaw recht hatten mit ihrer These, dass eine Regulierung der Finanzmärkte ökonomische Entwicklung behindere.

*Gandhi, Ved P./ Gray, Dale/ McMorran, Ronald*
**A comprehensive approach to domestic resource mobilization for sustainable development**
In: Finance for Sustainable Development: The Road Ahead.
Proceedings of the Fourth Group Meeting on Financial Issues of
Agenda 21, Santiago, Chile 1997
United Nations. New York 1997. 503 S.

Die Autoren, Mitarbeiter des IWF, nennen Strategien zur Mobilisierung einheimischer Ressourcen für die Finanzierung von nachhaltiger Entwicklung. Sie konstatieren, dass ein umfassender Ansatz, der auf Wachstum setzt und dabei die sozialen und ökologischen Kosten der Wachstumsstrategie minimiert, noch nicht existiere. Doch ein Ansatz, der sich nur auf die Steigerung des (nationalen) Steueraufkommens bezieht, sei viel zu begrenzt. Ein „ganzheitlicher" („comprehensive") Ansatz müsse darüber hinaus auch Benutzergebühren, Umweltsteuern und Einspar- und Umstrukturierungspotentiale bei den öffentlichen Ausgaben im Blick haben; er müsse zudem die (als positiv erachteten) Wirkungen von makroökonomischen und strukturpolitischen Maßnahmen beachten. Die Autoren schätzen, dass es den Entwicklungsländern möglich sei, über die oben erwähnten Schritte zur Mobilisierung einheimischer Ressourcen und durch Umstrukturierungen in den öffentlichen Budgets Finanzmittel im Wert von ca. 250 Milliarden US-Dollar aufzubringen. Makroökonomische Maßnahmen und Strukturreformen würden über ihre positiven Wirkungen für das Wirtschaftswachstum weitere Ressourcen beisteuern. Dementsprechend könnten die Entwicklungsländer die für ihre (nachhaltige) Entwicklung notwendigen Finanzmittel weitestgehend aus eigener Kraft aufbringen.

*Gupta, Kanhaya L. (Hrsg.)*
**Experiences with Financial Liberalization**
Kluwer Academic Publishers. Boston/ Dordrecht/ London 1997. 273 S.

Der Sammelband enthält Länderstudien zur Debatte um die Vor- und Nachteile von Finanzmarktliberalisierung. Gefragt wird nach dem Zusammenhang zwischen Finanzmarkt- und ökonomischer Entwicklung, nach der Sequenzierung von Finanzmarktreformen, nach staatlicher Einflussnahme im Finanzsektor und nach den Gründen von Marktversagen. Verallgemeinerbare Antworten seien nicht möglich, sie fielen länderspezifisch aus. Länderstudien unter anderem zu Chile, China, Senegal, Ghana, den Philippinen und der Türkei.

*Grunberg, Isabelle*
**Double Jeopardy: Globalization, Liberalization and the Fiscal Squeeze**
In: World Development 26, 4, 1998. S. 591-605

Nach Argumentation der Autorin entstehen durch die Liberalisierungsmaßnahmen in den Entwicklungsländern Kosten für die öffentlichen Budgets, auf nationaler und sub-nationaler Ebene. So sinken die öffentlichen Einnahmen zum einen, wenn im Zuge der Liberalisierung Tarife abgebaut werden, und zum anderen als Folge vom internationalen Steuerwettbewerb. Die Liberalisierungsmaßnahmen hätten folglich negative Wirkungen auf die Möglichkeiten der öffentlichen Haushalte, finanzielle Ressourcen zu mobilisieren. Im Zuge der Liberalisierungsprozesse entständen aber auch neue Anpassungskosten und damit ein zusätzlicher Finanzierungsbedarf. Damit gerieten die Länder in ein Dilemma: Während jetzt eigentlich mehr öffentliche Ausgaben nötig wären, sinken die zur Verfügung stehenden Mittel. Wenn die Regierung mit Einsparungen in den öffentlichen Ausgaben reagiert, könne das negative Wirkungen auf die Wettbewerbsfähigkeit und die soziale Kohäsion des Landes haben. Steigert sie aber die öffentlichen Ausgaben (über eine Erhöhung des Fiskaldefizits), verschlechterten sich die makroökonomischen Daten des Landes.

*Gyimah-Brempong, Kwabena/ Traynor, Thomas L.*
**Political Instability and Savings in Less Developed Countries: Evidence from Sub-Saharan Africa**
In: The Journal of Development Studies, 32, 5, 1996. S. 695-714

Die Autoren untersuchen den Effekt politischer Instabilität auf die Sparraten in Sub-Sahara-Afrika und kommen zu dem Ergebnis, dass Instabilität im politischen Bereich negative, statistisch relevante Auswirkungen auf die Sparraten habe. Voraussetzungen für Spartätigkeit seien ihrer Ansicht nach ein adäquater institutioneller Rahmen (Schutz der Besitzrechte, rechtliche Verfahren zur Lösung von Vertragsstreitigkeiten) und ein stabiler politischer Rahmen, der längerfristige Planungen zuließe.

*Haggard, Stephan/ Lee, Chung H. (Hrsg.)*
**Financial Systems and Economic Policy in Developing Countries**
Cornell University Press. Ithaca/ London 1995. 265 S.

Die Beiträge in diesem Sammelband beschäftigen sich mit der Finanzsektorpolitik in Indonesien, Korea, den Philippinen, Thailand, Taiwan, Brasilien und Chile, ausgehend von der Annahme, dass gezielte staatliche Eingriffe in den Finanzmarkt ökonomisches Wachstum stärker fördern würden als vollständig deregulierte Finanzsektoren.

*Hermes, Niels/ Lensink, Robert (Hrsg.)*
**Financial development and economic growth**
**Theories and experiences from developing countries**
Routledge. London 1996. 363 S.

Sammelband mit Beiträgen zum Finanzsektor, zur Finanzmarktentwicklung und zur ökonomischen Entwicklung. Enthalten sind unter anderem ein Überblicksartikel über aktuelle Literatur zum Zusammenhang von Finanzsektorentwicklung und Wirtschaftswachstum. Der zweite Teil widmet sich finanzpolitischen Strategien wie bspw. Vorgaben zur Zinshöhe. Der dritte Teil enthält Länder- bzw. Regionalstudien zu Chile, Indonesien, zu den karibischen Ländern in CARICOM und zu Ostasien.

*Hossain, Akhtar/ Chowdhury, Anis*
**Monetary and financial policies in developing countries. Growth and stabilisation**
Routledge. London 1996. 230 S.

Die Autoren geben einen Überblick über theoretische und empirische Literatur zum Zusammenhang von Finanzmarkt- und ökonomischer Entwicklung. Sie beschäftigen sich darüber hinaus mit den Erfahrungen von Entwicklungsländern mit der Liberalisierung ihrer Finanzmärkte, mit Geldpolitik, mit dem Zusammenhang von Geld, Kredit, Zahlungsbilanz, Inflation und Wechselkurs und mit Markt- und Staatsversagen in Bezug auf den Finanzsektor.

*Hussein, Khaled A./ Thirlwall, A. P.*
**Explaining Differences in the Domestic Savings Ratio Across Countries: A Panel Data Study**
In: The Journal of Development Studies, 36, 1, 1999. S. 31-52

Untersucht werden die Gründe für die Abweichungen der Sparraten unterschiedlicher Länder unter Verwendung der Daten von 62 Ländern im Zeitraum 1967-95. Die Autoren unterscheiden zwischen der Kapazität und der Bereitschaft zu sparen. Nach ihren Ergebnissen sei die Kapazität abhängig von der Höhe des Pro-Kopf-Einkommens und der Wachstumsrate des Einkommens. Die Bereitschaft zu sparen ist ihrer Aussage nach stark vom Grad der finanziellen Entwicklung („financial deepening") abhängig. Sie können keinen Zusammenhang mit der Höhe des Zinssatzes feststellen.

*Ikhide, Sylvanus. I.*
**Commercial Bank Offices and the Mobilisation of Private Savings in Selected Sub-Saharan African Countries**
In: The Journal of Development Studies, 33, 1, 1996. S. 117-132

Der Autor untersucht die Erfahrungen von fünf afrikanischen Ländern mit politischen Maßnahmen, die Ansiedlung von Bankinstituten in ländlichen Gegenden zu fördern. Er fragt, ob diese Politik ihr Ziel erreicht habe, auf diesem Weg die Sparraten zu erhöhen. Seine Analyse bestätigt die These, dass es einen Zusammenhang zwischen der Zahl der zur

Verfügung stehenden Bankinstitute und der Spartätigkeit der Bevölkerung gibt.

*Islam, Azizul*
**Mobilization of domestic resources for development: the Asian experience**
In: Asia-Pacific Development Journal, 2, 2, 1995. S. 17-35

Dieser Beitrag untersucht die erfolgreich verlaufende Mobilisierung einheimischer Spartätigkeit in Ost-, Südost- und Süd-Asien und diskutiert vor diesem Hintergrund die von den Regierungen jeweils verfolgten Fiskal- und Finanzmarktpolitiken.

*Kumar, P. C.*
**Internal Sources of Development Finance. Concepts, Issues, and Strategies**
Quorum Books. Westport, Connecticut, 1994. 168 S.

Aufgezeigt werden Möglichkeiten zur Mobilisierung zusätzlicher einheimischer Ressourcen für die Finanzierung der eigenen Entwicklung. Neben zwei einführenden Kapiteln zu Konzepten ökonomischer Entwicklung enthält das Buch Kapitel zu Steuern und Steuersystemen, zu Kapitalmärkten und Kapitalmarktentwicklung, zu Entwicklungsbanken und zum Trend der Privatisierung.

*Lachmann, Werner*
**Entwicklungspolitik. Band 2: Binnenwirtschaftliche Aspekte der Entwicklung**
R. Oldenbourg Verlag. München 1997. 394 S.

Im zweiten Band seines Lehrbuchs zur Entwicklungspolitik gibt der Volkswirtschaftsprofessor einen Überblick über Debatten und Forschungsstand zum Problem der Kapitalknappheit in den Entwicklungsländern, zu den Determinanten der privaten und öffentlichen Sparkapitalbildung und zum Problem unzureichender Finanzmärkte. Lachmann geht darüber hinaus auch auf die Bedeutung von Steuersystem und Steuerstruktur in den Entwicklungsländern ein. Er fragt unter anderem nach den Möglichkeiten und Problemen der inländischen Ressourcengenerierung und Finanzpolitik sowie nach den Auswirkungen der Besteuerung auf die ökonomische Entwicklung.

*Levine, Ross*
**Financial Development and Economic Growth: Views and an Agenda**
In: Journal of Economic Literature, 35, 2, 1997. S. 688-726

Überblick über die Literatur zum Zusammenhang von Finanzsystem (sowie Entwicklung des Finanzsystems) und ökonomischer Entwicklung sowie Vorstellung theoretischer Beiträge und empirischer Untersuchungen, mit Hinweis auf weiteren Forschungsbedarf.

*McKinnon, Ronald*
**Money and Capital in Economic Development**
Brookings Institution. Washington, D.C.1973. 196 S.

McKinnon und Shaw (s.u.) machten in den frühen 70er Jahren – unabhängig voneinander – eine „finanzielle Repression" („financial repression") in den Entwicklungsländern für die ausbleibenden Entwicklungserfolge verantwortlich. Diese entstehe unter anderem durch öffentlich gelenkte Kreditvergabe und festgesetzte Obergrenzen für Zinssätze. Beide Autoren empfehlen eine Liberalisierung der Finanzsektoren der Entwicklungsländer – eine Politikempfehlung, die von Weltbank und IWF später aufgenommen wurde.
[Shaw, Edward: **Financial Deepening in Economic Development.** Oxford University Press. New York 1973. 272 S.]

*Nissanke, Machiko/ Aryeetey, Ernest*
**Financial Integration and Development. Liberalisation and Reform in Sub-Saharan Africa**
ODI. Routledge. London/ New York 1998. 330 S.

Das Buch analysiert die Struktur der Finanzsysteme und gibt einen Überblick über ausgewählte Literatur zur Fragmentierung der afrikanischen Finanzmärkte (formelle und informelle Märkte) und zu Erfahrungen mit Finanzmarktreformen. Anhand von Situationsanalysen in Ghana, Malawi, Nigeria und Tansania verweisen die Autoren auf starke Unterschiede in den einzelnen Ländern (unter anderem in Bezug auf Spar- und Investitionsraten, Wachstumswirkungen, Finanzmarktpolitik) und befürworten entsprechend einen länderspezifischen Ansatz der Stärkung der Finanzsektoren.

*Ogaki, Masao/ Ostry, Jonathan D./ Reinhardt, Carmen M.*
**Saving Behavior in Low- and Middle-Income Developing Countries: A Comparison**
IMF Working Paper WP/ 95/ 3
IWF. Washington, D.C. 1995

Die IWF-Autoren untersuchen die Frage, warum entgegen theoretischer Annahmen eine Liberalisierung der Finanzmärkte in den Entwicklungsländern zwar zu höheren Zinsen, oft aber trotzdem nicht zu einer Zunahme der Spartätigkeit geführt habe.

*Oxfam*
**Tax Havens. Releasing the Hidden Billions for Poverty Eradication Briefing Paper**
Oxfam Great Britain. Oxford 2000. 26 S.
web: www.oxfam.org.uk

Die Studie argumentiert, dass die Interessen der Entwicklungsländer viel stärker als bisher in die offiziellen Diskussionen um (die Regulierung von) Steueroasen einfließen müssten. Die Offshore-Finanzzentren seien Teil des weltweiten Armutproblems. Es wird geschätzt, dass den Entwicklungsländern durch die Offshore-Finanzzentren jährlich mindestens 50 Milliarden US-Dollar entgingen – ungefähr so viel wie sie an öffentlicher Entwicklungshilfe erhalten und ungefähr sechs mal so viel, wie zur Finanzierung einer weltweiten Grundbildung pro Jahr erforderlich wäre. Des Weiteren trügen Steueroasen zur Zunahme von Finanzkrisen bei, unter deren Folgen erneut besonders die Entwicklungsländer zu leiden hätten. Sinnvolle Regulierungsmaßnahmen seien unter anderem: 1) eine multilaterale Vereinbarung über Besteuerungsgrundlagen, 2) eine multilaterale Vereinbarung über eine weltweit einheitliche Besteuerung von transnational operierenden Unternehmen verbunden mit einer Vereinbarung, wie die Steuereinnahmen verwendet werden sollen, 3) eine globale Steuerbehörde, die die nationalen Steuersysteme überwacht und 4) eine internationale Konvention zur Rückführung der Gelder der Entwicklungsländer, die von Eliten entwendet und ins Ausland gebracht worden sind.

*Schmidt, Reinhard H./ Wrinkler, Adalbert*
**Building Financial Institutions in Developing Countries**
Working Paper Series Finance and Development No. 45
Johann Wolfgang Goethe-Universität. Frankfurt a. M., 1999

Die Autoren betonen die Notwendigkeit eines gut entwickelten finanziellen Systems in Entwicklungsländern als Voraussetzung für Wirtschaftswachstum. Empirische Untersuchungen zeigten den deutlichen Zusammenhang zwischen der Entwicklung des Finanzsystems und der „formation of financial assets" auf der einen Seite und Wachstum und Entwicklung auf der anderen Seite – statistisch unabhängig von anderen makroökonomischen Variablen.

*Schmidt-Hebbel, Klaus/ Servén, Luis (Hrsg.)*
**The Economics of Saving and Growth. Theory, Evidence, and Implications for Policy**
The World Bank
Cambridge University Press. Cambridge 1999. 199 S.

Der Sammelband enthält theoretische sowie empirische Weltbankstudien zur Spartätigkeit in Entwicklungsländern. Gefragt wird nach den Ursachen der Spartätigkeit, unter anderem nach ihrem Zusammenhang mit der Verteilung der Einkommen und mit demographischen Faktoren. Es werden spezifische politische Anreize zur Ankurbelung der Spartätigkeit untersucht, nach dem Zusammenspiel von Finanzmarkt-, makroökonomischer Politik und Spartätigkeit gefragt, sowie nach dem Zusammenhang mit entsprechenden Steueranreizen, Finanzsystementwicklung und ODA. Des Weiteren wird die Beziehung und der kausale Zusammenhang von Spartätigkeit und Wirtschaftswachstum diskutiert. Beiträge von K. Schmidt-Hebbel, L. Servén, A. Deaton, P. Hohohan, M. Obstfeld.

*Schmidt-Hebbel, Klaus/ Sérven, Luis*
**Savings Across the World: Puzzles and Policies**
World Bank Discussion Paper 354
World Bank. Washington, D.C. 1997. 171 S.

Die Weltbank-Autoren untersuchen die Ursachen für Unterschiede in den Sparraten von Entwicklungsländern. Während die Spartätigkeit in Ostasien hoch ist, stagniert sie in den Ländern Lateinamerikas und sinkt in Sub-Sahara-Afrika. Die Abweichungen in der Spartätigkeit spiegelten die existierenden Unterschiede in den Wachstumsraten der Länder wider. Die Autoren analysieren mikro- und makroökonomische Daten; sie fragen nach den Ursachen der Unterschiede, dem Zusammenhang zwischen Spartätigkeit und Wachstum sowie den zur Anregung der Spartätigkeit notwendigen Politikmaßnahmen. Die Ergebnisse deuten darauf hin, dass das verfügbare („disposable") Einkommen der wesentliche Faktor zur Erklärung der Sparratenunterschiede sei.

*Singh, Ajit*
**Financial Liberalisation, Stockmarkets and Economic Development**
In: The Economic Journal, 107, 1997. S. 771-782

Ein Beitrag zur Debatte um die Vor- und Nachteile einer Liberalisierung der Finanzmärkte der Entwicklungsländer. Der Autor konzentriert sich auf die Entwicklung der Aktienmärkte. Er kommt zu dem Ergebnis, dass eine Liberalisierung dieser Märkte der ökonomischen Entwicklung der Entwicklungsländer nicht förderlich sei, da sie oft mit starken Instabilitäten einhergehe.

*Tanzi, Vito*
**Kapitalmarktglobalisierung und Steuerverfall**
**Steuerreformen auf dem Weg zur Marktwirtschaft**
In: E+Z, 38, 2, 1997. S. 36-39

Der Mitarbeiter des Internationalen Währungsfonds (IWF) plädiert für die Einrichtung einer internationalen Steuerorganisation, um den negativen Auswirkungen der Globalisierung auf nationale Steuersysteme begegnen zu können. Obwohl der Autor die Herausbildung globaler Märkte als insgesamt positiv bewertet, sieht er Gefahren für die Basis der Besteuerung (in Bezug auf Verkaufs- und Unternehmenssteuern; Steuern auf individuelles Einkommen). Weltweit werde die Besteuerungsbasis immer kleiner („Steuerschwund"), da international agierende Unternehmen die Möglichkeiten zur Umgehung von Steuern hätten und es so international zu einem Steuersenkungswettlauf komme.

*Weller, Christian E.*
**Banking on Multinationals. Increased competition from large foreign lenders threatens domestic banks, raises financial instability**
EPI Issue Brief No. 142
Economic Policy Institute. Washington, D.C. 2000. 6 S.

Weller warnt vor einer Öffnung der Finanzsektoren der Entwicklungsländer für ausländische Banken. Das Argument, dass eine Liberalisierung im Finanzsektorbereich zu stärkerem Wettbewerb und damit zu einer größeren Effizienz der einheimischen Banken führe, sei nicht bestätigt. Ganz im Gegenteil hätten Untersuchungen gezeigt, dass härterer Wettbewerb durch ausländische Akteure zu einer niedrigeren Kreditmenge geführt und Instabilitäten erhöht habe.

*Williamson, J./ Mahar, M.*
**A Survey of Financial Liberalization**
In: Essays in International Finance 211, 1998

Die Autoren untersuchen anhand von 34 Länderbeispielen den Zusammenhang zwischen liberalisierten Finanzmärkten und Wachstum. Sie können keinen eindeutigen Effekt der Finanzmarktliberalisierung auf Investitionsraten feststellen (sie stiegen in einigen Entwicklungsländern, sanken in anderen). Die Autoren gehen davon aus, dass sich die Unterschiede durch die unterschiedlich effizient entwickelten Finanzsektoren in den Ländern erklären lassen.

*World Bank*
**Finance for Growth: Policy Choices in a Volatile World**
Oxford University Press. New York 2001. 200 S.

Dieser *Policy Research Report* der Weltbank entstand auf der Grundlage eigener Untersuchungen zur Finanzmarktentwicklung in Entwicklungsländern. Er betont die Notwendigkeit funktionierender und liberalisierter einheimischer Finanzmärkte für die ökonomische Entwicklung. Eine Öffnung der Finanzmärkte für ausländische Banken führe zu Wachstumssteigerungen, effizienterer Armutsbekämpfung und reduzierter Volatilität. Staatliche Einflussnahme im Finanzsektor lehnt der Bericht mehrheitlich ab, jedoch wird auch auf die Gefahr einer überstürzten Privatisierung verwiesen. Unter diesen Aspekten wird ferner untersucht, wie politische Entscheidungen im Bereich der Finanzsektorpolitik optimiert werden können, und es wird der Frage nachgegangen, wie die Allokation von Finanzmitteln für Wirtschaftswachstum verbessert werden kann, wie Krisen verhindert oder minimiert werden und wie sich Entwicklungsländer gegen die Gefahren integrierter Kapitalmärkte absichern können.

**Weitere Literatur**

*Aryeetey, Ernest/ Hettige, Hemamala/ Nissanke, Machiko u. a.*
**Financial market fragmentation and reforms in Sub-Saharan Africa**
World Bank. Washington, D.C. 1997

*Bhattacharyay, Biswa N.*
**Financial resource mobilisation planning in less developed countries**
In: Savings and Development, 21, 2, 1997

*Gregorio, Jose de/ Guidotti, Pablo E.*
**Financial Development and Economic Growth**
In: World Development, 23, 3, 1995


*Harvey, Charles/ Jenkins, Carolyn*
**Interest Rate Policy, Taxation and Risk**
In: World Development, 22, 12, 1994


*Murinde, Victor*
**Development Banking and Finance**
Avebury. Aldershot 1996


*OECD*
**Towards Global Tax Cooperation. Progress in Identifying and Eliminating Harmful Tax Practices.**
Report to the 2000 Ministerial Council Meeting and Recommendations by the Committee of Fiscal Affairs
OECD. Paris 2000
web: www.oecd.org


*Seibel, Hans-Dieter*
**Financial systems development: a challenge for policymakers**
In: Economics, 54, 1996


*United Nations Development Program (UNDP)*
**Human Development Report 1999**
UNDP. New York 1999


*United Nations*
**Financial sector reforms in selected Asian countries**
UNO. New York 1997


*World Bank*
**World Development Report 2000/01**
World Bank. Washington, D.C. 2001

# Kapitel 8: Neue globale Finanzierungsinstrumente

Die wachsende Diskrepanz zwischen dem Finanzbedarf für Entwicklung und den real zur Verfügung stehenden Mitteln hat zu einer intensivierten Suche nach innovativen Finanzierungsmöglichkeiten geführt. Hinzu kommt die Notwendigkeit der Finanzierung neuer globaler Aufgaben. Wenn eine Finanzierung der globalen Güter nicht zu Lasten der Mittel gehen soll, die direkt für die Entwicklung der Länder des Südens zur Verfügung stehen, dann müssen zusätzliche finanzielle Ressourcen aufgetan werden.

Im Gespräch sind vor allem internationale Steuern, wie eine Steuer auf $CO_2$-Ausstoß/ Energieverbrauch, auf Flugbenzin, auf die Nutzung von globalen Gemeingütern (internationale Gewässer, erdnaher Weltraum, elektromagnetische Frequenzen) oder auf Devisentransaktionen. Von diesen Steuern verspricht man sich sowohl eine Lenkungswirkung als auch die Möglichkeit der Generierung zusätzlicher Finanzmittel.

In der Regel sehen die Vorschläge vor, dass ein Teil der Einnahmen aus internationalen Steuern für internationale Aufgaben oder die Anliegen der Entwicklungsländer zur Verfügung gestellt werden sollen. Schätzungen des Steueraufkommens sind aber nur bedingt möglich, auch weil sich kaum ermitteln lässt, inwieweit die Lenkungsfunktion der Steuern greifen und sich die Grundlage der Besteuerung als Folge dadurch verringern würde.

Für die Entwicklungsländer ist es entscheidend, wie die Einnahmen aus den internationalen Steuern verteilt würden. Denn wenn das Steueraufkommen komplett in den Ländern verbliebe, in dem es anfällt, würden fast ausschließlich die Industrieländer profitieren. So gibt es Berechnungen, nach denen bei einer Besteuerung von Devisentransaktionen auf die Entwicklungsländer insgesamt (ausgenommen Singapur, Hongkong, Bahrain und Südafrika) nur 1,1 Prozent der weltweit erhobenen Einnahmen entfielen (Haq/ Kaul/ Grunberg (Hrsg.) 1996). Nach welchem Schlüssel also sollen die Erträge für nationale und für internationale Aufgaben verwendet werden? Sollten sie national oder international erhoben werden? Und sollten die Mittel dann zweckgebunden zur Verfügung gestellt werden? (Sollten beispielsweise die Erlöse aus einer Steuer auf Devisenverkehr in den Aufbau funktionsfähiger Finanzsysteme und die Regulierung der internationalen Finanzmärkte fließen?)

Besonders die Idee einer Steuer auf Devisengeschäfte (sog. Tobin-Steuer[19]) wird intensiv und kontrovers im akademischen Bereich, bei NGOs und auf Ebene der offiziellen Politik diskutiert. Mittlerweile haben sich in 26 Ländern aktive zivilgesellschaftliche Netzwerke gegründet, die sich nachdrücklich für die Einführung der Tobin-Steuer einsetzen (sogenannte „ATTAC"-Netzwerke).[20] Danach soll auf jedes Devisengeschäft ein einheitlich geringer Steuersatz erhoben werden (zwischen 0,05-0,5 Prozent). Schätzungen über das Aufkommen solch einer Steuer liegen zwischen 90 und 300 Milliarden US-Dollar jährlich und damit bei einem Vielfachen dessen, was zurzeit an Entwicklungshilfe geleistet wird (Haq/ Kaul/ Grunberg (Hrsg.) 1996).

Neben der Aufbringungsfunktion der Tobin-Steuer geht es in der Diskussion aber vor allem um ihre Lenkungsfunktion. Die Befürworter gehen davon aus, dass eine geringe Gebühr auf Finanztransaktionen kurzfristige, oft spekulative Währungsgeschäfte für die Anleger unrentabel machen wird. Damit würde sich das Volumen kurzfristiger, volatiler Kapitalströme an den internationalen Märkten verringern und damit auch die Gefahr von Finanzkrisen. Da es sich nur um eine sehr niedrige Steuer handeln würde, wären aus Sicht der Befürworter längerfristig orientierte Kapitalbewegungen wie ausländische Direktinvestitionen und die Abwicklung des internationalen Warenhandels nicht ernsthaft beeinträchtigt.[21]

Die politischen Widerstände gegen eine Einführung der Steuer sind groß und werden vor allem von Banken und anderen institutionellen Anlegern vorgebracht. Mittlerweile herrscht zwar relative Einigkeit darin, dass eine Steuer auf internationale Kapitalgeschäfte technisch möglich wäre. Es werden aber Zweifel geäußert, ob die Steuer die Volatilität an den internationalen Kapitalmärkten wirklich eindämmen könnte. Zum Teil wird befürchtet, dass durch die Steuer auch erwünschter internationaler Kapitalverkehr behindert würde. Viele halten die Steuer für politisch nicht durchsetzbar.

Massive politische Widerstände gibt es in der Tat, allerdings auch bezüglich der Einführung anderer internationaler Steuern. Vor allem die USA haben sich gegen jegliche Form international vereinbarter Steuern gewandt. Nichtsdestotrotz haben sich das kanadische Parlament und die finnische Regierung für die Einführung einer Steuer auf

---

[19] Die Steuer ist nach dem Nobelpreisträger James Tobin benannt, der das Konzept erstmals 1972 vorstellte.
[20] Attac ist die Abkürzung von Association pour une Taxation des Transactions financieres pour l'Aide aux Citoyens (ATTAC), s. auch web: www.attac.org, in Deutschland: www.attac-netzwerk.de.
[21] Für Beiträge zur Prävention von Finanzkrisen siehe auch Kapitel 5 (5.2).

Devisentransaktionen ausgesprochen. Im Europäischen Parlament hat Anfang 2000 eine Debatte zum Thema stattgefunden. Auch das französische und belgische Parlament und das britische Unterhaus befassen sich zurzeit mit dem Thema. Und in Deutschland wird inzwischen eine Machbarkeitsstudie zur Wirksamkeit einer weltweiten Steuer auf Devisen-Spekulation (Tobin-Steuer) erarbeitet, die das Bundesministerium für wirtschaftliche Zusammenarbeit und Entwicklung in Auftrag gegeben hat.

## Literatur zur Mobilisierung neuer globaler Finanzierungsinstrumente

*Aguiton, Christophe*
**Regulating International Financial Markets**
2000
web: www.attac.org

Die Tobin-Steuer sollte eingeführt und dazu benutzt werden, die internationale Machtbalance zwischen Nord und Süd zugunsten des Südens zu stärken und die ökonomische Situation der Entwicklungsländer zu verbessern.

*Arestis, Philip/ Sawyer, Malcom*
**How many cheers for the Tobin Transaction Tax?**
In: Cambridge Journal of Economics, 21, 6, 1997. S. 753-768

Die Autoren analysieren das Potenzial der Tobin-Steuer, das Volumen kurzfristiger Kapitalflüsse einzudämmen und die Wechselkurse zu stabilisieren; des Weiteren fragen sie nach dem Aufbringungspotenzial der Steuer und ihrer Wirkung auf die nationale politische Gestaltungsfähigkeit. Sie kommen zu dem Ergebnis, dass die Einführung der Tobin-Steuer einen möglichen Mechanismus liefert, ein hohes, zusätzliches Steueraufkommen zu generieren. Ferner wird die Steuer für geeignet gehalten, das Volumen von kurzfristigen Wechselkursgeschäften und damit von Wechselkursinstabilitäten zu reduzieren. Die Einführung der Tobin-Steuer müsste aber auf internationaler Ebene koordiniert werden und mit einer eindeutigen Vereinbarung einhergehen, wie die Erträge der Steuer zu verwenden sind. Die Autoren befürworten deren Verwendung für die Entwicklungsfinanzierung. Bezogen auf die wirtschaftspolitische Autonomie von Ländern sind sie skeptisch, ob die Steuer mit einer Zunahme der politischen Gestaltungsfähigkeit einhergehen wird. Die Einführung der Tobin-Steuer wäre ihrer Meinung nach mit großen politischen und technischen Schwierigkeiten verbunden.

*Attac*
**Tobin Tax, Speculation and Poverty**
2000
web: www.attac.org

Das französische Attac-Netzwerk zur demokratischen Kontrolle der Finanzmärkte wurde 1998 als erstes Netzwerk zivilgesellschaftlicher Gruppen, die sich für die Einführung einer Steuer auf Devisentransaktionen einsetzen, gegründet. Es ist die wichtigste Säule in der internationalen Kampagne für die Einführung einer Tobin-Steuer. Das Papier arbeitet den Zusammenhang zwischen Währungsspekulationen und Armut heraus und argumentiert, dass das hauptsächliche Ziel einer Steuer auf Finanztransaktionen (Tobin Tax) sein muss, zusätzliche Mittel für die Entwicklungsfinanzierung zu generieren.

*Binswanger, Mathias*
**Tobin-Steuer und Öko-Steuer auf globaler Ebene: Geeignete Instrumente für eine zukunftsfähige Weltwirtschaft?**
In: Germanwatch: Zukunftsfähige Entwicklungspolitik – Vision oder Illusion? Zwischen Selbstüberschätzung und neuer Bescheidenheit. Germanwatch. Bonn 1997. S. 48-52

Ausgehend von dem Vorschlag, eine internationale Steuer auf Kapitalbewegungen und/ oder eine internationale Ökosteuer einzuführen, deren Erlöse in einen Fonds zur Finanzierung von Umwelt- und Entwicklungsaufgaben fließen könnten, werden die folgenden Fragen untersucht, wobei sich der Autor überwiegend auf die Wirkungen der Steuern im Hinblick auf umweltverträgliches Wirtschaften konzentriert: Handelt es sich bei den vorgeschlagenen Steuern um sinnvolle Instrumente? Wie werden sich die Steuern auf die Entwicklungsländer auswirken? Und sind sie praktikabel? Er kommt zu der Schlussfolgerung, die Tobin-Steuer sei nicht praktikabel und damit kein geeignetes Instrument, um zu einer zukunftsfähigen Weltwirtschaft beizutragen. Er befürwortet aber eine globale Ökosteuer als wichtigen Baustein einer weltweit nachhaltigeren Wirtschaftsweise.

*Bode, Bart*
**Currency Transaction Tax: A Domestic Resource for Social and Sustainable Development**
CIDSE. Brüssel 2000
web: www.cidse.org

Der Autor befürwortet den Vorschlag einer Steuer auf Währungsgeschäfte, wie er von Paul Spahn entwickelt wurde, da die Steuer sowohl eine Maßnahme gegen große Währungskrisen liefere, als auch konstant Finanzmittel für soziale und umweltpolitische Zwecke beschaffe.

*Cassimon, Danny*
**Taxing Excessive Currency Speculation to prevent Social Crisis and Finance Global Challenges.**
A proposal for discussion
CIDSE. Brüssel 1999
web: www.cidse.org

Überblick über die aktuelle Auseinandersetzung um eine Steuer auf Finanztransaktionen und deren Vor- und Nachteile als Diskussionsgrundlage für das katholische Netzwerk von Nichtregierungsorganisationen CIDSE.

*Clunies-Ross, Anthony*
**Resources for Social Development: Additional and Innovative Measures**
DESA Discussion Paper No. 11
Department of Economic and Social Affairs
United Nations. New York 2000
web: www.un.org/esa

Der Autor gibt einen Überblick über Faktoren, die weltweit die öffentlichen Budgets einschränken (bspw. internationale Kriminalität) und zeigt eine Reihe von Maßnahmen auf, um zusätzliche Finanzmittel für soziale Entwicklungsziele zu generieren. Er differenziert die Vorschläge nach Politikmaßnahmen auf nationaler Ebene, auf multilateraler Ebene und nach ihrer politischen Durchsetzbarkeit. In diesem Zusammenhang diskutiert er umfassend die Tobin-Steuer und kommt abschließend zu der Einschätzung, dass die positiven Effekte der Steuer die negativen deutlich überwiegen würden. Da er die Steuer aber für politisch momentan nicht durchsetzbar hält, hat die Forderung nach ihrer Einführung aus seiner Perspektive keine Priorität.

*Désir, Harlem/ Ford, Glyn (Hrsg.)*
**Time for Tobin**
Proceedings of the conference of the first Interparliamentary meeting on the tobin tax
The European Parliament Intergroup „Capital Tax, Fiscal Systems and Globalisation"
Brüssel 2000. 112 S.

Dokumentation einer Konferenz im Europäischen Parlament zu einer internationalen Steuer auf Kapitalverkehr (Tobin-Steuer). Dort wurden die Ziele und Funktionsweise der Steuer diskutiert, die Arten von Transaktionen, die besteuert werden sollen, der Ort/Akteur, der die Steuer einzieht, und wofür das Steueraufkommen verwendet werden sollte. Es wurde außerdem darüber debattiert, ob eine Einführung vorerst nur auf europäischer Ebene möglich und sinnvoll ist.

*Dooley, Michael P.*
**The Tobin Tax: Good Theory, Weak Evidence, Questionable Policy**
In: Haq, Mahbub ul/ Kaul, Inge/ Grunberg, Isabelle (Hrsg.): The Tobin Tax – Coping with Financial Volatility
New York 1996. S. 83-108

Die Einführung einer Tobin-Steuer wird mit dem Argument abgelehnt, dass die Steuer nur bei Eintreffen einer ganzen Reihe von Voraussetzungen sinnvoll sei. Dieses schätzt der Autor als sehr unwahrscheinlich ein. Wahrscheinlicher wäre, dass die Tobin-Steuer nur zu Störungen auf den Kapitalmärkten führen würde.

*Felix, David/ Sau, Ranjit*
**On the Revenue Potential and Phasing in of the Tobin Tax**
In: Haq, Mahbub ul/ Kaul, Inge/ Grunberg, Isabelle (Hrsg.): The Tobin Tax – Coping with Financial Volatility
New York 1996. S. 223-254

Die Autoren unternehmen eine Abschätzung des potentiellen Aufkommens einer Steuer auf Währungsgeschäfte. Bei einem zugrunde gelegten Steuersatz von 0,05 Prozent kommen sie auf 90,1 Milliarden US-Dollar, bei einem Satz von 0,1 Prozent auf 148,2 Milliarden und bei einem Satz von 0,25 Prozent auf 302,1 Milliarden US-Dollar. Sie berücksichtigen in ihren Berechnungen den zu erwartenden Rückgang der Steuerbasis sowie mögliche Verluste durch Umgehung und Hinterziehung der Steuer.

*Frankel, Jeffrey*
**How Well Do Markets Work: Might a Tobin Tax Help?**
In: Haq, Mahbub ul/ Kaul, Inge/ Grunberg, Isabelle (Hrsg.): The Tobin Tax – Coping with Financial Volatility
New York 1996. S. 41-81

Der Autor lehnt die Einführung einer Tobin-Steuer ab. Seiner Argumentation nach sprechen aus wirtschaftstheoretischer Sicht entscheidende Argumente gegen eine solche Steuer, unter anderem weil sie zu Preisverzerrungen auf den Kapitalmärkten führen würde. Er gesteht der Steuer aber zu, dass sie destabilisierende, kurzfristige Spekulationen eindämmen und zusätzliche Ressourcen mobilisieren könnte. Entsprechend spricht er sich dafür aus, den Vorschlag weiter zu prüfen.

*Griffith-Jones, Stephanie*
**Institutional arrangements for a Tax on Foreign Exchange Transactions**
In: Haq, Mahbub ul/ Kaul, Inge/ Grunberg, Isabelle: The Tobin Tax – Coping with Financial Volatility
New York 1996. S. 143-158

Plädoyer für die Einführung der Tobin-Steuer, da sie sowohl die Volatilität von Kapitalflüssen einschränken als auch zusätzliche finanzielle Mittel für das UN-System, für andere internationale Institutionen und für Regierungen generieren würde. Technisch wäre die Steuer möglich, wenn auch mit einer Reihe von (überwindbaren) Schwierigkeiten verbunden. Die größte Herausforderung sieht die Autorin aber darin, die politischen Bedenken gegen eine Tobin-Steuer zu überwinden. Darüber hinaus wären auf internationaler Ebene Kooperationsmechanismen zu etablieren. Bereits existierende Institutionen sollten diese Rolle übernehmen. Der IWF scheint der Autorin besonders gut als koordinierende administrative Organisation geeignet, er sollte aber durch eine kleine und unabhängige zwischenstaatliche Steuerkommission ergänzt werden.

*Hayward, Helen*
**Costing the Casino. The Real Impact of Currency Speculation in the 1990s**
War on Want. Campaign Against World Poverty
Ohne Jahresangabe. 39 S.
web: www.waronwant.org/tobin/casino.htm

Die Mitarbeiterin der Nichtregierungsorganisation *War on Want* thematisiert die ökonomischen und sozialen Kosten der Finanzkrisen in Asien (Korea, Indonesien, Malaysia, Philippinen, Thailand), in Lateinamerika

(Brasilien, Mexiko) und Russland und spricht sich in der Bilanz für die Einführung der Tobin-Steuer aus. Sie schlägt eine zweiteilige Steuer vor, um der Volatilität der internationalen Finanzmärkte zu begegnen und neue Finanzmittel für entwicklungspolitische Zwecke zu generieren: eine niedrige Steuer auf alle finanziellen Transaktionen und eine etwas höhere Steuer, die nur bei Auftreten von Währungsturbulenzen aktiv wird.

*Herber, Bernard P.*
**Innovative Financial Mechanisms for Sustainable Development: Overcoming the Political Obstacles to International Taxation**
In: Finance for Sustainable Development:The Road Ahead
Proceedings of the Fourth Group Meeting on Financial Issues of
Agenda 21, Santiago de Chile 1997
United Nations. New York 1997. 503 S.

Der Autor befürwortet die Erhebung von internationalen Steuern, zwischenstaatliche Finanztransfers und die Etablierung eines Trust Funds für die Finanzierung globaler Umweltschutzaufgaben. Er erläutert das Konzept internationaler globaler (Umwelt-) Güter, stellt fünf internationale Besteuerungs- und Finanzierungsinstrumente vor und fragt nach deren Effizienz unter Berücksichtigung von Gerechtigkeitsaspekten. Er diskutiert die Wirksamkeit einer internationalen Steuer auf internationale Finanztransaktionen, einer Steuer auf Flugverkehr und einer Steuer auf Energieverbrauch. Das größte Steueraufkommen ist nach Einschätzung des Autors bei einer Steuer auf Finanztransaktionen und auf Energieverbrauch zu erwarten. Er nennt Strategien zur Überwindung von politischen Widerständen gegen die Einführung von internationalen Steuern – unter anderem die Verwendung eines Teils des Steueraufkommens für nationale Aufgaben sowie eine schrittweise Einführung der Steuern.

*Kaul, Inge/ Langmore, John*
**Potential Uses of the Revenue from a Tobin Tax**
In: Haq, Mahbub ul/ Kaul, Inge/ Grunberg, Isabelle (Hrsg.): The Tobin Tax – Coping with Financial Volatility
New York 1996. S. 255-271

Der Aufbringungsaspekt der Tobin-Steuer habe bislang nur wenig systematische Beachtung gefunden. Bisherige Untersuchungen hätten sich eher mit der Steuer im Rahmen der Debatte über Ursachen und Lösungen internationaler Finanzkrisen auseinandergesetzt. Die Autoren beleuchten verschiedene Dimensionen der Debatte um die Steuer als innovatives Mittel der Ressourcenmobilisierung und benennen weiteren Forschungs- und Diskussionsbedarf. Sie gehen davon aus, dass die

Steuer auf nationaler Ebene erhoben und auch auf nationaler Ebene über ihre Verwendung beschlossen werden würde. Es wird geschätzt, dass 86 Prozent der entstehenden Finanzmittel in den Industrieländern anfallen würden und ein großer Teil der Mittel auch dort verbleiben würde. Doch gerade auf internationaler Ebene bestehe heute großer Finanzierungsbedarf, nämlich für globale öffentliche Güter wie Umweltschutz, Konfliktbearbeitung und Armutsbekämpfung. Diese neuen Aufgaben sollten über die Tobin-Steuer finanziert werden können. Da diese globalen öffentlichen Güter alle Länder beträfen, sollten sie nicht von den knappen Mitteln der öffentlichen Entwicklungshilfe finanziert werden. Stattdessen müssten zusätzliche Mittel zur Verfügung gestellt werden, die über Gebühren und Steuern auf internationale Aktivitäten erhoben werden könnten (Tobin Tax). Die Autoren präsentieren eine Verteilungsformel für die Bereitstellung von Finanzmitteln für nationale und für internationale Herausforderungen: die ärmeren Entwicklungsländer sollten 100 Prozent des Steueraufkommens behalten, wirtschaftlich aufstrebende Entwicklungsländer 90 Prozent und Industrieländer 80 Prozent. Bei einer Tobin-Steuer von 0,1 Prozent würden nach Berechnung der Autoren dann 27 Milliarden US-Dollar für internationale Aufgaben entstehen. Diese neuen Mittel könnten ähnlich wie traditionelle Entwicklungshilfe verteilt werden, sprich die Geberländer könnten die Mittel entsprechend eigenen Prioritäten (eingedenk international vereinbarter Entwicklungsziele) vergeben. Denkbar wäre aber auch die Etablierung eines internationalen Kooperationsfonds.


*Kenen, Peter B.*
**The feasibility of taxing foreign exchange Transactions**
In: Haq, Mahbub ul/ Kaul, Inge/ Grunberg, Isabelle (Hrsg.): The Tobin Tax – Coping with Financial Volatility
New York 1996. S. 109-128

Gefragt wird nach der technischen Umsetzbarkeit einer Steuer auf Finanztransaktionen. Mögliche Mechanismen zur Verhinderung von Steuerumgehung wären nur eingeschränkt wirksam und würden darüber hinaus mit der Zeit an Effektivität verlieren. Anders als andere Autoren hält Kenen nur eine Steuer von 0,05 Prozent für machbar, doch auch das würde seinen Berechnungen nach immerhin zusätzliche 100 Milliarden US-Dollar einbringen. Er hält es nicht für sinnvoll, existierende Institutionen wie den IWF mit der Verwaltung der Steuer zu beauftragen; stattdessen sollte eine neue Institution etabliert werden.

*Kulessa, Margareta*
**Die Tobinsteuer zwischen Lenkungs- und Finanzierungsfunktion**
In: Wirtschaftsdienst, 76, 1996. S. 343-347

Die Autorin untersucht die Frage, ob eine internationale Spekulationssteuer destabilisierenden Devisengeschäften vorbeugen und ob sie gleichzeitig als Einnahmequelle dienen kann. Sie kommt zu dem Ergebnis, dass zwar einiges dafür spricht, es auf einen Versuch mit der Tobin-Steuer ankommen zu lassen, die Wahrscheinlichkeit ihrer weltweiten Implementierung aber extrem gering sei. Ihrer Einschätzung nach würde die Steuer höchstens einen Bruchteil der an sie geknüpften Hoffnungen erfüllen können.

*Mendez, Ruben P.*
**International Public Finance: A New Perspective on Global Relations**
Oxford University Press. New York, 1992. 339 S.

Mendez überträgt die Theorie der öffentlichen Güter auf die internationale Ebene und beschreibt das momentane System internationaler öffentlicher Finanzierung, das fast vollständig auf Freiwilligkeit beruhe. Im Anschluss nennt er die aus seiner Sicht notwendigen Elemente eines funktionierenden internationalen Systems: unter anderem internationale Steuern sowie eine Regulierung und Finanzierung globaler öffentlicher Güter. Als mögliche internationale Steuern (deren Erlöse für internationale Aufgaben verwendet werden sollten) nennt er eine Steuer auf internationalen Handel, eine Steuer auf Überschüsse in der Handelsbilanz verarbeiteter Waren, eine Luxusgütersteuer, sowie Steuern auf internationalen *brain drain*, auf Umweltverschmutzung, Militärausgaben und Waffenhandel. Als ergänzende monetäre Maßnahmen schlägt er zusätzliche Sonderziehungsrechte beim IWF für Entwicklungsaufgaben und den teilweisen Verkauf der IWF-Goldreserven für die Finanzierung internationaler Aufgaben vor.

*Michalos, Alex C.*
**A handful of Sand in the Wheels of Financial Speculations**
Working Paper 1-28
University of Northern British Columbia. Prince George, B.C. 2000
web: www.attac.org

Beschreibung von Ursachen und Auswirkungen der Finanzkrisen der 90er Jahre und Überblick über die aktuelle Diskussion zur Steuer auf Finanztransaktionen.

*D'Orville, Hans/ Najman, Dragoljub*
**Towards a New Multilateralism: Funding Global Priorities. Innovative Financing Mechanisms for Internationally Agreed Programmes**
Independent Commission on Population and Quality of Life
New York/ Paris 1995. 70 S.

Die Autoren diskutieren den internationalen Finanzbedarf und die Erfahrungen mit öffentlicher Entwicklungsfinanzierung und schlussfolgern, dass dringend neue Finanzierungsquellen erschlossen werden sollten. Sie geben einen Überblick über innovative Finanzierungsinstrumente. Diskutiert werden Instrumente, die sich auf die internationalen Finanzmärkte beziehen (unter anderem eine Steuer auf Währungsgeschäfte, auf Derivate und Aktiengeschäfte), Instrumente zur Wahrung von Frieden und internationaler Sicherheit (Sonderziehungsrechte beim IWF für friedenserhaltende Missionen, eine Steuer auf Rüstungsgeschäfte, Einrichtung eines internationalen Demilitarisierungsfonds, Etablierung einer „Sicherheitsversicherung" (security insurance) bei der UNO), sektorspezifische Besteuerungsmaßnahmen und internationale Umweltsteuern (unter anderem eine Steuer auf internationalen Luftverkehr, auf internationalen Handel) und eine internationale Lotterie.

*Smith, John Grieve*
**Exchange rate instability and the Tobin Tax**
In: Cambridge Journal of Economics, 21, 6, 1997. S. 745-772

Der Artikel setzt sich mit einer Reihe von Publikationen zu den Wirkungen und Möglichkeiten der Einführung der Tobin-Steuer auseinander, wobei auf die Tobin-Steuer als ein Instrument zur Stabilisierung von Wechselkursen Bezug genommen wird.

*Tobin, James*
**A Proposal for International Monetary Reform**
In: Eastern Economic Journal, 4, 3-4, 1997. S. 153-159

Der Wirtschaftsnobelpreisträger James Tobin schlug bereits 1972 die Einführung einer internationalen Steuer auf Devisenumsätze vor. Ein einheitlich geringer Steuersatz von 0,05-0,5 Prozent sollte auf jedes Devisengeschäft erhoben werden. Da die Steuer so niedrig angesetzt ist, bleibe sie für die Abwicklung des internationalen Warenhandels und für die Finanzierung langfristiger Investitionen nahezu unbedeutend. Kurzfristige Spekulationsgeschäfte aber würden so verteuert, dass sie sich nicht mehr lohnen würden.

*Wachtel, Howard M.*
**The Mosaic of Global Taxes**
In: Nederveen Pieterse, Jan (Hrsg.): Global Futures. Shaping Globalization
Zed Books. London 2000. S. 83-97

Der Ökonomieprofessor an der American University empfiehlt drei Steuern, um der Aushöhlung nationaler Steuersysteme durch international agierende Firmen und Anleger zu begegnen: die Tobin-Steuer, eine Steuer auf ausländische Direktinvestitionen (FDI) und eine vereinheitlichte Steuer auf Gewinne. Die Höhe der Steuer auf FDI wäre abhängig von der Befolgung der international vereinbarten arbeitsrechtlichen Standards. Eine einheitliche Versteuerung von Gewinnen würde verhindern, dass internationale Firmen sich ihre Gewinne in den Ländern anschreiben lassen, in denen das für sie am günstigsten ist. Wachtel empfiehlt die Umsetzung aller drei Steuern („tax mosaic"). Sein Vorschlag sei ökonomisch vernünftig, würde zu einer deutlichen Mobilisierung von Kapital führen und einen neuen Dialog zwischen Nord und Süd über Verteilungsfragen in Gang bringen.

*Wahl, Peter/ Waldow, Peter*
**Devisenumsatzsteuer. Ein Konzept mit Zukunft: Möglichkeiten und Grenzen der Stabilisierung der Finanzmärkte durch eine Tobin-Steuer**
WEED. Bonn 2001. 16 S.

Befürwortet wird eine Steuer auf Devisentransaktionen als eine von mehreren Maßnahmen in einem größeren Set von Aktivitäten, um die Instabilitäten auf den internationalen Finanzmärkten einzudämmen. Die Autoren beschreiben die Zielsetzungen und die Funktionsweise der Tobin-Steuer, diskutieren deren technische Machbarkeit, die Höhe und die Verwendung des Steueraufkommens, gehen auf Fragen der möglichen Umgehung der Steuer ein und auf Möglichkeiten der regionalen Einführung. Sie halten die Steuer für technisch machbar und sinnvoll, sehen das Hauptproblem aber in ihrer politischen Durchsetzbarkeit.

*Zee, Howell H.*
**Retarding short term capital inflows through a withholding tax**
IMF working paper 00/ 40
web: www.imf.org

Der IWF-Autor schließt sich der Einschätzung an, dass spekulative Kapitalbewegungen äußerst negative Wirkungen auf die ökonomische Stabilität von Ländern haben können. Statt der Einführung der Tobin-

Steuer befürwortet er aber eine sog. *Cross-Border Capital Tax*. Ähnlich wie die Tobin-Steuer soll auch diese helfen, starke Instabilitäten auf den internationalen Finanzmärkten zu verhindern.

**Weitere Literatur**

*Arestis, Philip/ Sawyer, Malcolm*
**What role for the Tobin tax in world economic governance?**
In: Michie, Jonathan/ Smith, John Grieve: Global Instability. The political economy of world economic governance
Contemporary Political Economy
Routledge. London, New York 1999

*Bundesministerium der Finanzen (BMF)*
**Darstellung und kritische Beurteilung der Tobin-Steuer**
BMF/ IX A 1, 20
Berlin 2000

*Eichengreen, Barry/ Wyplosz*
**Taxing International Financial Transactions to Enhance the Operation of the International Monetary System**
In: Ul Haq, Mahbub/ Kaul, Inge/ Grunberg, Isabelle: The Tobin Tax – Coping with Financial Volatility
New York 1996

*Spahn, Paul Bernd*
**Die Tobin-Steuer und die Stabilität der Wechselkurse**
In: Finanzierung und Entwicklung, 33, 2, 1996

# Anhang

## Regelmäßig erscheinende statistische Publikationen

*Bank for International Settlement (BIS)*
**Annual Report**
BIS. Basel

*Deutsche Gesellschaft für technische Zusammenarbeit (GTZ)*
**Jahresbericht**

*International Monetary Fund (IMF)*
**Government Finance Statistics Yearbook**
IMF. Washington, D.C.

*International Monetary Fund (IMF)*
**International Financial Statistics Yearbook**
IMF. Washington, D.C.

*International Monetary Fund (IMF)*
**World Economic Outlook**
IMF. Washington, D.C.

*Kreditanstalt für Wiederaufbau (KfW)*
**Jahresbericht**
KfW. Frankfurt a. Main

*Multilateral Investment Guarantee Agency (MIGA)*
**Annual Report**
World Bank. Washington, D.C.

*Organisation for Economic Cooperation and Development (OECD)*
**External Debt Statistics. Annual Report**
OECD. Paris

*Organisation for Economic Cooperation and Development (OECD)*
**DAC Report**
OECD. Paris

*Organisation for Economic Cooperation and Development (OECD)*
**Geographical distribution of financial flows to aid recipients. Disbursements, commitments, country indicators**
OECD. Paris

*Organisation for Economic Cooperation and Development (OECD)*
**Institutional Investors**
**Statistical Yearbook**
OECD. Paris

*United Nations*
**World Economic and Social Survey**
United Nations. New York

*United Nations Conference on Trade and Development (UNCTAD)*
**The Least Developed Countries Report**
UN. New York

*United Nations Conference on Trade and Development (UNCTAD)*
**Trade and Development Report**
UNCTAD. Genf

*United Nations Conference on Trade and Development (UNCTAD)*
**World Investment Report**
UNCTAD. Genf

*United Nations Development Program (UNDP)*
**Human Development Report/ Bericht über die menschliche Entwicklung**
UNDP. New York

*World Bank*
**Financial Flows and the Developing Countries**
A World Bank Business Quarterly
World Bank. Washington, D.C.

*World Bank*
**Annual Report/ Jahresbericht**
World Bank. Washington, D.C.

*World Bank*
**Global Economic Prospects and the Developing Countries**
World Bank. Washington, D.C.

*World Bank*
**World Development Report/ Weltentwicklungsbericht**
World Bank. Washington, D.C.

*World Bank*
**Global Development Finance 2000. Analysis and summary tables**
(früher: World Debt Tables)
World Bank. Washington, D.C.

*World Trade Organization (WTO)*
**Trade and Foreign Direct Investment**
WTO. Genf

# Abkürzungsverzeichnis

| | |
|---|---|
| ATTAC | Association pour une Taxation des Transactions financières pour l'Aide aux Citoyens |
| BIS / BIZ | Bank for International Settlement / Bank für Internationalen Zahlungsausgleich |
| BMF | Bundesministerium der Finanzen |
| BMZ | Bundesministerium für wirtschaftliche Zusammenarbeit und Entwicklung |
| BSP | Bruttosozialprodukt |
| CAFOD | Catholic Agency for Overseas Development |
| CARICOM | Caribbean Community |
| CDF | Comprehensive Development Framework |
| CIDSE | Coopération Internationale pour le Développement et la Solidarité |
| DAC | Development Assistance Committee (der OECD) |
| DEG | Deutsche Investitions- und Entwicklungsgesellschaft |
| DESA | Department of Economic and Social Affairs |
| ECLAC | Economic Commission for Latin America and the Caribbean |
| ECOSOC | Economic and Social Council (der UN) |
| ESAF | Enhanced Structural Adjustment Facility (des IWF) |
| ESF | Exchange Stabilization Fund |
| EU | Europäische Union |

| | |
|---|---|
| FDI | Foreign Direct Investment |
| FfD | Financing for Development |
| FONDAD | Forum on Debt and Development |
| G 7 | Gruppe der 7 (großen westlichen Industrieländer) |
| G 24 | Gruppe der 24 (Entwicklungsländer) |
| HIPC | Heavily Indebted Poor Countries |
| IBRD | International Bank for Reconstruction and Development (Weltbank) |
| IDA | International Development Association (Teil der Weltbankgruppe) |
| IDS | Institute of Development Studies |
| IFC | International Finance Corporation (Teil der Weltbankgruppe) |
| IMF / IWF | International Monetary Fund / Internationaler Währungsfonds |
| INEF | Institut für Entwicklung und Frieden |
| KfW | Kreditanstalt für Wiederaufbau |
| KIEP | Korea Institute for International Economic Policy |
| LDC | Least Developed Countries |
| MDB | Multilateral Development Bank |
| MIGA | Multilateral Investment Guarantee Agency |
| NGO | Non-governmental Organization |
| OAS | Organization of American States |
| ODA | Official Development Assistance |

| | |
|---|---|
| ODI | Overseas Development Institute |
| ODS | Overseas Development Studies |
| OECD | Organization for Economic Cooperation and Development |
| PPP | Public-Private Partnership |
| PRGF | Poverty Reduction and Growth Facility (des IWF) |
| PRSP | Poverty Reduction Strategy Paper |
| SEF | Stiftung Entwicklung und Frieden |
| TNC | Transnational Corporation |
| UN(O) | United Nations (Organization) |
| UNCTAD | United Nations Conference on Trade and Development |
| UNDP | United Nations Development Programme |
| UNICEF | United Nations Children's Fund |
| UNRISD | United Nations Research Institute for Social Development |
| USAID | United States Agency for International Development |
| VENRO | Verband Entwicklungspolitik deutscher Nichtregierungsorganisationen |
| WEED | World Economy, Ecology and Development |
| WHO | World Health Organization |
| WTO | World Trade Organization |

# Informationszentrum Entwicklungspolitik (IZEP)

## Unsere Themen

- Globalisierung, Armutsminderung, Umwelt und Entwicklung, wirtschaftliche und soziale Entwicklung
- Entwicklungstheorien, -strategien, -probleme
- Entwicklungspolitik und Entwicklungszusammenarbeit
- Institutionen der Entwicklungszusammenarbeit

## Unsere Angebote und Dienstleistungen

- **Spezialbibliothek** für Entwicklungspolitik und Entwicklungsländer mit 70.000 Bänden und 800 laufend bezogenen Periodika; Weltbank-Informationskiosk
- **Pressedokumentation**: Auswertung von in- und ausländischen Tages- und Wochenzeitungen sowie Informationsdiensten – Archiv mit 750.000 Dokumenten
- **Informations- und Publikationsstelle**: Materialien deutscher und ausländischer Organisationen; Veröffentlichungen aller DSE-Arbeitsbereiche
- **Datenbanken**: Literaturdatenbank LITDOK (Informationen zu 118.000 Büchern und Aufsätzen); Forschungsdatenbank (Nachweis von 14.000 Forschungsarbeiten); Institutionendatenbank (Deutsche Organisationen der Entwicklungszusammenarbeit)
- **Recherchen** zu Literatur und Fakten
- **Publikationen** (Auswahl): Arbeit in Übersee; Entwicklungsländer-Studien; Information über Entwicklungspolitik und Entwicklungsländer (Merkblätter); Institutionen der Entwicklungszusammenarbeit; Aktuelle Themendienste

**DSE - Informationszentrum Entwicklungspolitik (IZEP)**
**Tulpenfeld 5, 53113 Bonn,**
**Tel. (02 28) 24 34-7 46; Fax -7 66**
**E-Mail: izep@dse.de; Internet: www.dse.de/izep**

## DSE kurzgefasst

Die Deutsche Stiftung für internationale Entwicklung (DSE) ist eine Institution des entwicklungspolitischen Dialogs und der Aus- und Fortbildung von Fach- und Führungskräften aus Entwicklungs- und Transformationsländern. Darüber hinaus bereiten sich in der DSE Fachkräfte der deutschen Technischen und Kulturellen Zusammenarbeit sowie deren Familien auf ihren Aufenthalt in einem Entwicklungsland vor. Die DSE unterhält das größte Dokumentations- und Informationszentrum zu Fragen der Entwicklungszusammenarbeit in Deutschland.

Die DSE arbeitet in folgenden Bereichen: Bildung; Gesundheit; Öffentliche Verwaltung; Internationale Wirtschafts-, Finanz- und Sozialpolitik; Journalismus; Gewerbliche Berufsförderung; Ernährung und Landwirtschaft.

Konferenzen, Tagungen, Seminare und Trainingskurse unterstützen Vorhaben, die der wirtschaftlichen, sozialen und ökologisch verträglichen Entwicklung dienen. Sie tragen zu einem wirkungsvollen, nachhaltigen und breitenwirksamen Entwicklungsprozess bei.

Die DSE arbeitet gemeinsam mit Partnern im In- und Ausland. Ein wesentlicher Teil der Programme findet in Entwicklungs- und Transformationsländern, der übrige Teil in Deutschland statt. Seit 1960 hat die DSE mehr als 180.000 Entscheidungsträger sowie Fach- und Führungskräfte aus über 150 Ländern fortgebildet. Gegenwärtig erreicht die DSE jährlich ca. 9.000 Teilnehmer und Teilnehmerinnen durch Dialog und Training.

Die DSE leistet ihren Beitrag zur Entwicklungszusammenarbeit im Rahmen der Grundlinien der Entwicklungspolitik der Bundesregierung. Zuwendungsgeber ist das Bundesministerium für wirtschaftliche Zusammenarbeit und Entwicklung (BMZ). Einige der DSE-Programme werden jedoch von anderer Seite finanziert (z.B. von anderen Bundesressorts, Bundesländern und der Europäischen Union).

Außerdem stellen die Bundesländer Baden-Württemberg, Bayern, Berlin, Nordrhein-Westfalen, Sachsen und Sachsen-Anhalt Konferenz- und Bildungsstätten sowie Gebäude zur Verfügung. Seit ihrer Gründung im Jahr 1959 wird die DSE gemeinsam von Bund und Ländern getragen. Dies kommt auch in der dezentralen Struktur der Stiftung mit Fachzentren und Tagungsstätten in mehreren Bundesländern zum Ausdruck.

# DSE-Anschriften

**Deutsche Stiftung für internationale Entwicklung (DSE)**
E-Mail: dse@dse.de
Internet: www.dse.de

**Geschäftsführung**
Kurator: Dr. Heinz Bühler
Tulpenfeld 5; 53113 Bonn
Telefon (02 28) 24 34-5
Telefax (02 28) 24 34-9 99
E-Mail: gf@dse.de

**Zentralabteilung**
Ltg.: Otfried Hintzpeter
Tulpenfeld 5; 53113 Bonn
Telefon (02 28) 24 34-5
Telefax (02 28) 24 34-9 66
E-Mail: zabt@dse.de

**Informationszentrum Entwicklungspolitik (IZEP)**
Ltg.: Dr. Johannes Kleinschmidt
Telefon (02 28) 24 34-5
Telefax (02 28) 24 34-7 66
E-Mail: izep@dse.de

**Zentrum für Bildung, Gesundheit und Öffentliche Verwaltung (ZBGöV)**
Ltg.: Dr. Wolfgang Gmelin (komm.)
Tulpenfeld 5; 53113 Bonn
Telefon (02 28) 24 34-5
Telefax (02 28) 24 34-8 44
E-Mail: fzbonn@dse.de

**Fachzentren Berlin**
Hallerstr. 3; 10587 Berlin
Telefon (0 30) 4 39 96-0
Telefax (0 30) 4 39 96-2 30

**Entwicklungspolitisches Forum (EF)**
Ltg: Dr. Gudrun Kochendörfer-Lucius
Telefon (0 30) 4 39 96-3 38
Telefax (0 30) 4 39 96-2 50
E-Mail: ef@dse.de

**Fachzentrum für Int. Wirtschafts-, Finanz- und Sozialpolitik (IWS)**
Ltg.: Toni Ihlau
Telefon (0 30) 4 39 96-3 51
Telefax (0 30) 4 39 96-2 30
E-Mail: zws@dse.de

**Internationales Institut für Journalismus (IIJ)**
Ltg.: Peter Prüfert
Telefon (0 30) 4 39 96-2 97
Telefax (0 30) 4 39 96-2 60
E-Mail: iij@dse.de

**Zentralstelle für Auslandskunde (ZA)**
Ltg.: Dr. Annette Schirmer-Seiffert (komm.)
Lohfelder Str. 128; 53604 Bad Honnef
Telefon (0 22 24) 9 26-0
Telefax (0 22 24) 9 26-1 51
E-Mail: za@dse.de

**Zentralstelle für gewerbliche Berufsförderung (ZGB)**
Ltg.: Herbert Burk
Käthe-Kollwitz-Str. 15; 68169 Mannheim
Telefon (06 21) 30 02-0
Telefax (06 21) 30 02-1 32
E-Mail: zgb@dse.de

**Standort Magdeburg der ZGB**
Schellingstr. 3-4; 39104 Magdeburg
Telefon (03 91) 5 37 13 00
Telefax (03 91) 5 37 13 29
E-Mail: zgbmd@dse.de

**Fachzentrum für Ernährung, Ländliche Entwicklung und Umwelt (ZEL)**
Ltg.: Dr. Hans Pfeifer
Wielinger Str. 52; 82340 Feldafing
Telefon (0 81 57) 9 38-0
Telefax (0 81 57) 9 38-7 77
E-Mail: zel@zelfe.dse.de

**Standort Zschortau der ZEL**
Eilenburger Str. 14; 04509 Zschortau
Telefon (03 42 02) 8 45-0
Telefax (03 42 02) 8 45-7 77
E-Mail: zelzt@dse.de